O PESO DA RESPONSABILIDADE

TONY JUDT

O PESO DA RESPONSABILIDADE

Blum, Camus, Aron e o
século XX francês

Tradução
Otacílio Nunes

OBJETIVA

Copyright © 1998, Tony Judt. Todos os direitos reservados.

Todos os direitos desta edição reservados à
EDITORA OBJETIVA LTDA.
Rua Cosme Velho, 103
Rio de Janeiro – RJ – CEP: 22241-090
Tel.: (21) 2199-7824 – Fax: (21) 2199-7825
www.objetiva.com.br

Título original
The Burden of Responsibility

Capa
Marcos Davi

Revisão
Ana Kronemberger
Cristiane Pacanowski
Rogério Amorim

Editoração eletrônica
Abreu's System Ltda.

CIP-BRASIL. CATALOGAÇÃO-NA-FONTE
SINDICATO NACIONAL DOS EDITORES DE LIVROS, RJ

J85p

    Judt, Tony
      O peso da responsabilidade: Blum, Camus, Aron e o século XX francês / Tony Judt; tradução Otacílio Nunes. – 1. ed. – Rio de Janeiro: Objetiva, 2014.

    Tradução de: *The Burden of Responsibility*
    292.   ISBN 978-85-390-0609-0

      1. Blum, Leon – Ética. 2. Camus, Albert – Ética. 3. Aron, Raymond – Ética. 4. Intelectuais – atividade política – França – História – Século XX. 5. França – Vida intelectual – Século XX. I. Título.

14-13543   CDD: 944.08
                                       CDU: 94(44)'19'

SUMÁRIO

PREFÁCIO \ 7

INTRODUÇÃO \ 11
O julgamento errôneo de Paris

UM \ 47
O profeta desdenhado
LÉON BLUM E O PREÇO DA CONCESSÃO

DOIS \ 125
O moralista relutante
ALBERT CAMUS E
OS DESCONFORTOS DA AMBIVALÊNCIA

TRÊS \ 193
O insider periférico
RAYMOND ARON E AS RECOMPENSAS DA RAZÃO

NOTAS \ 257

LEITURA ADICIONAL \ 273

ÍNDICE \ 279

PREFÁCIO

𝓔stes ensaios foram concebidos originalmente para as Bradley Lectures, na Universidade de Chicago, e sou grato à Bradley Foundation e ao professor Robert Pippin, presidente do Comitê sobre Pensamento Social daquela instituição, pela oportunidade que eles me proporcionaram de desenvolver algumas de minhas ideias sobre a França e os intelectuais franceses.

A Universidade de Nova York me concedeu generosamente uma licença para trabalhar neste e em outros projetos, e usei uma parte dessa licença em 1995 como convidado do Institut für die Wissenschaften vom Menschen (IWM), em Viena, onde minha estada foi propiciada em parte por uma subvenção da Fundação Volkswagen. Sou grato a essas instituições por seu apoio, e ao diretor do IWM, professor Kryzstof Michalski, por sua hospitalidade inesgotável. Meu editor na University of Chicago Press, T. David Brent, foi tolerante e incentivador, apesar de ter tido de esperar por este livro muito mais tempo do que o previsto originalmente.

Versões dos ensaios sobre Albert Camus e Raymond Aron foram apresentadas na Northwestern University, na Michigan State University, na McGill University e na Universidade de Viena, bem como na própria Universidade de Chicago, em aulas abertas e seminários. O público e os participantes

8　PREFÁCIO

nesses eventos, e meus alunos no Institute of French Studies da Universidade de Nova York, ofereceram muitas críticas e sugestões, e este livro é melhor graças à contribuição deles. As idiossincrasias e os erros evidentemente são meus.

Ao citar da obra de meus três temas, tomei a liberdade de traduzi-los de novo em quase todos os casos, em vez de usar as versões em língua inglesa existentes. Quando esse não é o caso, indiquei nas notas. A referência completa à fonte original e algumas sugestões de leitura adicional podem ser encontradas nas notas e em uma pequena nota bibliográfica, "Leitura adicional", no fim do livro.

Este livro é dedicado à memória de François Furet. Foi a convite dele que concordei inicialmente em preparar estas palestras, e com seu encorajamento entusiástico que as dediquei a Blum, Camus e Aron. Furet era um admirador deles três, embora suas ligações, intelectuais e pessoais, fossem certamente mais próximas com Raymond Aron. Ele dirigiu o instituto em Paris batizado com o nome de Aron. E quando morreu estava trabalhando em um estudo de Alex de Tocqueville, talvez o pensador francês favorito de Aron. Mas Furet era em certa medida, tanto quanto Aron, herdeiro natural de Blum e Camus. Sua obra acadêmica sobre a história da Revolução Francesa, rejeitando primeiro a interpretação marxista e depois a recentemente convencional "história cultural", assegurou-lhe uma oposição acadêmica dos dois lados do Atlântico. Sua corajosa condenação do jargão político de sua época, fosse "antianticomunista" ou "multicultural", lhe granjeou inimigos políticos na França e no exterior. E sua crescente influência no entendimento público do passado francês incitou seus oponentes a paroxismos de ressentimento, de forma notável na ocasião do bicentenário da Revolução, quando ataques a Furet e sua "escola" assumiram um caráter marcadamente pessoal e *ad hominem*.

Tudo isso teria sido muito familiar aos homens a quem estes ensaios são dedicados. Como eles, François Furet era um intelectual conhecido cujas qualidades como "insider" não impediram que ele fosse tratado em vários momentos e em vários círculos como um outsider e mesmo um renegado. Como eles, ele ia contra a corrente dominante, no caso de Furet duas vezes: primeiro ao solapar e remodelar a história da Revolução, o "mito de fundação" nacional francês, e depois ao publicar, no fim da vida, um ensaio imensamente influente sobre o comunismo, o mito (ou ilusão, nas palavras de Furet) do século XX. Como eles, ele era às vezes mais valorizado no exterior do que em seu país. E, como eles, sua influência e suas ideias triunfaram sobre seus críticos e certamente sobreviverão a eles. Observou-se amplamente que não houve e não há uma escola Furet de história francesa. Mas também não há nenhuma escola Aron de pensamento social francês, nenhuma escola Camus de moralistas franceses, nenhuma escola Blum de social-democracia francesa. Esses homens não representavam uma versão concorrente do engajamento intelectual ou político francês; representavam, no fim, só eles próprios e aquilo em que acreditavam. E é por isso que, com o tempo, eles passaram a representar muito do que é melhor na França.

"Le romantisme français", dit Goethe, "est né de la Revolution et de l'Empire: Gloire et Liberté! Du mouvement socialiste nous verrons naître un nouveau lyrisme: Justice et Bonheur!"

"O romantismo francês", diz Goethe, "nasceu da Revolução e do Império: Glória e Liberdade! Do movimento socialista veremos nascer um novo lirismo: Justiça e Felicidade!"

LÉON BLUM

S'il existait un parti de ceux qui ne sont pas sûrs d'avoir raison, j'en serais.

Se existisse um partido para aqueles que não têm certeza de estarem certos, eu seria dele.

ALBERT CAMUS

Ce n'est jamais la lutte entre le bien et le mal, c'est le préférable contre le détestable.

Não é jamais a luta entre o bem e o mal, é o preferível contra o detestável.

RAYMOND ARON

INTRODUÇÃO

O julgamento errôneo de Paris

A história não é escrita como foi vivenciada, nem deve ser. Os habitantes do passado sabem melhor que nós como era viver então, mas não estavam bem situados, a maioria deles, para entender o que lhes acontecia nem por quê. Seja qual for a explicação imperfeita que possamos oferecer para o que ocorreu antes de nosso tempo, ela conta com as vantagens da visão retrospectiva, embora essa mesma visão retrospectiva seja um impedimento insuperável à completa empatia com a história que tentamos entender. A configuração de acontecimentos passados depende de uma perspectiva assumida no lugar e no tempo; todas as configurações desse tipo são verdades parciais, embora algumas adquiram uma credibilidade mais duradoura.

Sabemos disso intuitivamente porque descreve melhor o perfil multifacetado de nossas próprias vidas. Mas, no momento em que reconhecemos que isso é também verdade para outros, e que a versão *deles* de *nossa* vida também é parcialmente plausível, somos obrigados a admitir que pode haver uma infinidade de explicações possíveis de passados individuais multiplamente interseccionais e sobrepostos. Por conveniência social e psicológica vivemos com uma versão comum reconhecida da trajetória de vidas individuais — a nossa e a de nossos amigos, colegas e conhecidos. Mas esse mínimo denominador comum de identidade funciona em grande medida porque, na maior parte do tem-

12 O JULGAMENTO ERRÔNEO DE PARIS

po, não temos boa razão para interrogar a narrativa que atribuímos a nós ou a outros. Exceto em momentos de crise incomum, não nos engajamos em questionamento experimental intrusivo de nossa relação presente com a pessoa que fomos antes; e para a maioria de nós esses esforços de desnudar a natureza e o significado de nosso passado ocupa uma parcela muito pequena de nossas horas de vigília. É mais fácil, e mais seguro, agir como se essas questões estivessem resolvidas. E mesmo que escolhêssemos indagar, de forma incessante e de forma doentia, quem fomos e somos e como viemos a ser assim e o que devemos fazer à luz das conclusões a que chegamos a partir dessa autoinvestigação, nada mudaria muito em nossa relação com a maioria das outras pessoas, cujos próprios mundos continuariam basicamente impermeáveis a tais reflexões narcisistas de nossa parte. Mas o que é verdade sobre os indivíduos não é verdade sobre as nações. O significado a ser atribuído a uma história comum, suas implicações para as relações dentro dos e entre os Estados no presente, a postura moral e ideológica de relatos alternativos e mutuamente exclusivos de comportamentos e decisões coletivos no passado distante ou recente são os mais disputados de todos os terrenos nacionais; e é o passado que está quase sempre em questão, mesmo quando o presente ou o futuro estão ostensivamente em discussão. Em muitos lugares a nação em si existe em grande medida apenas em virtude dessas disputas; não há nenhuma versão acordada ou admitida do passado coletivo que possa resultar de tais esforços para instrumentalizá-la, porque são os próprios desacordos que constituem a identidade fundamental da comunidade.

Esse é um assunto caracteristicamente moderno. Em impérios, Estados e comunidades do passado mais distante não havia, em circunstâncias normais, fontes concorrentes de autoridade política, nem havia relatos incomensuráveis de quem podia exercer o poder e por quê. A história, como uma fonte de legitimidade presente, era unitária — e, portanto, no sentido em que hoje a vivenciamos, não era de fato história. A maioria das pessoas que em algum momento viveram neste planeta não teve nenhum acesso autônomo a sua história. A versão delas de como vieram a ser o que foram era paroquial e funcional, e inseparável da história geral tal como contada por aqueles que as governavam — uma história da qual elas eram em todo caso apenas vagamente conscientes. Enquanto o poder e a autoridade permanecessem o monopólio de uma família, uma casta, um Estado ou uma elite teocrática, as insatisfações do presente e mesmo as expectativas para o futuro permaneciam subjugadas a uma versão do passado comum que podia às vezes ser ressentida, mas não enfrentava nenhuma concorrência subversiva.

Tudo isso mudou com os levantes revolucionários que deram origem à política tal como a conhecemos agora. Para tornar críveis e legítimas as reivindicações e promessas de uma ordem pós-revolucionária, foi necessário estabelecer que, exatamente como os homens e a ordem que eles haviam substituído, os recém-chegados tinham uma história a contar sobre a história da sociedade e do Estado que eles queriam governar. E, dado que essa história tinha acima de tudo de justificar o curso de acontecimentos singularmente disruptivo que trouxera essa mudança, ela precisava não só afirmar sua própria reivindicação, mas desqualificar inteiramente a da velha ordem. O poder político moderno, portanto, repousava sobre uma asserção particular acerca da história; como resultado, a história se tornou política.

Esse desenvolvimento é muitas vezes e com razão associado à era da Revolução Francesa, e mais precisamente à própria revolução. Pois não só os próprios revolucionários franceses entenderam muito bem a natureza fundamentalmente disjuntiva de suas incumbências; seus herdeiros e opositores respeitaram essa instituição ao tratar a própria revolução como o terreno apropriado e primário para a disputa histórica. Quem "controlasse" o entendimento da Revolução Francesa controlava a França, ou de qualquer forma estava em condições de estabelecer os termos de disputas sobre a legitimidade política na França pós-revolucionária. O significado da história francesa na década seguinte à "tomada" da Bastilha, em 1789, forneceu as coordenadas essenciais da teoria e da prática políticas não apenas para Marx e seus sucessores, mas para Tocqueville e a descendência liberal, bem como para Joseph de Maistre e seus herdeiros contrarrevolucionários. E não só na França — a interpretação "apropriada" da Revolução Francesa estabeleceu a agenda ideológica para especulação radical e reacionária em todo o mundo durante grande parte dos dois séculos seguintes.

Mas foi na França que a Revolução aconteceu, e não é totalmente por acaso que os efeitos mais duradouros e desagregadores sobre a prática da política e a vida pública tenham sido sentidos no lugar de nascimento da Revolução. A França é o Estado-nação unitário mais antigo da Europa. Os revolucionários do final do século XVIII, portanto, já tinham muita história a reivindicar. Desde então, os acontecimentos da Revolução e suas consequências internas forneceram uma matéria singularmente rica da qual extrair dissidência, discordância e divisão, tudo tornado mais contencioso e conflituoso por ser decidido pela luta em um território e sobre uma população cuja identidade geográfica, institucional e linguística estava confirmada e fixada havia muito tempo.

O contraste com os vizinhos europeus da França é bastante surpreendente. As divisões e inimizades dentro da Alemanha ou da Itália que levaram a conflitos civis e desastres políticos antecederam o advento de um Estado-nação ou foram patologias da condição de Estado inicial. Certamente, há disputas alemãs e italianas sobre o status e a interpretação do passado comum, e algumas delas lembram os desacordos franceses. Mas elas com frequência dizem respeito não a passados intragermânicos ou intraitalianos, mas a entendimentos divergentes de passados locais ou regionais que só muito recentemente se tornaram parte de uma história nacional única alemã ou italiana (para considerável pesar, em alguns casos). Mais a leste e a sudeste o passado nacional antes de 1939, ou 1919, ou 1878, com frequência tinha e tem apenas uma existência "virtual", e as disputas históricas são travadas sobre um terreno que não é tanto político, mas mítico, mas nem por isso menos sanguinário.

A França, então, é distintiva. É sintomático que ela seja o único país que viu o aparecimento de uma grande série de publicações acadêmicas dedicadas a seus próprios *lieux de mémoire* — aqueles "locais de memória" que coletivamente representam o entendimento nacional de sua herança. De interesse simbólico ainda maior é o fato de que, enquanto *La République* e *La Nation* são abordados em quatro volumes de tamanho médio, o editor se sentiu obrigado a dedicar três tomos imensos a *Les France*, com a maior seção cedida a "Conflitos e Divisões". Seria difícil conceber um monumento acadêmico semelhante da memória histórica comum de qualquer outro Estado-nação europeu, difícil de ver por que ela exigiria 6 mil páginas para alcançar seu propósito, e extremamente improvável que tanto daquele espaço fosse dedicado a explicar os passados que dividem seus cidadãos.[1] É a tensão entre a obviedade intuitiva da unidade francesa e a profundidade e a persistência das brigas que dividiram a França em tempos modernos que é mais característica do país e de seu passado.

16 O JULGAMENTO ERRÔNEO DE PARIS

No século XX, os três sintomas mais comentados da condição desunida da França foram as alterações persistentes dentro das e entre as famílias da esquerda e da direita políticas; o regime de Vichy e seu impacto degradante sobre o ambiente moral nacional nas décadas seguintes; e a instabilidade crônica das instituições políticas, reproduzindo aquela do século anterior exatamente como esse último, por sua vez, tinha ecoado e exaurido as lutas políticas e constitucionais da própria década revolucionária. Nos quarenta anos do fim da Primeira Guerra Mundial à Guerra da Argélia, a França experimentou quatro diferentes regimes constitucionais, percorrendo a escala da república parlamentar à gerontocracia autoritária; no terceiro desses regimes, a Quarta República, houve em média um governo a cada seis meses de sua breve vida de 14 anos.

Todos esses três sintomas do que observadores e historiadores se acostumaram a chamar de "doença francesa" derivavam diretamente de uma compreensão controvertida sobre o passado em geral e do legado da Revolução Francesa em particular. *Esquerda* e *direita* eram termos cujo uso e aplicação datavam da topografia ideológica das assembleias revolucionárias; divisões dentro dessas duas famílias orbitavam em torno de interpretações variantes das lições a serem tiradas daquela Revolução e do grau do fervor que se tinha a favor ou contra ela. A disputa entre socialistas e comunistas na França costumava girar em torno de reivindicações mutuamente exclusivas à herança e ao manto do trabalho "inacabado" da Revolução burguesa; e era apropriado que um dos poucos temas sobre os quais os residentes da "Revolução Nacional" de Pétain podiam inicialmente concordar era seu desejo de desfazer a Revolução e sua herança. Quanto à incapacidade da França para construir um sistema estável e amplamente aceitável de governo parlamentar ou presidencial, ela tinha muito pouco a ver com a natureza da sociedade francesa, que durante grande parte do período foi distinguida por sua estabilidade conservadora autossuficiente. O que era instável era o consenso sobre como governar essa sociedade, um resultado do descrédito serial de modelos constitucionais e formas de poder político alternativas entre 1789 e o advento da Terceira República, um século depois.

As disputas de esquerda e direita e o problema relacionado de instabilidade política pareciam a muitos observadores durante os primeiros dois terços do século XX ser as dificuldades mais importantes e urgentes da França, justo porque suas raízes residiam tão profundamente em memórias e versões políticas concorrentes do "verdadeiro" caminho francês. Para os próprios participantes, é claro, não era a instabilidade nem os conflitos que causavam problema, mas antes a recusa obstinada de seu oponente político a ver o mundo à sua maneira. Quanto às rixas ideológicas, essas pareciam a seus protagonistas ser tão obviamente de primeira importância que a atenção dada a outras preocupações era no melhor dos casos casual e fugaz. Hoje isso parece estranho, uma curiosidade de um momento distante no tempo. Mas apenas algumas décadas atrás, a vida francesa era ocupada e preocupada com linguagem e disputas doutrinárias, chegando ocasionalmente à quase exclusão de qualquer outra coisa. Isso valia para a direita ideológica até seu descrédito no abismo de Vichy e permaneceria verdadeiro para a esquerda até boa parte da década de 1970.

Há, porém, outros modos de pensar sobre a história recente da França, menos dependentes da lente e da linguagem do passado revolucionário. A cronologia institucional convencional, com seus momentos de virada em 1940, 1944-46 e 1958, é vulnerável à acusação de que ela subestima a direção e o momento da transformação social e econômica. Uma narra-

O JULGAMENTO ERRÔNEO DE PARIS

tiva alternativa enfatizaria a notável continuidade social — e a concomitante estagnação econômica — de meados do século XIX ao começo da década de 1950. A França permaneceu — acima de tudo na autopercepção de seus habitantes — uma sociedade rural, agrícola, com uma taxa incomumente baixa de crescimento populacional e uma preferência acentuada pela continuidade em vez dos tipos de mudança que estavam transformando seus vizinhos na mesma época.

De determinada perspectiva, essa propensão a preservar o passado em face de um presente ameaçador — reforçada pela experiência da Primeira Guerra Mundial, que impeliu a nação para duas décadas de negação nostálgica — beneficiou o país. A França sobreviveu à depressão entreguerras sem passar pelo colapso econômico e pelos paroxismos políticos que a acompanharam, vividos por outros Estados continentais. Mas, de um ângulo diferente, a inclinação nacional ao arcaísmo de visão limitada, a aversão pela modernização e pela reforma, contribuiu para a vinda de Vichy, cuja promessa de um retorno a valores e instituições pré-modernos ecoava de forma excessivamente tranquilizante os instintos da classe política e do eleitorado. E não foi a Quarta República do pós-guerra em si, mas antes novas realidades e oportunidades internacionais, reconhecidas por uma geração mais jovem de burocratas e administradores, a despeito da ignorância de seus mestres políticos, que propeliu a França, depois da metade da década de 1950, para uma arremetida inédita de mudanças econômica, demográfica e social.

Outra versão dos anos 1930-1970 apresenta uma França emperrada em uma luta de três vias entre uma sociedade tímida e nada ousada, uma classe política incompetente e dividida, e um pequeno núcleo de funcionários públicos, acadêmicos e empresários frustrados com a estagnação e o declínio do país.

Nessa perspectiva, a Frente Popular de 1936, seja qual for seu verniz ideológico, era acima de tudo um primeiro passo vacilante na direção de revisar as instituições econômicas e o sistema de governo do país. Fadado a fracassar em seus objetivos na atmosfera política sobrecarregada da década de 1930, o impulso para a mudança foi paradoxalmente retomado por alguns participantes menos importantes no "experimento" de Vichy. Sob a capa da Revolução Nacional e da abolição das restrições parlamentares à iniciativa administrativa, eles recuperaram partes do aparato de governo local e nacional — seus esforços portando o fruto não reconhecido nas realizações dos ministérios modernizantes da década seguinte. Só depois de 1958, com a Quinta República — e mesmo então ocasionalmente contra os desejos de seu fundador —, mudança social, renovação administrativa e instituições políticas se alinham, com o resultado de que a França foi capaz de superar sua "doença" e viver uma vida econômica e política normal.

O que mais surpreende o historiador de hoje é quão pouco o senso *contemporâneo* dos dilemas e das escolhas da França nos primeiros dois terços de nosso século foi afetado por qualquer uma dessas narrativas alternativas. O contraste entre arcaísmo e modernidade, um tema de análises acadêmicas (e em especial estrangeiras) da França desde o fim da década de 1940, raramente era mencionado por políticos ou comentaristas públicos franceses. E quando era invocado, com frequência era com o objetivo de louvar o país e seu povo por terem evitado as rupturas que haviam trazido tanto sofrimento aos vizinhos da França, e cujos riscos e resultados finais podiam ser vistos com clareza alarmante do outro lado do Atlântico.

Analogamente, ocorria a muito poucas figuras públicas francesas especular sobre alternativas à convencional disposição esquerda/direita, republicano/autoritário do passado e do presente franceses. Isso se dava em parte por falta de imaginação, mas principalmente porque as pessoas que nutriam tais pensamentos tenderam a acabar mal. Mesmo os republicanos mais imaginativos e críticos do fim do século XIX não estavam dispostos a ver com bons olhos a revisão constitucional, apesar das deficiências manifestas do sistema de política e governo da Terceira República, por medo de associação com as metas pretorianas do marechal MacMahon, do general Boulanger e (ainda uma lembrança fresca) de Luís Napoleão Bonaparte. Sua apreensão foi confirmada depois de 1918: muitos dos mais inteligentes (e politicamente frustrados) críticos no período entreguerras da rigidez doutrinária e política na França — como em outros lugares — notoriamente terminaram no campo fascista ou neofascista.

Pensadores e políticos de direita, em um processo grosso modo paralelo de raciocínio, consideravam praticamente qualquer concessão aos representantes da tradição republicana radical um prenúncio de compromisso com o jacobinismo extremo e, portanto, uma traição a suas próprias lealdades passadas — uma ilusão encorajada tanto por socialistas moderados que preferiam apresentar-se como revolucionários verdadeiros, quanto por comunistas cuja legitimidade apoiava-se em sua reivindicação contundente de ter herdado tudo o que era mais extremo na linguagem e nas ambições da tradição revolucionária. Mesmo depois da Ocupação de 1940-44, e do descrédito de grande parte da herança política conservadora, a esquerda política não ficou em posição melhor para exorcizar esses demônios. Uma vez que Pétain e Vichy haviam refrescado a memória das pessoas sobre os perigos da autoridade presidencial irrestrita, em especial quando exercida por ex-generais, foi preciso mais uma geração antes que a maioria dos políticos e analistas políticos franceses pudesse pensar com clareza sobre as vantagens da autoridade executiva eficiente, e aprender a distingui-la em princípio de um golpe de Estado permanente.

Na França do século XX, então, história e memória conspiravam para afastar qualquer atenção mais prolongada àqueles que agora parecem ter sido os verdadeiros dilemas do país — sendo um deles precisamente o intolerável fardo de passados conflitantes. A contribuição de intelectuais foi significativa nesse aspecto. Não é necessário descrever aqui mais uma vez a proeminência dos intelectuais na vida pública da França do século XX; esse argumento já foi bem apresentado, e com frequência suficiente, pelos próprios intelectuais, que em anos recentes foram os mais assíduos e entusiasmados narradores de sua contribuição para a história nacional. Mas não é por acaso que a maioria das histórias de vida intelectual e dos textos na França adere muito de perto à narrativa convencional da história política: pois foram os intelectuais que contribuíram mais que a maioria para o autoentendimento da França moderna exatamente nesses termos convencionais.

Uma das razões para isso é que a história da participação intelectual na vida pública foi circunscrita a apenas aquelas ocasiões em que parecia incumbir a escritores, professores e pensadores escolher lados, alinhar-se com uma ou outra causa nos grandes conflitos nacionais. Ser a favor ou contra Dreyfus; ser um socialista internacional ou um integralista nos anos anteriores à Primeira Guerra Mundial; ser fascista ou antifascista na década de 1930; unir-se à Resistência ou à Colaboração durante os anos da ocupação; escolher entre comunismo e "capitalismo", Leste e Oeste, na Guerra Fria; ser a favor da descolonização ou sair em defesa do império; defender a política antiautoritária radical (no país ou no exterior) ou o governo presidencial firme; e sempre e em todos os lugares ser esquerda ou direita: esses eram os termos em que os intelectuais se definiam e portanto contribuíam para definir e confirmar o debate público francês durante a maior parte do século passado. A própria ideia de um intelectual que não pensava nesses termos, ou escolhia transgredi-los, ou se desobrigar inteiramente dessas identificações públicas, parecia uma contradição em termos.

Mesmo a crítica mais conhecida do engajamento intelectual, o ensaio de Julien Benda de 1927 *La Trahison des clercs*, é deliberadamente provocativo nesse aspecto. O principal alvo de Benda eram os escritores e publicistas nacionalistas associados com o *Action française* de Charles Maurras. Hoje tendemos a esquecer como essa escola de pensadores foi proeminente, do começo do século XX à década de 1940, e quanto parecia, portanto, a Benda que um ataque a intelectuais por traírem seu correto papel de investigadores imparciais da verdade devia começar pelos principais pensadores da *direita*. Mas Benda não desejava sugerir que o engajamento público em si era errado, simplesmente que ele devia ser o resultado do raciocínio independente de boa-fé.

O que estava errado com Maurras e seus seguidores era que eles começavam com a hipótese de que a França e a nação francesa vinham em primeiro lugar e deviam sempre ser postas em primeiro lugar, uma premissa que (na visão de Benda) corrompia qualquer esforço de reflexão individual e escolha moral desapaixonadas. Com a experiência e o exemplo do caso Dreyfus sempre em mente, Benda argumentava que a tarefa do intelectual é buscar a justiça e a verdade, proteger os direitos individuais — e então proceder de acordo quando se tratava de alinhar-se com um ou outro lado nas grandes escolhas da época.

Mas, uma vez que *justiça*, *verdade* e *direitos* eram eles próprios vítimas de definição ideológica no decorrer da década de 1930, a distinção de Benda perdeu seu significado e careceu de qualquer ponto de referência desinteressado — como podemos ver pelo próprio surgimento de Benda depois da Libertação como um companheiro de viagem da esquerda resolutamente engajado, defendendo os processos de Moscou na Europa oriental stalinista exatamente com os mesmos fundamentos com que antes ele havia criticado de maneira severa os "relativistas" morais da direita nacionalista. O que então parecia o auge da irresponsabilidade cínica — o alinhamento de alguns dos mais conhecidos escritores da França atrás da causa da direita nacionalista para a exclusão de qualquer preocupação com a verdade sobre casos individuais — agora se tornava a própria definição de engajamento responsável quando vinculado a um recurso similarmente exclusivo à autoridade coletiva sugerido pela esquerda internacionalista.

A maioria dos intelectuais franceses do século XX, portanto, não é um guia muito instrutivo para o que estava acontecendo na França de seu tempo, já que muitos de seus textos simplesmente refletiam na esfera pública as divisões políticas de longa data do país. Com desmedida ajuda da visão retrospectiva, porém, podemos talvez reformular a cronologia dos intelectuais assim como da política, valendo-nos da noção de responsabilidade com que intelectuais de Zola a Sartre estavam de fato familiarizados, mas atribuindo a ela um significado claramente diferente e mais normativo do que aquele empregado de modo convencional em histórias do comportamento intelectual, nas quais é tomada como sinônimo de "engajamento".[2]

Desde o fim da Primeira Guerra Mundial até a metade dos anos 1970, a vida pública francesa foi formada e deformada por três maneiras sobrepostas e interseccionais de irresponsa-

O JULGAMENTO ERRÔNEO DE PARIS

bilidade coletiva e individual. A primeira delas era política. Ao ler a história da França no entreguerras, fica-se seguidamente chocado com a incompetência, a *insouciance* indiferença e a negligência injuriosa dos homens que governavam o país e representavam seus cidadãos. Essa não é uma observação política, no sentido partidário, mas antes uma observação cultural. Os *députés* e senadores de todos os partidos, os presidentes, primeiros-ministros, ministros, generais, funcionários públicos, prefeitos e dirigentes de partidos, dos comunistas aos anarquistas, exibiam uma assombrosa falta de entendimento de sua época e de seu lugar. As políticas que defendiam — quando tinham algo a defender — eram partidárias no sentido mais estreito, o que quer dizer que se baseavam só nas tradições e nos interesses de um segmento restrito da comunidade e não faziam nenhum esforço sério para atrair simpatia além desse segmento quando se apresentavam para eleição ou nomeação.

Por que era assim é uma questão interessante, visto que a França não carecera de líderes nacionais imaginativos e vigorosos em anos anteriores. A Terceira República antes de 1918 havia trazido Gambetta, Ferry, Jaurès, Poincaré e Clemenceau. Mas o engessamento das instituições políticas, reforçada pelo trauma nacional da Primeira Guerra Mundial, deu à República do entreguerras uma qualidade petrificada, como um coelho apanhado atordoado e imóvel nos faróis da história. Em assuntos internos o país estava dividido entre um anseio pela prosperidade (recordada de forma equivocada) e pela estabilidade dos anos anteriores à guerra e uma promessa de reforma e renovação a ser paga com recursos da punição financeira alemã. Tentativas pouco entusiasmadas de mudança radical no pós-guerra, estimuladas por pressão de massa generalizada em favor de melhores condições de trabalho e serviços sociais, foram vitimadas por uma cultura política polarizada em que qualquer reforma institucional ou econômica era tratada como um jogo de soma zero e, portanto, objetada de forma enérgica e eficaz por uma coalizão de interesses presumivelmente ameaçados. A retórica da Frente Popular, e a reação que ela suscitou em seus opositores nervosos e crédulos, levou essa polarização a graus ainda mais elevados.

Quanto à política externa, ela se apoiava primeiro na ilusão do poder francês no pós-guerra (ideia baseada na não menos ilusória proposição de que a França havia de algum modo saído da guerra vitoriosa); depois, quando a retirada dos americanos e a desobrigação dos britânicos deixaram os franceses diplomaticamente vulneráveis, fundamentou-se na esperança tola de segurança coletiva via Liga das Nações. E, finalmente, com a Liga tendo se mostrado um suporte ineficiente, logo depois de um recuo dos militares e da liderança política franceses não para uma posição de apaziguamento esperançoso (que implica um grau de estratégia e iniciativa), mas de pessimismo desencantado — do qual o símbolo mais eloquente era o premiê Édouard Daladier voltando de Munique em 1938, consciente de que havia abandonado igualmente os interesses nacionais tchecos e franceses e esperando uma torrente de insultos patrióticos, só para ser saudado ao chegar, para seu completo assombro, por multidões animadas de seus concidadãos aliviados. A resposta derrotista, cínica, enfadonha da elite governante francesa à vitória militar alemã em 1940 estava inscrita no modo como eles haviam governado o país nas duas décadas anteriores. O alívio cansado com que muitos de seus representantes eleitos abandonaram a República em julho de 1940 foi a princípio um choque para alguns observadores, mas depois de refletir eles não o acharam tão surpreendente assim.

A irresponsabilidade política dos governantes da França de Vichy está agora bem documentada, derivada como era de uma recusa obstinada a olhar honestamente para sua própria fraqueza, os verdadeiros propósitos dos ocupantes ou as consequências crescentemente previsíveis de suas iniciativas e concessões. Mas não menos notável foi a contínua inadequação de uma parte importante da classe política *depois* da guerra, apesar de muita conversa sobre renovação e alguns esforços sérios para implementá-la. As táticas políticas danosas do Partido Comunista Francês foram um problema distinto, já que por sua própria natureza o PCF conduzia-se sob critérios de responsabilidade e racionalidade que não eram determinados por interesses nacionais franceses nem por considerações políticas locais. Mas o insucesso dos socialistas em repensar sua doutrina e seu programa, a incapacidade generalizada em todos os lados para reconhecer o novo e reduzido lugar da França em um mundo pós-guerra, as divisões e discussões parlamentares crônicas, e a resposta desastrosamente inadequada a reivindicações de independência em colônias francesas, tudo isso indica um fracasso político contínuo em pensar desinteressadamente sobre o interesse nacional.

Que a França do pós-guerra tenha sido salva de seus líderes políticos, de um modo como não podia ter sido salva uma década antes, se deu graças a grandes mudanças no pós-guerra nas relações internacionais. Membro da Otan, beneficiária do Plano Marshall e cada vez mais integrada à nascente comunidade europeia, a França já não dependia de seus próprios recursos e decisões para ter segurança e prosperidade, e a incompetência e os erros de seus governantes lhe custaram muito menos do que ocorrera em anos anteriores.

Se a era da irresponsabilidade política na França durou de 1918 a 1958, pode-se dizer que a era da irresponsabilidade moral começou na metade dos anos 1930 e se manteve durante a maior parte de quatro décadas. À primeira vista, essa parece uma proposição estranha, pelo menos na medida em que diz respeito a intelectuais. Certamente, entre engajamento antifascista, resistência durante a guerra, idealismo político no pós-guerra e agitação anticolonial, os franceses, ou ao menos alguns deles, nunca estiveram mais moralmente envolvidos e comprometidos do que nesses anos. Mas a dificuldade dessa resposta é que ela trata dessa era de "engajamento" exclusivamente nos termos em que ele foi vivido, notadamente por aqueles cujos textos na época e depois estabeleceram os contornos para nosso entendimento de seu comportamento.

O exemplo mais inequívoco de "responsabilidade moral" aparente é o do antifascismo intelectual nos anos 1930. Ele certamente representou um momento de compromisso político em nome das forças do bem contra as do mal, tal como era entendido por aqueles que assumiram esse compromisso. Mas havia um número considerável de homens e mulheres, entre eles muitos intelectuais, que estavam igualmente comprometidos *com* o fascismo, fosse na Itália, fosse na Espanha ou até mesmo na própria França, e por algumas das mesmas razões. E, visto que alguns deles mais tarde se reprogramariam como intelectuais *anti*fascistas durante e depois da guerra, fazemos bem em recordar que o que mais caracterizava a "responsabilidade" intelectual no período pré-Segunda Guerra Mundial era não um compromisso com a esquerda, mas o compromisso em si.

Posto que os vencedores escreveram sua história, o grau de engajamento intelectual antes da Segunda Guerra Mundial no lado do integralismo ou do fascismo ideológico foi quase esquecido por muitos anos seguintes à derrota fascista. Sabendo disso, e conhecendo a extensão das emigrações políticas e

28 O JULGAMENTO ERRÔNEO DE PARIS

intelectuais da esquerda para a direita antes de 1940 e da direita para a esquerda depois de 1942, faríamos melhor se considerássemos o engajamento político como uma característica do período inteiro.[3]

Dessa perspectiva, o conceito de *irresponsabilidade* moral começa a fazer sentido. Ele podia assumir muitas formas. Segundo a versão do próprio Jean-Paul Sartre, em seus cadernos do período da "guerra de mentira"[*drôle de guerre*], ele passou os anos entre as guerras condenavelmente inconsciente do que acontecia a sua volta, aferrado ao pacifismo apolítico nascido da Primeira Guerra Mundial. Daí seu superengajamento posterior, uma reação acima de tudo ao risco de mais uma vez perder o navio da História enquanto ele passava soltando vapor. As motivações de Sartre podem ter sido pessoais, mas o padrão era difundido. À deriva e inseguros nas tormentas dos anos 1930, alguns intelectuais e figuras públicas evitavam ou negligenciavam jogar sua sorte com a defesa da democracia; alguns fizeram escolhas, mas as "erradas"; outros fizeram as escolhas "certas", mas tardias.

Para qualquer das decisões assim tomadas, certamente estavam em jogo critérios morais. Homens e mulheres que se declaravam "defensores da civilização ocidental" ou "antifascistas", "resistentes" ou "progressistas", "anti-imperialistas" e seus semelhantes estavam fazendo um julgamento moral sobre o mundo e sua responsabilidade nele, mesmo que a comunidade política particular à qual eles eram filiados preferisse legitimar sua reivindicação em termos históricos, ou econômicos, ou estéticos, e oficialmente abominasse a "moralização". Mas, uma vez tomada a decisão, a iniciativa moral era quase sempre abandonada, ao menos por algum tempo. O engajamento político, em qualquer lado, tinha um preço: o dever de adotar a lógica da escolha feita, em face não apenas da oposição mas da companhia indesejável em que se viajava e das ações preocupantes de seu próprio lado.

Essa era a situação de intelectuais que foram à Espanha depois de 1936 e viram bem demais o que seus aliados comunistas ou franquistas estavam fazendo; de idealistas a favor da renovação nacional que viam de perto a Revolução Nacional de Laval e Pétain; de resistentes que assistiam ao acerto de contas inadequado, parcial e com frequência injusto que se seguiu à Libertação da França; de companheiros de viagem que tentavam engolir a justificativa oferecida para os processo de Moscou e os gulags nas pátrias socialistas; de escritores anticolonialistas que tentavam explicar os regimes ditatoriais e corruptos que substituíram autoridades imperiais; e de *tiers-mondistes* dos anos 1960 e 1970 obrigados a entender e justificar a Revolução Cultural de Mao e o Camboja de Pol Pot.

Pode-se, é claro, recitar uma litania de exemplos de homens e mulheres que conservaram a coragem intelectual e a iniciativa moral para dar testemunho contra a traição de seu compromisso: Georges Bernanos, por exemplo, ou Margarete Buber-Neumann, George Orwell, Arthur Koestler, Ignazio Silone e Czeslaw Milosz — entradas do Almanaque de Gota da integridade intelectual europeia em nossos tempos. O que é talvez mais difícil de aceitar é que muitos dos mais conhecidos intelectuais franceses, sem falar dos menos conhecidos, nunca entraram nessa lista.

Escrevi sobre os intelectuais porque eles tinham importância na França, e porque os passivos morais que se seguiram na esteira do engajamento político eram muito prontamente associados a intelectuais, dada a ênfase que eles próprios punham na dimensão ética de suas escolhas — e a apresentação dessas decisões *como* escolhas. Mas o abandono do discernimento e da iniciativa individuais, em nome da responsabilidade política — para uma adesão coletiva ou política que passa com o tempo a eviscerar e solapar a própria noção de qualquer responsabilidade distintivamente *moral* —, não é necessariamente um atributo só dos intelectuais. Outros eram igualmente expostos ao risco: políticos, funcionários públicos, soldados, professores, estudantes, estavam todos vulneráveis naqueles anos, talvez mais que antes ou depois.

Há, porém, um tipo distintivamente *intelectual* de irresponsabilidade, que parece ter marcado todo o período em consideração, embora alcançando seu apogeu nas décadas do pós-guerra. Ele tem menos a ver com as escolhas públicas feitas pelos intelectuais, ou a bagunça moral em que eles se meteram por causa de suas escolhas, do que com a própria atividade de ser um intelectual — as coisas sobre as quais acadêmicos, escritores, romancistas, jornalistas e outros escolhem pensar e nas quais investir suas energias para entendê--las. E isso nos leva de volta a minha observação anterior sobre a propensão dos intelectuais do século XX na França a refletir e ecoar do modo mais convencional as fissuras e os conflitos políticos e culturais à sua volta, em vez de contribuir para redirecionar a atenção nacional para caminhos mais promissores.

Os problemas que a França enfrentou nos primeiros dois terços deste século foram camuflados da visão comum por muitas razões, algumas das quais tentei sugerir. Mas eles não eram inerentemente obscuros, e seus sintomas patológicos eram manifestos, como qualquer relato convencional da história francesa recente pode mostrar. Política externa, política militar, política econômica eram muitas vezes desorientadas, muitas vezes incompetentes, e agressiva e destrutivamente contestadas durante grande parte desse período. O dilema

O PESO DA RESPONSABILIDADE   31

constitucional distorcia a vida pública. A divisão doutrinária — em que a guerra ideológica era substituída pela atenção às realidades locais, de modo que tudo era politizado enquanto poucos davam atenção séria à política — monopolizava a atenção analítica. A falácia radical — em que a busca de soluções finais tomava o lugar da atenção persistente aos custos da estagnação econômica ou social ou aos limites da ação política — continuou a cativar escritores e polemistas até a véspera da eleição de François Mitterrand para a presidência, em 1981.

Por que a maioria dos intelectuais deu tão pouca atenção a esses assuntos até recentemente? Em parte, por certo, porque durante a primeira metade deste século os intelectuais públicos eram de modo predominante homens de letras: romancistas, poetas, ensaístas, filósofos cuja contribuição a debates públicos era muitas vezes inversamente proporcional a seu conhecimento do assunto em discussão. Mas no decorrer dos anos 1950 o intelectual literário foi substituído de forma gradual pelos cientistas sociais — historiadores, sociólogos, antropólogos, psicólogos — sem nenhum ganho óbvio na qualidade do discurso público. Seja qual for o conhecimento especializado que tenha sido dado como contribuição pela crescente proeminência de homens e mulheres com expertise acadêmica em várias disciplinas, ele foi neutralizado pela expectativa de que, como intelectuais, eles fossem capazes de falar sobre qualquer coisa. Além disso, seu engajamento continuado de um lado ou de outro de uma cultura politizada e dividida significou que, por mais desapaixonada que fosse a objetividade analítica que eles aplicavam a seu próprio trabalho, seus pronunciamentos públicos eram ajustados a uma polêmica em que a expertise ficava em segundo lugar em relação à filiação política ou ideológica.

Em todo caso, o próprio mundo acadêmico estava longe de ser imune a alinhamentos polêmicos e doutrinários, de modo que os representantes mais proeminentes, e portanto mais influentes, da comunidade acadêmica não eram necessariamente os praticantes mais sutis de suas disciplinas. O efeito desvirtuante desse processo ficou mais evidente em 1968, e por volta dessa época, quando a visibilidade e a influência de certos participantes ilustres em debates sobre educação, os meios de comunicação e a conjuntura nacional ocorriam em função de sua popularidade e se estavam em voga dentro da própria comunidade acadêmica.

Os contraexemplos a esse padrão — acadêmicos que se preocupavam com os problemas contemporâneos da França, que utilizavam a expertise formal para a análise de dilemas ou processos nacionais que outros não tinham sequer percebido, e cujo trabalho motivava o reconhecimento público — eram raros o bastante para que seus textos mais influentes formassem aspectos incomuns e curiosos na paisagem intelectual nacional, como menires açoitados pelo vento no topo de uma colina bretã: *Paris et le désert français* (1947), de J.-F. Gravier, *La Fin des paysans* (1967), de Henri Mendras, *La Société bloquée* (1970), de Michel Crozier. E mesmo assim é improvável que essas ou outras obras comparáveis fossem muito lidas pelos intelectuais parisienses mais conhecidos.

Essa situação mudou depois de meados dos anos 1970. Os tópicos que antes haviam estimulado e monopolizado a atenção intelectual já não pareciam importar muito, ou tinham sido prejudicados pelo clima político alterado, em que o limiar de tolerância à violência e ao terror havia sido marcadamente rebaixado na sequência das fantasias *gauchistes* do final dos anos 1960. Seguiu-se, por certo, um interlúdio durante o qual os meios de comunicação eletrônicos se banquetearam com a absorção dos intelectuais nos crimes e erros de homens e ideias que antes eles haviam idolatrado; mas, na maior parte das últimas duas décadas, os pensadores mais interessantes na França estiveram seriamente envolvidos com as escolhas e as dificuldades enfrentadas pelo país e pelo mundo em que eles agora vivem.[4]

Este livro é sobre três franceses que viveram e escreveram contra a corrente dessas três eras de irresponsabilidade. Eles eram homens muito diferentes e teriam sido surpreendidos de se verem como um grupo; no entanto, têm algo muito distintivo em comum. Os três desempenharam um papel importante na França de seu tempo, mas viveram em uma tangente ligeiramente desconfortável em relação a seus contemporâneos. Durante grande parte de sua vida adulta, cada um deles foi objeto de antipatia, suspeita, desdém ou ódio de muitos de seus pares e contemporâneos; só no fim de suas longas vidas Léon Blum e Raymon Aron foram, por razões bastante diferentes, capazes de relaxar no conforto da admiração, do respeito e, em alguns lugares, da adulação quase universais. Camus, que havia experimentado todas essas coisas aos 35 anos, morreu 12 anos depois como uma figura insegura e muito difamada; trinta anos se passariam antes que sua reputação fosse recuperada.

Os três eram "insiders" culturais; mas suas visões e seus pronunciamentos estavam frequentemente em desacordo com seu tempo e lugar. E em certos aspectos cruciais eles eram também "outsiders". Blum e Aron eram judeus. Embora nenhum dos dois visse razão alguma para negá-lo, eles davam pouca importância a isso; Aron, porém, tornou-se mais consciente de sua identidade judaica e preocupado com ela ao envelhecer.

Mas a judaicidade deles não era uma questão indiferente para a maioria de seus inimigos, e no caso de Blum seu papel não solicitado como um para-raios para o antissemitismo francês moderno torna sua trajetória central para qualquer entendimento dessa que é a mais negligenciada das paixões políticas nacionais. Camus era da Argélia, o que o tornava um outsider em mais de um sentido no mundo dos intelectuais de esquerda parisienses em que ele se viu depois de sua chegada à França, no começo da guerra. Ele também carecia das credenciais educacionais refinadas que definiam e distinguiam a parte mais avançada da intelectualidade francesa, cujo herói e porta-voz ele não obstante, por um breve tempo, se tornou.

Mas, a despeito dessas marcas de diferença e distinção, e de outras que discuto nos ensaios que se seguem, todos os três homens forjaram um lugar para si no centro da vida pública francesa moderna. Blum foi não só uma presença na cena literária parisiense do *fin de siècle* e um intelectual dreyfusista razoavelmente proeminente aos 26 anos; foi também, é claro, o líder do Partido Socialista Francês ao longo do entreguerras, o primeiro-ministro de um governo de Frente Popular em duas ocasiões, em 1936 e 1938, o mais importante inimigo político dos governos de Vichy, condenado à prisão, julgado e deportado, um primeiro-ministro do pós-guerra e o mais respeitado estadista francês da geração mais velha até sua morte, em 1950.

Raymond Aron superou seus contemporâneos na École Normale Supérieure nos anos 1920 (entre eles Sartre) e foi o mais promissor jovem filósofo francês de sua geração até que os anos da guerra, passados em Londres com as Forças Francesas Livres, interromperam seu progresso acadêmico. Depois da guerra restabeleceu uma carreira acadêmica que culminou em uma cátedra no Collège de France enquanto escrevia dezenas de livros e ensaios e milhares de artigos diários e semanais para *Le Figaro* e *L'Express*. Quando morreu, em 1983, tendo acabado de publicar suas memórias intelectuais aos 78 anos, era talvez o mais conhecido escritor, ensaísta, sociólogo, comentarista político e teórico social na França.

Albert Camus, a despeito de suas modestas origens "coloniais" e de sua educação provinciana antiquada, saiu da obscuridade para uma celebridade política quase inigualada na Paris do pós-guerra graças a dois romances (*O estrangeiro* e *A peste*), um ensaio (*O mito de Sísifo*) e seus editoriais no novo diário do pós-guerra *Combat*. Era amplamente considerado o par, companheiro e contraponto de Sartre e Simone de Beauvoir — o que não tinha em poder de fogo intelectual ele mais do que compensava em carisma e credibilidade moral, tendo desempenhado um papel real e não meramente "virtual" na Resistência. A despeito de uma desavença com os sartrianos e de seu crescente isolamento da comunidade intelectual de esquerda *mainstream* a respeito do comunismo e da Argélia, a posição de Camus no exterior continuou a crescer, e ele recebeu o Prêmio Nobel de Literatura em 1957. Sua morte em um acidente de carro, dois anos depois, deu uma dimensão icônica a sua vida relativamente curta (ele nasceu em 1913), e, embora os franceses tenham levado muito tempo para redescobri-lo, ele é hoje amplamente considerado na França, como foi por muito tempo em outros lugares, um tesouro nacional.

Nos ensaios que se seguem, porém, optei por destacar a natureza inquieta e conflituosa das relações que Blum, Aron e Camus mantinham com a França de seu tempo. Em parte isso ocorre porque o que torna esses três homens interessantes é a qualidade que eles têm em comum de coragem moral (e, por coincidência, física), sua disposição de assumir um posicionamento não contra seus oponentes políticos ou intelectuais —

todo mundo fazia isso, com demasiada frequência —, mas contra seu "próprio" lado. Eles pagaram um preço por isso em solidão, influência reduzida e em sua reputação local, que raramente alcançou aquela que haviam conquistado entre amigos e admiradores do exterior. Em um país em que as pressões da conformidade política e intelectual eram normalmente fortes durante a vida deles, essa disposição a cortejar a impopularidade — entre políticos, o público, companheiros de esquerda ou seus próprios pares intelectuais — era uma característica rara e atraente e por si só justificaria escrever sobre eles.

Mas há outro motivo, e, da perspectiva da história francesa, mais persuasivo, para dedicar alguma atenção a esses três homens. A tendência natural contra a qual eles se punham, a corrente que buscavam inverter ou pelo menos contestar, era a irresponsabilidade tal como a defini; a propensão em várias esferas da vida pública a negligenciar ou abandonar a responsabilidade intelectual, moral ou política. Há aqui um paradoxo que seus muitos críticos e inimigos teriam sido os primeiros a notar. Não foi precisamente Léon Blum, com sua identificação quase religiosa com os objetivos do movimento socialista, que contribuiu para as divisões e a instabilidade políticas da França no entreguerras, por sua insistência em colocar os interesses de um partido político acima daqueles do país? Não foi Albert Camus que se reduziu ao silêncio por sua recusa a tomar partido no imbróglio argelino e que, portanto, se manteve à parte da crise mais divisora e moralmente aflitiva da França do pós-guerra? E Raymond Aron não assumiu um voto quase monástico de não envolvimento em assuntos públicos, para melhor comentar sobre eles, com o resultado de que seu realismo frio se omite de engajamento direto em algumas das escolhas difíceis que os franceses enfrentaram no período em que ele viveu?

A acusação contra Aron é injusta, como argumento no ensaio sobre ele, embora a associação implícita de "engajamento" com "responsabilidade" seja uma chave para a época. Camus com toda a certeza sofreu terrivelmente e perdeu muitos amigos e admiradores por sua recusa a apoiar a independência da Argélia (que foi correspondida por sua igualmente bem atestada oposição às práticas do colonialismo francês). Mas seu dilema argelino seguiu-se a uma década de desacordo abertamente declarado e profundamente antiquado com a opinião intelectual prevalecente: sobre o acerto de contas no pós-guerra, sobre a pena de morte, sobre a ideia de "revolução" e sobre a prática do comunismo. Seu silêncio argelino se baseava no mesmo senso instintivo de obrigação moral — inclusive o dever de ficar quieto quando não se tem nada a dizer — que havia moldado esses pronunciamentos e engajamentos anteriores. Que isso tivesse resultados infelizes e facilmente mal interpretados era algo sobre o qual ele pouco podia fazer; a versão de Camus da responsabilidade (em contraste com a de Aron) acarretava descartar esse tipo de consideração.

O caso de Blum é mais complexo. Sua contribuição para a crise política da França nos anos 1930 é indiscutível; precisamente em razão de sua grande influência sobre o inflexível Partido Socialista de sua época, ele devia ter evitado encorajar todos os piores instintos do partido para a irresponsabilidade e o isolamento políticos. Como em 1936 o Partido Socialista era a maior organização política na França, a omissão de Blum de liderá-lo para que abandonasse hábitos sectários e adotasse alianças e programas políticos pós-doutrinários inevitavelmente o torna parte responsável pelo desfecho político para o qual os erros anteriores dos socialistas contribuíram.

O problema é que o papel de Blum na Frente Popular e em sua subsequente queda distorceu a discussão de sua contribuição mais ampla para a vida pública. Ele foi, afinal, o único socialista francês proeminente a ter coragem de abandonar abertamente o pacifismo, o desarmamento coletivo e a conciliação diante das realidades internacionais do final dos anos 1930. Foi um entre um pequeno grupo de socialistas franceses que se opuseram a Pétain desde o início e usou sua consequente prisão para repensar, aos 70 anos de idade, uma parte substancial das crenças socialistas que mantivera por muito tempo — *sem* abandonar as premissas morais e a crítica social que em primeiro lugar o haviam levado àquelas crenças.

Nisso ele foi bastante singular, como foi em seu interesse de longa data na reforma constitucional e governamental e em seus esforços pós-1945 para renovar a esquerda francesa e refundá-la sobre princípios modernos e racionais. Seu fracasso *nessas* questões, em contraste com suas mais conhecidas deficiências como primeiro-ministro em 1936, fala a seu favor, já que mostra exatamente quanto ele estava pensando e trabalhando contra os hábitos mentais e institucionais não apenas de seu próprio passado, mas de toda uma tradição política. Blum, como sugerirei, cometeu muitos erros. Mas foi sua qualidade especial de ser capaz de vê-los *como* erros, de admiti-los e tentar uma reformulação pública de sua herança política, às vezes com grande risco pessoal e sempre à custa de uma popularidade e um sucesso público que poderiam ter sido dele. Esse senso de responsabilidade política era escasso em sua geração de políticos e estadistas, o que é também o motivo de muitos deles antipatizarem com ele e dele se ressentirem tão intensamente.

Além das qualidades de coragem e integridade já aludidas acima, Blum, Aron e Camus têm algo mais em comum. Eram todos anticomunistas. Isso em si é desinteressante — houve muitos anticomunistas na França, e o anticomunismo, por mais justificado, dificilmente constituía em si uma posição distintiva, muito menos uma garantia de comportamento responsável. É o modo como eles eram anticomunistas que os torna úteis para um entendimento de seu país e de seu tempo.

Blum — cujo discurso no Congresso da Seção Francesa da Internacional Operária (SFIO) em dezembro de 1920, no qual a cisão leninista foi consumada, ainda é um dos melhores relatos do que exatamente distinguia a revolução de Lenin da venerável tradição da social-democracia europeia — era um anticomunista *político*. Desde o início ele estava desconfortável com a Revolução Russa. Um socialista, ele sentia, não podia condenar uma revolução feita em nome de ideais socialistas, e por essa razão equivocada ele se recusou por toda a vida a tratar os comunistas como o inimigo, embora estes vissem nele pouco mais que isso. Mas o leninismo era um erro, ele insistia — no melhor dos casos, uma regressão a tradições anteriores bem esquecidas de insurreição e ditadura, e no pior, um convite a instalar o terror e a repressão como os princípios centrais de governo pós-burguês. O comunismo trairia tanto seus ideais quanto seus seguidores, ele notou com certa presciência em 1920; e ao fazê-lo arriscou derrubar consigo todo o valioso edifício das realizações e aspirações socialistas. Como Blum escreveu em 1941, os leninistas em outras terras só podiam ser porta-vozes dos interesses da União Soviética — ele famosamente apelidou os comunistas franceses de "partido nacionalista estrangeiro" — e estavam, portanto, condenados a trair os interesses de seu próprio país bem como os de seus apoiadores e eleitores.

A absoluta clareza de Blum sobre a questão comunista — Raymond Aron, que além do mais não era muito caridoso em relação ao que considerava as ingenuidades moralizantes de Blum, concedia que em relação ao comunismo ele tinha sido "clarividente" desde o início — o tornou a âncora política para uma embarcação socialista que oscilava instavelmente entre correntes conflitantes. Na visão de Blum, a esquerda não comunista não deveria nunca, jamais, ceder o jogo político aos comunistas ou (o que vinha a ser a mesma coisa) concordar com uma reunificação com um partido comunista impenitente. Mas os socialistas tampouco podiam rejeitar seu passado e abandonar totalmente o terreno ideológico. Se os comunistas reivindicavam a herança da Revolução Francesa, os socialistas deviam insistir em que também eram seus herdeiros legítimos. O comunismo não era o inimigo — diferentemente de muitos socialistas mais jovens, Blum reconhecia que nas circunstâncias da França entre as guerras não se podia identificar o comunismo como o inimigo primário sem se deslocar de fato pelo espectro político até a extrema direita —, mas também não tinha nenhuma reivindicação legítima sobre a esquerda.

Essa era uma posição impossível de sustentar na prática — tornada pior pela necessidade dos socialistas de se distinguirem dos republicanos radicais ao insistir em suas próprias credenciais revolucionáras —, e as contorções doutrinárias em que ele se envolveu para sustentá-la deixaram Blum vulnerável a críticas na época e desde então. Mas sem isso, sem a liderança e o exemplo de Blum, os socialistas franceses quase certamente não teriam se recuperado da divisão de 1920, e a configuração da história francesa no entreguerras teria sido muito diferente e não necessariamente mais saudável. Os comunistas franceses estavam absolutamente certos de ver em Léon Blum o principal impedimento moral e político a seu monopólio da política radical na França — tanto nos anos 1930 quanto, de novo, de 1945 a 1948. Blum intuitivamente avaliava que preservar o socialismo francês da Cila do comunismo e da Caríbdis da absorção pelo centro radical era a condição necessária para a manutenção de um espaço público democrático na França republicana. Poucos de seus companheiros socialistas entendiam isso, e seus adversários políticos não lhe davam nenhum crédito e se ressentiam de cada realização dele. Em uma época de políticos e política singularmente irresponsáveis, Léon Blum carregou quase sozinho o peso da responsabilidade política.

O anticomunismo de Albert Camus foi impulsionado por considerações bem diferentes. Ele havia passado brevemente pelo Partido Comunista na Argélia em meados dos anos 1930, mas no momento em que chegou à França, em 1940, estava imune ao apelo político de qualquer tipo de partido organizado. Por certo, nos meses imediatamente após a Libertação Camus, como a maioria dos outros participantes na coalizão da Resistência, não se dispunha a atacar o PCF, convencido de que a cooperação com os comunistas era necessária para uma renovação no pós-guerra da vida pública e das instituições francesas. No caso dele, porém, essa suspensão da descrença não durou muito. Entretanto, quando Camus rompeu com o consenso progressista *bien pensante* na França — primeiro em suas anotações privadas, depois em uma série de artigos e ensaios, e finalmente em *O homem revoltado* (1951), sua principal crítica da ilusão revolucionária —, ele o fez por uma razão bastante característica.

O que Albert Camus achava desagradável e, em última instância, intolerável no "antianticomunismo" de seus amigos e colegas era sua ambivalência moral. Não se podia, ele sentia, afirmar ter ingressado em uma existência pública, assumido uma posição na história, com fundamentos que eram inevitavelmente morais — por mais que fossem camuflados pela conversa da "necessidade" ou da circunstância —, e depois focalizar a lente de seu julgamento em apenas uma metade da humanidade. Se a discriminação e a repressão eram erradas, eram tão erradas em Moscou quanto no Mississippi. Se os campos de concentração, um regime de terror e a destruição agressiva de povos livres constituíam os crimes do fascismo, as mesmas coisas eram igualmente repreensíveis quando levadas a cabo pelos camaradas "progressistas" de alguém. Camus sabia perfeitamente bem como esse bifocalismo podia ser justificado — ele tinha oferecido suas próprias justificativas em anos anteriores. Mas as contorções linguísticas, intelectuais e éticas — os silêncios e as meias verdades — que eram exigidas estavam em última instância além de sua capacidade.

Assim, embora Camus fosse simpático à ideia blumista de que o comunismo era um crime político contra a esquerda não comunista, um agente poluidor que acabaria corroendo todas as formas decentes de política radical, não era isso que impulsionava sua determinação de falar contra ele. Ele simplesmente não podia tolerar a hipocrisia de seu próprio lado, tendo dedicado parte de sua vida e muito de seus textos a expor a hipocrisia igual e oposta de seus inimigos e dos deles. Era essa recusa a tomar partido e usar seu julgamento para moderar suas intuições que fazia Camus parecer tão orgulhosamente teimoso, bem como politicamente ingênuo.

Forçado a escolher, como lhe parecia, entre engajamento político e coerência ética, ele finalmente optou por essa última, para seus próprios desconforto e desvantagem social. Foi uma escolha feita mais por necessidade psicológica admitida do que a partir de premissas analíticas calculadas — mais uma razão pela qual ela parecia tão discordante de sua época. Os contemporâneos de Camus tinham chegado ao comunismo, ou a posições "progressistas", a partir do que haviam habitualmente entendido como lógica histórica ou necessidade política; quando eles abandonavam o Partido, ou seus esforços para sustentá-lo de fora, era muitas vezes com fundamentos seme-lhantes. Alguns podiam não aceitar o raciocínio pervertido dos processos de Moscou; outros eram ofendidos pelas aventuras estrangeiras soviéticas; outros ainda achavam a doutrina leninista menos convincente quanto mais de perto a olhavam. Camus era diferente — ele olhava no espelho de seu desconforto moral, não gostava do que via e se punha de lado.

Raymond Aron certamente enxergava através das pretensões ocas da promessa utópica do comunismo e não tinha nenhum companheiro quando se tratava de revelar as contradições morais e ideológicas no cerne do "engajamento" intelectual. Na verdade, *O ópio dos intelectuais* foi creditado depois do fato por muitos intelectuais franceses como lhes ter aberto os olhos pela primeira vez para as incoerências insustentáveis de suas próprias convicções. Mas Aron era indiferente aos dilemas morais da filiação política intelectual — a verdadeira obsessão pelo tema em si lhe parecia um sintoma da doença francesa. Seu anticomunismo tinha fontes muito diferentes. Como estudioso e admirador de Marx, ele não tinha nenhuma querela com aqueles que assumiam um interesse sustentado pela teoria social do século XIX. O problema era que a maioria dos esquerdistas franceses, a começar por Sartre, não tinha nenhum interesse sustentado desse tipo e eram de fato grotescamente ignorantes das próprias teorias que pretendiam defender e ilustrar.

Em resumo, eles não eram sérios, nem *konsequent*, como diziam os alemães, e era essa falta de seriedade intelectual que Aron considerava mais penosamente errada na discussão pública francesa. Os intelectuais franceses falavam sobre livros que não tinham lido, defendiam doutrinas que não entendiam e criticavam as políticas de seus governantes e, ao mesmo tempo, não tinham nenhuma alternativa justificada a propor. Isso teria sido suficientemente ruim se uma propensão diletante entre acadêmicos e ensaístas a escrever primeiro e pensar depois houvesse se limitado a suas próprias comunidades autocentradas. Mas na França esses homens e mulheres tinham uma audiência que se estendia além de seu círculo de amigos e admiradores; na opinião de Aron, aquilo em que eles estavam engajados não era, portanto, meramente autoindulgente, mas intelectualmente irresponsável. A tarefa do observador, do comentarista e do pensador engajado era antes de mais nada entender o mundo como ele era — um argumento tornado claro a Aron por suas próprias observações no curso dos acontecimentos aterrorizantes na Alemanha do começo dos anos 1930.

O fato de seus colegas e amigos voluntariamente não fazerem isso parecia a Aron, em 1932 e pelo resto de sua vida, o auge da imprudência. O estado do mundo durante a vida de Aron não permitia, em sua concepção, contemplações especulativas sobre soluções ideais, a busca de uma resolução final em locais exóticos ou abstrações hiper-racionais a partir de premissas metafóricas. Aron sabia do que falava: seus próprios interesses acadêmicos anteriores o haviam levado a pensar bastante sobre fundamentos e paradoxos filosóficos precisamente daqueles modos de raciocinar. Mas ele devotou sua carreira pública ao entendimento e à crítica das minúcias desconfortáveis da realidade política e econômica — e à exposição competente do insípido e irresponsável escapismo de seus pares. O comunismo, para ele, combinava as duas preocupações; ele era *o* problema da época — e uma fuga dos problemas da época.

É por causa de sua relação não convencional com sua época que Léon Blum, Albert Camus e Raymond Aron têm interesse hoje. Eles foram, na feliz descrição de Hannah Arendt de outras figuras "inconvenientes" no passado europeu, "homens em tempos sombrios". Não eram figuras marginais — se tivessem sido, teriam tido menos influência e seu interesse para um historiador da França seria correspondentemente menor. Mas foram mal-entendidos durante sua vida a ponto de eles próprios às vezes entenderem muito melhor que seus contemporâneos o que acontecia à sua volta. O reconhecimento e o autoentendimento de sua comunidade, como a coruja da sabedoria, só veio no crepúsculo. Nós também talvez encontremos nesses homens alguma ajuda para entender os tempos em que eles viveram.

UM

O profeta desdenhado
LÉON BLUM E O PREÇO DA CONCESSÃO

Léon Blum é hoje um homem semiesquecido. Por certo, há uma praça de bom tamanho batizada com o nome dele no décimo primeiro arrondissement de Paris; e, assim como londrinos idosos até meados dos anos 1980 falavam de receber "a Lloyd George", as pensões de aposentadoria instituídas pelo ministro das Finanças britânico antes da Primeira Guerra Mundial, duas gerações de franceses e francesas agradecidos associavam seu pagamento de férias anual às reformas do primeiro governo de Frente Popular de Blum, em 1936. Mas, em sua época, Blum foi uma figura impressionantemente controversa: o líder e modelo do socialismo francês em toda a sua fidelidade doutrinária e suas contradições; o chefe do governo da Frente Popular de 1936, do qual tanto se esperava e se temia; o primeiro premier socialista da França, e o primeiro judeu, em um momento de antissemitismo generalizado; o principal alvo da vingança pétainista depois da instalação, em 1940, do regime de Vichy, bem como "inimigo número 1", como o próprio Blum dizia, do Partido Comunista Francês. Que esse homem, em torno de quem se revolveram e se agitaram por três décadas a raiva, os ódios e as divisões políticas de seu país, seja agora objeto de negligência benigna [*benign neglect*] é um indicador das mudanças que ocorreram na França desde a década de 1950.

48   O PROFETA DESDENHADO

Por muitos anos depois de sua morte, em 1950, aos 77 anos, a reputação de Léon Blum esteve em alta ou em baixa de acordo com a moda historiográfica e política, grande parte da qual se vinculava a interpretações conflitantes da breve vida de seu governo de coalizão da Frente Popular, de junho de 1936 a junho de 1937. A Frente Popular foi uma "oportunidade revolucionária perdida"? Blum estava correto em defender, ainda que com muita relutância, a não intervenção na Guerra Civil Espanhola que irrompeu um mês depois de sua chegada ao poder? Ou, de uma perspectiva diferente, Blum e seus companheiros eram economicamente analfabetos, agravando a crise econômica que os recebeu e depois pondo a culpa por ela em fatores além de seu controle? A Frente Popular, a despeito das melhores intenções de Blum, contribuiu mais para a desagregação moral e política da França e ajudou a criar condições para o colapso de 1940? Foi Blum, nas palavras do menos clemente de seus críticos estrangeiros recentes (seus oponentes domésticos eram consideravelmente mais ferozes), "um inocente econômico, e um fazedor de frases vangloriante para quem o aperfeiçoamento da humanidade coincidia infalivelmente com os ditames de interesse entre facções"?[1]

A Frente Popular atravessou suas tristes agonias seis décadas atrás. Desde então, houve tal transformação na história da esquerda europeia, tamanho o desgaste de suas ilusões, que algumas dessas questões agora parecem tão datadas e mal concebidas quanto às políticas de que eles acusam o próprio Blum. A SFIO (Seção Francesa da Internacional Operária), o Partido Socialista Francês ao qual Blum dedicou metade de sua vida, agora acabou, e com ela muitas das disputas faccionais e intradoutrinárias a que Blum era associado. Sabemos também muito mais a respeito das fontes políticas e ideológicas de Vichy, bem como sobre as circunstâncias da vitória alemã de 1940, e a responsabilidade de Blum no curso dos acontecimentos na França de 1934 a 1944 parece marginal.

Mas, longe de jogar o próprio Léon Blum na pilha de cinzas da história, um homem esquecido entre os muitos justamente esquecidos, essas mudanças nos ajudam a vê-lo em uma luz diferente e mais interessante. Por que esse homem — essa figura erudita reservada de uma época anterior, um judeu secular sem grandes ambições pessoais e com opiniões distintamente razoáveis e acomodatícias, cujos sucessos e fracassos políticos eram tão moderados quanto o homem em si — era o "homem mais odiado na França"? O que podemos aprender sobre o século XX francês olhando mais uma vez para a pessoa que, mais que qualquer outra, atraiu sobre si e sobre suas opiniões as esperanças, os temores e a ira de seus contemporâneos?

Léon Blum nasceu na Paris de 1872, em uma família moderadamente bem-sucedida de judeus semiassimilados de classe média baixa dedicados ao comércio. No decorrer de sua vida ele seguiria três carreiras inteiramente diferentes. Era de conhecimento geral, até (na verdade, especialmente) entre seus inimigos mais maldosos, que Blum era um homem de dons incomuns, que poderia ter voltado seus talentos precoces para qualquer uma de várias direções — sobre um ensaio de filosofia premiado que ele escreveu aos 17 anos, um de seus professores no Lycée Henri IV comentou: "Se um jovem de 17 anos escreveu isto, ele é um monstro." Foi admitido na École Normale Supérieure em 1890, mas, apesar de passar por ela como um "meteoro" (Elie Halévy), ele a considerou muito restritiva e a deixou um ano depois, matriculando-se na Faculdade de Direito.[2]

Nessa época, porém, Blum já havia ingressado na primeira de suas três carreiras públicas, escrevendo crítica literária e teatral para pequenas revistas e jornais que floresciam na Paris do *fin de siècle*. Nos idos de 1890, e ainda com 20 e poucos anos, Léon Blum era uma presença consolidada na cena parisiense, reconhecido como um crítico talentoso e incomumente original por escritores estabelecidos, como Anatole France, e também por autores mais jovens, notadamente André Gide. Ele conservaria seus interesses literários, e manteria presença em círculos literários parisienses, até bem entrada a primeira década do século XX, publicando até um estudo sobre Stendhal pouco antes do início da guerra, em 1914. Mas ao mesmo tempo ele estava construindo uma carreira paralela como jurista capacitado e influente. Em 1895, havia sido nomeado para o Conseil d'État, o mais alto tribunal de direito administrativo, como *auditeur*; no momento em que se demitiu do Conseil d'État, em 1919, para assumir uma cadeira parlamentar pela primeira vez, Blum era *comissaire du gouvernement* e havia redigido para a jurisprudência administrativa francesa uma série de sentenças e recomendações importantes e duradouras, muitas delas expandindo e confirmando o papel do Conseil d'État como um baluarte contra a ação arbitrária do Estado.

Foi como jurista que Blum foi solicitado para desempenhar um pequeno papel, preparando a defesa no julgamento de Émile Zola, em 1898, seu primeiro envolvimento nos acontecimentos que cercaram o caso Dreyfus. Até então ele não havia mostrado nenhum interesse ativo em assuntos públicos, embora Fernand Gregh, em suas memórias, afirme que já em 1892 Blum lhe havia confidenciado uma intenção de se dedicar a "política". Mas o cinismo e a injustiça do tratamento dado a Dreyfus e sua própria aflição com o estado de ânimo geral da época mudaram suas opiniões. Ao comentar, quase quarenta anos depois, sobre as circunstâncias de seu ingresso

O PESO DA RESPONSABILIDADE 51

no compromisso político, ele citou *Guerra e paz*: "Tudo era muito estranho, muito diferente do que ele esperara." Impressionado e convencido por Jean Jaurès, Blum tornou-se não só um dreyfusista ativo, mas um socialista comprometido.[3]

Se acreditarmos no relato do próprio Blum de suas primeiras insinuações de raciocínio socialista, isso aconteceu muito cedo; como *lycéen*, ele estava lendo um livro sobre teatro contemporâneo e deparou com uma fala em que um personagem de uma peça observa que o uso da inteligência para acumular riquezas não é controverso; a dificuldade é que, se a riqueza pode ser herdada, a inteligência não pode. Nas palavras de Blum, "Isolado da vida de trabalho por minhas origens 'burguesas' — muito pequeno-burguesas — e por minha educação, foi a essas poucas falas de comédia que devi minha primeira noção, minha primeira consciência crítica das presentes leis da sociedade".[4] Seja como for, foi à injustiça palpável do caso Dreyfus, e aos poderes de exemplo e persuasão de Jaurès, que Blum deveu seu primeiro envolvimento com a esquerda francesa, e ambos os fatores permaneceriam uma fonte de vida inteira de sua fidelidade ao socialismo.

Mas foi apenas quando do assassinato de Jaurès, na véspera da guerra, em julho de 1914, que Blum assumiu responsabilidades políticas ativas. Até então seu envolvimento com o socialismo era limitado ao apoio pessoal entusiástico aos esforços de Jaurès — no fim bem-sucedidos — de unir, em 1905, os fios disparatados e com frequência antagônicos do socialismo francês em um único partido, processo cujos primeiros estágios são bem descritos na narrativa contemporânea do próprio Blum publicada em 1901. E foi só depois da guerra, em 1919, aos 47 anos, que Blum foi eleito para a Chambre des Députés como representante socialista de Paris e escolhido por seus colegas para a função de secretário do grupo parlamentar socialista, começando uma terceira e extremamente visível carreira como político nacional. Como ele observaria depois, no prefácio de uma reedição em 1930 de seu ensaio de 1914 *Stendhal et le beylisme*, sua carreira anterior como crítico literário parecia agora de fato muito distante: "Desde então mudei minha existência, quase tão completamente quanto um homem pode fazer. [...] Este livro é de um eu a quem tudo me vincula e que no entanto mal reconheço. Na verdade, eu me sinto como se estivesse exumando a obra de um irmão morto."[5]

A distância entre o jovem Blum e seu eu maduro era uma questão não só de seus novos interesses e compromissos, mas também da velocidade com que ele havia ascendido à proeminência tanto em seu partido como no cenário nacional. Um ano depois de sua eleição para a Chambre, Blum se viu como o porta-voz daqueles socialistas franceses que se opunham à proposta de vincular a SFIO à recém-formada Terceira Internacional, sediada em Moscou. No XVIII Congresso da SFIO, realizado no final de dezembro de 1920, na cidade provincial de Tours, Blum fez um famoso e estimulante discurso em defesa do socialismo democrático francês, "a velha casa", e contra aqueles que iriam aventurar-se seguindo as sereias do bolchevismo. Ele não conseguiu manter seu partido unido — como partidos socialistas em toda a Europa na época, ele se dividiu, por ordem explícita de Lenin, em dois: aqueles (a maioria) que acreditavam nas perspectivas de uma imitação francesa iminente da Revolução de Outubro ou estavam mesmerizados pelo romantismo do exemplo russo formaram o Partido Comunista; enquanto aqueles que se viam como permanecendo leais ao passado jaurèsiano, ou a interpretações marxistas convencionais da Revolução Russa como um "golpe prematuro", permaneceram no campo socialista.

O exemplo de Blum e seus argumentos contra o leninismo foram adotados só por uma minoria da SFIO. Mas de dezembro de 1920 até sua morte, trinta anos depois, Blum foi o líder moral incontestado de seu partido, bem como sua presença intelectual e parlamentar destacada. De 1921 a 1936, enquanto o partido se recuperava da cisão para se tornar a maior organização política na França, Blum se dedicou a cuidar da SFIO para que ela retomasse a saúde e a confiança. Ele manteve o partido livre de alianças e de responsabilidade governamental até que, nas eleições de 1936, foi recompensado com mais representantes parlamentares que qualquer outro grupo e ficou em condições de assumir o governo.

O governo da Frente Popular formado em junho de 1936, nascido da aliança entre comunistas, socialistas e radicais forjada em 1935 em resposta à aparente ameaça das ligas neofascistas, foi a um só tempo moderadamente bem-sucedido e um fracasso dramático; e tanto seus sucessos quanto seus fracassos contribuíram diretamente não só para sua própria queda um ano depois, mas para a frustração, a raiva e, no fim, a vingança da direita. Em 1939, quando a guerra irrompeu, a Frente Popular estava em frangalhos; os comunistas, que sempre haviam apenas concordado em apoiar o governo de Blum mas não em participar dele, tinham retirado seu apoio muito cedo e feito oposição a Blum e seus sucessores radicais no governo, em relação à política econômica, à não intervenção na Guerra Civil Espanhola e a Munique.

O Partido Radical, liderado por Édouard Daladier, desde o início demonstrou tensão com as implicações revolucionárias das greves, ocupações de fábrica e reformas sociais de 1936, a despeito da moderação tranquilizadora de Blum e de sua insistência em que o governo da Frente Popular não tinha nenhuma ambição revolucionária. O próprio Partido Socialista foi dividido, primeiro pela própria moderação de Blum (a ala esquerda de seu partido havia sonhado com uma tomada revolucionária do poder na rua, favorecida, embora não liderada pelo novo governo), depois pela crescente consciência do próprio Blum da necessidade de confrontar a ameaça posta pelos ditadores; o sentimento antiguerra do socialismo francês do século XIX havia sido maciçamente reforçado pela lembrança de Verdun e pelo sentimento de que a paz devia ser preservada a qualquer preço, uma visão que o próprio Blum havia compartilhado por muito tempo mas que abandonara com pesar no curso dos anos 1930, à medida que para ele a situação europeia se tornava mais clara.

A derrota de 1940 e o colapso da França nos braços de Pétain, Laval e de seus aliados encontraram portanto Léon Blum solitário e vulnerável, objeto da desconfiança esquerdista e do ódio direitista. Ele era um de apenas oitenta parlamentares (quarenta deles socialistas) que votaram em julho de 1940 contra conceder plenos poderes a Philippe Pétain. Sua posição era clara e inequívoca — "Considero que a França será desonrada", ele escreveu em suas inéditas memórias de 1940 da comoção daquele ano.[6] Blum foi preso por Pétain em 15 de setembro de 1940 e mantido na prisão até fevereiro de 1942, quando, junto com Daladier e o general Gamelin, foi levado a julgamento na cidadezinha de Riom (perto de Vichy) por sua suposta contribuição para o declínio e a queda de seu país.

Apesar de estar isolado, doente e em considerável perigo, Blum apresentou em Riom um desempenho forense tão assombrosamente bem-sucedido que as autoridades alemãs desencorajaram Vichy de prosseguir com o julgamento, por medo de que o feito de Blum na sala do tribunal — invertendo a si-

O PESO DA RESPONSABILIDADE 55

tuação e atribuindo responsabilidade pela tragédia francesa a seus acusadores — tivesse consequências públicas desastrosas. Blum foi devidamente devolvido a sua cela na prisão, de onde foi deportado, em março de 1943, para o campo de concentração em Buchenwald. Sobreviveu dois anos em campos de concentração, primeiro Buchenwald e depois Dachau, por meio de uma força de vontade notável e porque, à medida que a guerra piorava para os nazistas, eles começaram a vê-lo como um possível refém a ser usado nas negociações de rendição e portanto o mantiveram em condições relativamente decentes.

Depois de um último e angustiante degredo pela SS para o "reduto tirolês" em abril de 1945, Blum e sua mulher foram resgatados pelo que restava do exército regular alemão, depois por *partigiani* italianos e, por último, por tropas americanas. Devolvido à França em maio de 1945, Blum serviu a seu país mais uma vez como primeiro-ministro de um breve governo interino em dezembro de 1946, como emissário aos Estados Unidos em negociações comerciais vitais, e como o porta-voz moral e *éminance grise* de seu Partido Socialista, reconstruído a partir dos destroços de 1940. Apesar da autoridade e da benevolência que lhe eram conferidas por sua experiência e seu sofrimento, Blum não conseguiu carregar consigo seu partido em um esforço de renovação doutrinária e moral e passou seus últimos anos advertindo, nos artigos diários que escrevia para o jornal socialista *Le Populaire*, sobre a necessidade de pensamento novo e liderança política mais resoluta na esquerda e na França em geral, em face da ameaça igualmente de comunistas totalitários e de gaullistas autoritários. Foi irônico, mas não totalmente não representativo de sua carreira, que Blum morresse, pouco antes de completar 78 anos, defendendo a mudança e a renovação para os homens da Quarta República, alguns com praticamente a metade de sua idade, que estavam determinados a se aferrar às ideias e práticas do passado.

É tentador pensar em Léon Blum como uma espécie de homem renascentista serial, passando por uma variedade de interesses e encarnações, de esteta literário a dreyfusista republicano, de jurista capacitado a líder socialista e, em seus últimos anos, num papel de despedida como crítico moral e político das deficiências nacionais francesas. É assim que seus biógrafos o apresentam, e isso certamente reflete as ênfases variadas em diferentes momentos de sua vida longa e incomumente ativa. Mas, para entender a complexidade do homem, e antes disso não se pode nem começar a estimar suas forças e fraquezas, talvez seja mais útil pensar em suas várias preocupações e seus interesses como sempre presentes, mas em proporções e configurações variáveis; é o entrelaçamento singular de todos os vários Blums que explica as atitudes e ações que caracterizam Léon Blum em qualquer momento.

Como veremos, uma das grandes forças políticas de Léon Blum era o fato de ele ser uma presença atraente, quase sedutora. Ele não era um grande orador — carecia da voz poderosa e cheia de vigor de Jaurès, da imponência viril de Clemenceau, ou das cadências retóricas clássicas de De Gaulle. Sua voz era fraca e bastante aguda. Ele era um homem alto, mas parecia frágil, sempre em algum grau o dândi ascético de seus primeiros anos como crítico literário e de peças de teatro para a *Revue blanche*. Se ele comovia os homens, não era por seu carisma, no sentido convencional, mas pela força do argumento, pela lógica e pela profundidade de suas convicções transmitidas de forma clara e convincente mesmo para a audiência mais hostil e divergente, fosse no Parlamento, sobre uma tribuna ou em uma coluna de jornal. E é surpreendente notar que foi esse aspecto do homem, sua dependência do argumento e da razão, e não da emoção, nem das imagens, nem da personalidade, que leitores sensíveis detectaram mesmo em suas primeiras obras de crítica.

André Gide, que conhecia bem Blum e o observava atentamente, uma vez o descreveu em seu diário como tendo "*la tête la plus antipoétique du monde*" [a cabeça mais antipoética do mundo], e com isso ele queria dizer que Blum não apenas não era poeta como era excessivamente dado à análise e à argumentação; ele era de forma temperamental a cabeça mais antipoética do mundo inadequado à compreensão e à apreciação do estilo poético. Gide estava certo: o próprio Blum era um admirador de Stendhal (na época um tanto fora de moda) pelo que via como sua objetividade muito *inglesa*, seu modo de raciocinar e explicar não por meio de insights psicológicos, mas da acumulação de descrições. Em uma resenha inicial de *A abadia de Northanger,* ele elogiou Jane Austen justamente por essas qualidades e por ela se abster de intervenção autoral redundante. Os escritores franceses contemporâneos — ele se queixou em 1897 — são pretensiosos e vazios, confundindo símbolos com realidade e preferindo "descrições lânguidas de alegorias insípidas" à clareza e à inteligibilidade.[7]

O que Blum achava mais admirável em outros escritores — clareza de descrição e exposição produzindo o impacto desejado com o mínimo de ornamentação ou afetação — era também o que seus contemporâneos achavam mais distintivo na obra dele. O avô de Pierre-Vidal Naquet, ao receber, em 1905, um exemplar de *Au Théâtre*, uma seleção de resenhas de Blum, escreveu ao autor que "suas reflexões têm uma qualidade ao mesmo tempo tão rara e tão preciosa que se é levado a

58 O PROFETA DESDENHADO

questionar o próprio gosto e a deixar-se seduzir pelo do crítico". Os primeiros textos de Blum exibem todos essa qualidade — combinam uma preferência estética confiante e às vezes provocativa (por Stendhal, pelo Barrès do início em relação ao posterior, por dramaturgos e ensaístas obscuros e hoje esquecidos) com um processo de argumentação refinado, racionalista, quase forense, que pede aos leitores não que partilhem os gostos ou as emoções do autor, só que sigam sua lógica.[8]

Se Blum abandonou a crítica literária em favor do jornalismo político e da política, ele nunca alterou seu estilo nem seu modo de raciocinar. Era um republicano, no sentido muito particular que essa palavra tinha na França da Terceira República, porque essa era a posição natural, óbvia e razoável a assumir para um homem de boa-fé e otimismo se ele fosse nascido na França na época. Certamente, Blum era um leitor e admirador entusiástico de Michelet e Victor Hugo (sua simpatia intransigente pela obra de Hugo é um dos poucos exemplos em que podemos agora achar o gosto de Blum curiosamente datado e preso ao tempo),[9] mas seus argumentos em favor da República eram rigorosamente racionalistas e deviam pouco às imagens do povo em armas ou ao romantismo da revolução.

Como Clemenceau, Blum considerava a Revolução como um "bloco": o Terror de 1793 era inseparável das realizações de Mirabeau e Danton; também a Comuna, "aquela explosão breve e desordenada", fazia parte do grande e revolucionário movimento republicano da época, o legado valioso e incompleto de Gambetta. Na visão de Blum, era simplesmente contrário à razão questionar a necessidade da República (e portanto da Revolução, sem a qual ela não poderia ter nascido). A questão era defender as realizações da República — igualdade, laicidade, liberdade, justiça — e educar os cidadãos de modo que eles defendessem e promovessem o processo que produzira essas coisas.[10]

Em sua admiração acrítica, positivista pela "República" indiferenciada, Blum evidentemente era indistinguível de muitos de seus contemporâneos. Isso explica sua raiva profunda em dezembro de 1927, quando o diário conservador *Le Temps* (antecipando François Furet em meio século) sugeriu que havia chegado a hora de "deixar para trás a Convenção e o Comitê de Segurança Pública" em sua perturbadora ambivalência. Como, explodiu Blum, podia um jornal republicano sequer ousar sugerir tal coisa? A Revolução era um todo e devia ser considerada em conjunto. Mas a mesma adesão incondicional também explica a coragem e a determinação dele em 1940 e de novo no julgamento de Riom. Para Blum a República era intocável como realização e como objetivo — em seu esforço final para formar um governo, no auge de uma crise política nacional em novembro de 1947, ele concluiu seu apelo malsucedido à Assembleia Nacional com uma peroração do girondino Vergniaud — "Que sejamos esquecidos, que a República seja salva!".[11]

O que destacava Blum da massa de republicanos franceses, porém, era sua busca característica da razão e da lógica um estágio além. Se uma República é uma coisa boa, é porque ela é justa. Mas, para que uma República seja verdadeiramente justa, ela deve assegurar não só justiça política e civil para todos, mas também justiça social. E portanto Léon Blum, como Jean Jaurès, era socialista *porque* era republicano. É claro que o argumento "racional" em favor do socialismo era recitado como autoevidente na Grã-Bretanha, na Alemanha ou na Itália com tanto entusiasmo quanto na França. Mas um dos traços distintivos do argumento socialista francês — e uma das fontes de seus dilemas políticos — era que a forma *política* de uma sociedade socialista já existia na França, graças "à Revolução". Os afortunados franceses — diferentemente da maioria dos outros povos no mundo — já tinham uma república; só restava investi-la com o conteúdo social logicamente (e moralmente) apropriado.

Blum trouxe para o argumento em favor do socialismo as mesmas energia e razão que trouxera para a exposição do estilo de Stendhal ou para um julgamento no Conseil d'État. O socialismo, ele explicou na virada do século em uma resenha de *Crainquebille*, de Anatole France, é "o resultado de uma concepção puramente racionalista de sociedade. [...] O socialismo deseja pôr a justiça social de acordo com a razão, alinhar instituições positivas com convicção racional".[12] Se o Estado puder trazer coerência e justiça à desordem social estabelecendo monopólios, ou ajudando a ciência a conquistar a natureza em proveito de todos, então os seres humanos não mais serão os servos da natureza. Nesse caso, mais poder ao Estado socialista. Por que alguém desejaria as coisas de outro modo?

Convencido por seus próprios argumentos — e pelos de Jaurès —, Blum não podia imaginar por que qualquer pessoa razoável não seria convencida da mesma maneira. Era por essa razão, e não com base em uma convicção profunda sobre o primado do interesse de classe ou da luta de classes, que Blum supunha que pessoas que não eram socialistas ou tinham motivos pessoais diretos (elas se davam muito bem com os arranjos presentes), ou ainda não haviam sido expostas à argumentação em favor do socialismo. Em qualquer caso, ele parece ter tido um senso de dever muito poderoso de apresentar, inúmeras vezes, a argumentação irrefutável em favor do socialismo a todos que liam ou ouviam seus apelos: "[O socialismo] tem isto em comum com a religião, que ele aproveita todas as oportunidades em sua busca de almas de boa vontade." Como ele explicou a seus leitores em um panfleto de 1919: "Não há

O PESO DA RESPONSABILIDADE   61

nenhuma verdade mais óbvia uma vez que você tenha pensado nela. A única coisa surpreendente é que tantos grandes pensadores passaram por ela sem percebê-la, como navegadores que costumavam passar perto de continentes desconhecidos sem saber que estavam lá."[13]

Apesar, ou talvez por causa, de sua suposição otimista de que a maioria das pessoas, em especial a maioria dos republicanos, não era socialista só porque ainda não tinha conhecimento da argumentação em favor do socialismo, Blum não era um ideólogo, no sentido redutor, mecânico que era válido para muitos de seus contemporâneos — no Partido Socialista da Grã-Bretanha, por exemplo, ou na ala kautskista dos social-democratas alemães. Ele era um moralista. Autodenominava-se ocasionalmente marxista e com certeza acreditava que o socialismo era o resultado futuro lógico e necessário do processo histórico, mas sua inevitabilidade não era um aspecto da argumentação em favor do socialismo que o preocupasse muito. Era bom que o socialismo viesse de qualquer modo, e isso era uma arma adicional em seu arsenal lógico. Mas o principal argumento em favor do socialismo era que ele era uma coisa boa.

A dimensão moral da perspectiva de Blum às vezes é um pouco difícil de descobrir por duas razões. Em primeiro lugar, ele era temperamentalmente desapaixonado, como sugere sua aversão estética pelas fantasias mais autoindulgentes da literatura francesa modernista, e ele sempre enfatizava o argumento racional — a favor de um livro, uma peça de teatro, uma decisão legal, uma escolha política ou uma interpretação histórica — de preferência ao argumento moral. Mas, de fato, todo o seu quadro mundial era alimentado por pressupostos morais. Em seu *Nouvelles conversations de Goethe avec Eckermann (1887-1900)*, em que Blum imagina um Goethe renascido em cuja boca ele põe seus próprios pensamentos, Goethe reprova Rousseau por lamentar sua decisão de deixar os filhos aos cuidados de outros. O Estado, afirma "Goethe", tem deveres e tarefas morais: apoiar os indigentes, educar os jovens, proteger os velhos e assim por diante. No pensamento de Blum, o "Estado" é uma entidade viva em evolução, nutrindo responsabilidades e tendo propósitos, posição esta que está de forma tão inequívoca presente em seus últimos textos quanto nos iniciais. O Estado distintivamente *socialista* existe de modo imanente em *todos* os Estados; portanto, parte da meta do socialismo é moralizar o Estado de modo que ele, por sua vez, possa moralizar a sociedade. A leitura que ele faz da Revolução Francesa, mostrando empatia acrítica com todos os seus momentos e formas, era perfeitamente coerente com isso.[14]

A segunda fonte de dificuldade em identificar a abordagem moralizada de Blum deriva da relação ambivalente dele com sua própria origem. Blum não ficava constrangido nem envergonhado com sua origem (pequeno-) burguesa — estava certamente em boa companhia no Partido Socialista Francês de seu tempo —, mas em um movimento cuja afinidade eletiva, embora não o apoio eleitoral, estava no proletariado industrial, homens como Blum sofriam uma pressão para abjurar suas origens afirmando da boca para fora a importância do trabalho manual, das "massas", do primado do conflito de classes e assim por diante. No caso do próprio Blum, porém, sua aparência e seu estilo característicos, suas roupas, sua associação com o mundo refinado das revistas literárias, seu trabalho no Conseil d'État, seu notório (e, em seu tempo, ousado) ensaio *Do matrimônio* (1907), tudo isso o destacava como um "individualista", não apenas burguês mas "boêmio".

Mesmo suas simpatias socialistas iniciais eram ecléticas e não ortodoxas. De acordo com Elie Halévy, Blum era um dos poucos, muito poucos, socialistas na École Normale Supérieure por volta de 1890 — "mas seu socialismo era singularmente tingido com boulangismo, com barrèsismo, com disraélismo".[15] As insistências posteriores de Blum na importância da doutrina, da disciplina do Partido, da unidade e, no sentido ideológico, da conformidade eram todas até certo ponto compensações, por mais inconscientes que fossem, para seu diletantismo anterior. Ele era certamente vulnerável à acusação de que lhe faltavam origem e formação socialistas convencionais e de ele ter vindo de lugar nenhum para liderar um partido privado prematuramente de Jaurès, seu líder natural. Portanto, Blum não estava disposto a exibir demais suas preocupações morais, exceto em ocasiões especiais; seu estilo instintivamente racionalista e sua prudência política também o restringiam a se conformar aos hábitos de um partido cuja linguagem natural era pesadamente investida com positivismo e "materialismo histórico".

Blum assumiu para si principalmente a tarefa de assegurar que a SFIO não "se deslocasse para a direita" como consequência de seu rompimento com os comunistas em 1920, com receio de que um movimento como esse entregasse toda a "tradição revolucionária" aos comunistas, que a reivindicavam por direito. Esse medo de uma *déviation de droite* tornaria Blum em última instância o apologista da recusa e do fracasso do socialismo francês em assumir o poder e participar plenamente da vida da República antes de 1936; mas ele também assegurou que a esquerda francesa — antes e depois de 1940 — tivesse pelo menos um líder que defendia inabalavelmente o que passava na época por uma posição de esquerda firme. Isso Blum sempre fez de forma consistente e explica por que milhões de eleitores e membros de partido que não tinham absolutamente nada em comum com o ho-

64   O PROFETA DESDENHADO

mem instintivamente o reconheciam como o herdeiro dos grandes radicais do século anterior.

Há outro lado de Blum que não molda nenhuma parte de sua vida mas perneia toda ela. Ele é captado na alusão reveladora de Halévy ao "disraélismo". O fato de Léon Blum ser judeu é central para qualquer entendimento do homem e de seu tempo. Essa foi, como veremos, a principal fonte do ódio e da agressão generalizados a que ele foi submetido na França, igualmente na República e em Vichy. E pode explicar a ênfase especial de Blum na "justiça" quando expunha sua visão pessoal do socialismo — como ele escreveu de Bernard Lazare e sua contribuição à causa de Dreyfus: "Havia nele um judeu *de la grande race*, da raça profética, da raça que fala de '*Un juste*' onde outros falam de 'um santo'."[16] Mas a identificação de Blum com sua judaicidade era mais complicada do que essa associação convencional.

Com muitos judeus franceses proeminentes de origem alsaciana (os pais de Blum vinham de famílias da Alsácia), Léon Blum era o que Pierre Birnbaum chamava de "Juif d'État": judeus secularizados dedicados ao serviço público de seu país que, integrados na sociedade francesa pela República e através dela, identificavam-se completamente com o universalismo laico do Estado francês moderno. Blum era em certo sentido inteiramente representativo desse grupo, até ao ponto de se especializar em jurisprudência administrativa; mas sua devoção ao socialismo jaurèsiano o distinguia do radicalismo mais característico de homens como Lazare ou Joseph Reinach, que ele lembrava intimamente em outros aspectos.[17]

Mas, diferentemente de Marc Bloch, outro judeu de origem francesa oriental com um forte senso de serviço à República, Blum retinha uma clara consciência de sua judaicidade. Bloch, em uma passagem famosa de *A estranha derrota*, tomou distância de toda identificação étnica — "Um estranho a todos os dogmas de credo, bem como a toda a pretendida comunidade de vida e espírito baseada em raça, senti ao longo da vida que estava acima de todos e era simplesmente um francês." Blum, em uma das raras ocasióes em que se sentiu obrigado a responder a acusações de que suas lealdades primárias eram à "comunidade judaica internacional", expressou-se de modo um pouco diferente. Dirigindo-se à Câmara francesa em 1923, ele informou a seus colegas parlamentares: "Nasci na França, fui criado em escolas francesas. Meus amigos são franceses. [...] Tenho direito de me considerar perfeitamente assimilado. Bem, eu não obstante me sinto um judeu. E nunca notei, entre esses dois aspectos de minha consciência, a menor contradição, a menor tensão." Como ele disse a uma audiência apinhada e levemente hostil no Luna Park, em Paris, 13 anos depois, em 6 de setembro de 1936: "Sou um francês, orgulhoso de seu país, orgulhoso da história dele, nutrido em sua tradição tanto quanto qualquer outro, e a despeito de minha raça."[18]

É preciso enfatizar que, para um socialista judeu, o controverso primeiro-ministro de uma nação católica dividida, "assumir" de forma tão inequívoca sua origem em público desse modo exigiu não apenas considerável coragem (mais sobre isso adiante), mas um alto grau de autoconhecimento. Pois Blum estava em uma posição difícil. Ele sabia que mesmo homens com tendência de esquerda com credenciais inequivocamente republicanas o viam primeiro e acima de tudo como "um judeu". Há uma carta maravilhosa de Élie Halévy ao filósofo Émile Chartier ("Alain"), datada de 23 de agosto de 1936, em que ele repreende seu correspondente por sua obsessão pelos judeus. "Sua filosofia camponesa antiurbana está degenerando em uma filosofia antijudaica", ele escreve. "E quando você escreve 'É uma pena que Blum seja parisiense', seria quase mais pitoresco dizer: 'É uma pena que ele seja judeu'."[19]

Mas Blum não podia simplesmente "assumir" suas origens judaicas e seguir em frente, mesmo que ele ignorasse inteiramente o grau de antissemitismo no país em geral. Ele era imperturbado por sua judaicidade (quando visitou Praga como vice-primeiro-ministro em 1937, fez questão de visitar sua velha sinagoga lá), mas era um crítico acerbo da comunidade judia francesa. Em *Souvenirs sur l'affaire* (1935) ele repreendeu severamente "os judeus ricos, os judeus da média burguesia, os funcionários públicos judeus que [tinham] medo da luta engajada em benefício de Dreyfus exatamente como têm medo hoje da luta contra o fascismo. Eles só pensavam em se esconder". Ele desprezava aqueles, como o grande rabino de Paris, que em 1936 aparentemente buscaram suborná-lo com uma pensão vitalícia se ele ao menos concordasse em não comprometer seus companheiros judeus assumindo o cargo de primeiro-ministro. E, em 1938, como presidente de uma reunião da Ligue Internationale contre l'Antisémitisme, ele refletiu: "Não havia nada no mundo mais doloroso ou vergonhoso que o espetáculo de judeus franceses lutando para fechar a França a refugiados judeus de outras terras."[20]

Era por causa dessa consciência da condição judaica em geral, e de seu forte senso de justiça e de responsabilidade partilhada, que Blum, diferentemente da maioria dos judeus franceses de sua origem e com suas vantagens, simpatizava com o projeto sionista. Já em 1925 ele era membro do Comitê França-Palestina, junto com quatro outros primeiros-ministros passados ou futuros: Aristide Briand, Édouard Herriot, Paul Painlevé e Raymond Poincaré. Ele foi delegado em 1929 à conferência constitutiva da recém-expandida Agência Judaica, representando a Ligue des Amis de La Palestine Ouvrière.

Lá ele se descreveu como "sionista, porque sou francês, porque sou judeu, porque sou socialista, porque a Palestina judia moderna é uma reunião única e inesperada das tradições mais antigas da humanidade com os esforços mais recentes e mais fortes por liberdade e justiça social".[21]

Blum parece nunca ter ficado seriamente alarmado pelo antissemitismo francês nativo (exceto na Argélia), preferindo vê-lo, ao menos até o final dos anos 1930, como parisiense, literário, "mundano". Mas ele reconheceu cedo a condição desamparada de judeus em outros lugares e a oportunidade que o sionismo representava para eles. Depois da guerra ele escreveu artigos nesse sentido, entendendo que judeus que nunca haviam conhecido a vida em democracias podiam saudar a oferta de uma pátria deles próprios — embora explicando de forma incansável a correspondentes desconfiados que nada disso absolutamente interferia em sua lealdade permanente à França.

Que ele fosse de fato tão leal à França é um tributo à força de sua fé republicana. Pois a França foi decididamente desleal com ele. Ser judeu na França depois de 1934 era sentir os crescentes desconfortos do antissemitismo doméstico e seus ecos do fascismo do outro lado do Reno. Ser um judeu proeminente — e o líder de um partido político pretensamente "revolucionário" — era provocar o opróbrio e a antipatia mesmo de pessoas respeitáveis. Ser um socialista judeu defendendo uma posição firme contra Hitler era atrair crítica de esquerda e sugestões sussurradas de que se estava favorecendo uma guerra "judaica". Ser judeu na França de Vichy, mesmo um judeu francês, era correr risco permanente. E ser Léon Blum era ser entregue por Vichy aos alemães para ser despachado para um campo de concentração. Mas Blum, como De Gaulle, acreditava em uma "certa" França — no caso dele, uma

França onde antissemitismo, racismo, injustiça, perseguição e preconceito fossem meros epifenômenos passageiros. A verdadeira França, a França da República (socialista) vivia no coração de Blum, e ele permaneceu leal a ela e, portanto, a sua inadequada encarnação terrena.

A última contribuição de Blum a esse tópico veio em fevereiro de 1950, apenas dois meses antes de sua morte. Fraco demais para comparecer a um banquete em homenagem ao presidente israelense Chaim Wizmann, Blum contribuiu com um encômio escrito: "Quando o conheci [Weizmann] eu não sabia nada de sionismo. Ele me apresentou a ele e me conquistou. [...] Um judeu francês, nascido na França de uma longa linhagem de antepassados franceses, falando só a língua de meu país, nutrido acima de tudo em sua cultura, tendo se recusado a deixá-lo quando eu mais estava em perigo, participo não obstante com toda a minha alma do admirável empreendimento — transportado milagrosamente do sonho para a realidade histórica — que doravante assegura uma existência nacional livre, igual e dignificada a todos aqueles judeus que não tiveram minha boa sorte de encontrar uma existência assim em seu lugar de nascimento."[22]

Para um homem que realizou tanto em uma variedade tão grande de atividades, Léon Blum pareceria um candidato curioso para um estudo sobre fracasso. Mas, assim como suas encarnações e seus compromissos variados — esteta, crítico, jurista, republicano, socialista, estadista, judeu — se combinam de forma frutífera na construção do homem, da mesma forma eles, e traços de personalidade e psicologia pessoal que eles revelam, com frequência operavam contra o tipo de realismo político determinado necessário para o sucesso na única atividade que verdadeiramente contou para Blum durante grande parte de sua existência adulta — a liderança de um partido político nacional. Pois, mesmo que atribuamos a circunstâncias muitas das deficiências do governo da Frente Popular, permanece verdadeiro que, como político, Blum — um homem que por admissão (retrospectiva) quase universal foi um dos franceses mais impressionantes e competentes de sua época — não foi um sucesso. Por quê?

Léon Blum não estava realmente interessado em poder. Ele não buscava manejá-lo e não o entendia plenamente, embora escrevesse muito sobre o assunto. É portanto ironicamente apropriado que a maioria das circunstâncias da Frente Popular, a época a que ele sempre será associado, estivesse além de seu controle. Essa observação se aplica com igual força aos sucessos da época e aos fracassos. Durante a maior parte do período entre o fim da Primeira Guerra Mundial e 1936, a França tinha sido governada por coalizões de centro-direita, embora partidos de esquerda e centro-esquerda tivessem de fato conquistado maiorias parlamentares nas eleições de 1924 e 1932. A indisposição dos comunistas a fazer concessões ou trabalhar com qualquer outro partido e a "decisão" baseada em princípios dos socialistas de Blum de não participar de nenhum governo liderado por partidos "burgueses" significavam que só coalizões parlamentares de centro e centro-direita podiam obter uma maioria estável.

Isso, junto com a reação política que havia se estabelecido depois dos malsucedidos movimentos grevistas de 1919-1920, tinha deixado a França com uma cultura política desequilibrada: comparados aos de Grã-Bretanha, Alemanha ou dos países do Benelux, os serviços sociais e as provisões de bem-estar franceses eram angustiantemente inadequados, a economia era cronicamente deflacionária e subprodutiva, e metade do país — a classe trabalhadora, o pequeno campesinato, os colarinhos-brancos e apoiadores da esquerda não comunista empregados pelo Estado — se sentia excluída do poder e do acesso às decisões sobre políticas públicas.

Tudo isso mudou em 1934: os comunistas franceses, por ordem de Stalin, se ofereceram para trabalhar em coalizão com outros partidos "antifascistas"; os socialistas de Blum, totalmente alarmados pelos acontecimentos de 6 de fevereiro de 1934, quando uma turba direitista quase conseguiu ocupar a Assembleia Nacional e o governo radical de Édouard Daladier renunciou aterrorizado, decidiu colaborar mais de perto com radicais e comunistas na construção de uma aliança política. Nas eleições nacionais seguintes, em janeiro de 1936, graças aos mecanismos do sistema eleitoral de dois turnos e sem nenhum aumento significativo na votação líquida para os partidos da Frente Popular, eles foram eleitos para o governo com uma inesperadamente grande maioria.

Esse foi o primeiro resultado imprevisto da coalizão da Frente Popular, cujo programa havia sido mantido deliberadamente vago, como convinha a um trio de aliados tão impróprio. O segundo foi que a SFIO de Blum recebeu a maioria dos votos — até então eram os radicais que haviam sido o maior partido da esquerda tradicional. Contrariando as expectativas, então, Blum e os socialistas eram agora convidados a formar um governo. A terceira consequência inusitada da vitória eleitoral foi uma série de protestos passivos e greves basicamente espontâneos durante maio e junho de 1936, de uma força de trabalho nacional frustrada por quase duas décadas mesmo das reformas mais modestas e levada a picos de otimismo e antecipação confiante diante da perspectiva de um governo liderado por socialistas.

O PESO DA RESPONSABILIDADE   71

Por todas essas razões Blum conseguiu impor, nos Acordos Matignon, de 8 de junho de 1936, mais reformas do que havia sido visto na França em uma geração: aumentos salariais generosos, uma jornada semanal de quarenta horas de trabalho, férias remuneradas e o direito à negociação coletiva. Uma vez que as greves terminaram, os protestos passivos foram abandonados e o *patronat* recuperou seu vigor, não haveria mais conquistas sociais fáceis como essas, embora Blum conseguisse aprovar outras mudanças necessárias havia muito tempo — em particular, na administração do Banque de France, na regulação dos preços do trigo e na gestão das ferrovias nacionais. Mas os maiores sucessos da Frente Popular — o mero fato de sua existência, a nomeação pela primeira vez de um governo liderado por socialistas e a aprovação em grande velocidade e em condições extraordinárias de uma variedade de reformas sociais e administrativas — foram só em parte um produto dos esforços de Blum.

Quanto aos fracassos da Frente Popular, eles também eram em alguma medida inevitáveis. O sucesso inicial trouxe retrocesso subsequente na forma de intransigência *patronal* e obstrução conservadora no Senado, onde a Frente Popular não tinha maioria. Os aliados de Blum no Partido Radical, que não haviam previsto os acontecimentos de maio e junho de 1936, começaram a refletir e advertiram sobre "conflito" social se mais reformas fossem tentadas. Os comunistas, apesar de toda a sua moderação tática e recusa a participar do governo, foram um fardo para Blum, permitindo que seus opositores o rotulassem como prisioneiro deles. E foi um azar de Blum assumir o governo em um momento trágico nos assuntos da Europa.

Embora Blum estivesse a princípio convencido da sensatez bem como da decência moral de vender armas ao sitiado governo republicano espanhol, ele foi verdadeiramente coagido; não só na França, onde conservadores e radicais igualmente aconselhavam cautela, mas no exterior, onde o governo conservador da Grã-Bretanha, o único aliado forte da França em um continente hostil, o instou a não "intervir". A admiração de Léon Blum pela Grã-Bretanha ia além de um gosto pelo estilo literário inglês, tal como expressado em muitos de seus textos críticos iniciais; como veremos, ele era também um admirador fervoroso do sistema de governo e administração britânico, em especial quando contrastado com o que ele considerava havia muito tempo o parlamentarismo perigosamente defeituoso da Terceira República.

Ele era também profundamente consciente, e tinha sido desde o começo dos anos 1920, da situação internacional vulnerável da França. Em uma de suas muitas investidas críticas contra a ocupação do Ruhr por Poincaré em 1923, ele havia escrito que dissociar a política francesa daquela da Grã-Bretanha era "isolar a França, isolá-la diplomática, financeira e moralmente".[23] E esse era muito mais o caso em 1936, com Hitler no poder e aliado a Mussolini, a Renânia remilitarizada, a Liga das Nações desacreditada e a Rússia um parceiro distante e inconfiável. Do ponto de vista diplomático, a única decisão digna de um estadista era agarrar-se firmemente à Inglaterra, mesmo que isso significasse abandonar os espanhóis a seu destino.

Blum também era, e inevitavelmente, influenciado pela aversão francesa generalizada a qualquer sugestão da necessidade, muito menos da inevitabilidade, de uma futura guerra. Sendo ele próprio um defensor incondicional do desarmamento coletivo negociado ao longo dos anos 1920 e do começo dos anos 1930, Blum estava bem situado para saber exatamente como seria difícil levar mesmo seu próprio partido, muito menos o resto de seu país, a apoiar uma política de fir-

O PESO DA RESPONSABILIDADE 73

meza resoluta diante de Hitler ou Mussolini. Se a maioria dos socialistas era favorável a "armas para a Espanha" por motivos emocionais, eles certamente não teriam apoiado nenhum confronto com os ditadores que poderia ter daí resultado — como o entusiasmo deles pelo acordo de Munique apenas dois anos depois mostraria. O melhor que Blum podia fazer era se manter fora de complicações externas e de forma calma buscar uma política de rearmamento interno — e, como foi capaz de demonstrar em Riom em 1942, ele fez isso com mais energia e imaginação do que qualquer dos governos conservadores que o antecederam.

A única arena em que Blum, como primeiro-ministro, tinha algum controle sobre seu destino e o de seu governo era a política econômica. Aqui, decididamente, a responsabilidade pelo fracasso foi dele. Mas a confusa política econômica de Blum — reflação liderada pela demanda amplamente corrompida por uma desvalorização tolamente postergada e limites administrados de forma desastrada sobre horas de trabalho de fábrica — foi amplamente apoiada na época por seu partido e seus aliados. Seus opositores na direita, que haviam sido responsáveis pelos quatro anos anteriores de deflação e uma moeda supervalorizada, podiam atacá-lo por solapar a produção com sua redução da semana de trabalho e seus aumentos salariais, mas poucos tinham algo melhor a propor, e eles usaram sua maioria na Câmara alta para negar a Blum os tipos de poder de decreto financeiro que prontamente conferiram a seus sucessores depois que o governo socialista caiu.

Não obstante, a política econômica da Frente Popular *foi* de fato um desastre — como Raymond Aron e outros notaram na época. E não precisava ter sido — tanto os princípios quanto os instrumentos de um programa moderadamente reflacionário de desvalorização da moeda e de aumento da pro-

74 O PROFETA DESDENHADO

dutividade estavam disponíveis. Por certo, Blum estava em alguma medida prisioneiro das expectativas de uma população trabalhadora frustrada, por um lado, e de uma burguesia recalcitrante, pouco imaginativa e arrogante, por outro. Mas, ainda assim, como Jean Paulhan escreveu a René Étiemble em março de 1938, a Frente Popular foi uma grande decepção — sua maioria dividida contra ela própria, suas políticas desastrosamente malsucedidas, sua popularidade inicial em frangalhos. Tudo isso era ainda mais misterioso "porque tudo parecia estar a nosso favor: ministros inteligentes, homens honestos, circunstâncias que poderiam facilmente ter sido previstas". Para um fracasso tão perfeito deve seguramente haver uma "explicação única e simples".[24]

O próprio Blum compreensivelmente atribuiu a morte da Frente Popular — o governo dele durou apenas um ano e as coalizões lideradas pelos radicais que o sucederam não apresentaram nenhuma nova reforma — ao peso das circunstâncias. Ele admitiu, no congresso nacional de seu partido em 1937, que "muitas de nossas estimativas se mostraram incorretas" e que a experiência se revelara uma decepção. Mas a paz, pelo menos, havia sido preservada. Quanto à acusação de que ele devia ter desconsiderado as objeções do Senado e imposto reformas econômicas e financeiras "mesmo assim", a resposta de Blum é característica e instrutiva; não era o momento de uma "ofensiva revolucionária": "Postos diante de tal escolha, considerando o estado interno de nosso país, sua condição política, sua condição psicológica, considerando a ameaça externa, nós dissemos 'Não, nós não temos o direito de fazer isso, não temos o direito vis-à-vis nosso partido, não temos o direito vis-à-vis nosso país'."[25]

Blum estava correto, é claro. Uma "ofensiva revolucionária", o que quer que isso pudesse significar nas circunstâncias, era não só politicamente impossível mas totalmente além do escopo ou da imaginação de Blum e de seu partido. E contudo uma ofensiva revolucionária de algum modo representava para eles uma alternativa hipotética — algo que em outras circunstâncias poderia ter tratado e resolvido o dilema dos socialistas. E aí, não tanto no que Blum dizia a seus companheiros socialistas, mas nos pressupostos que estavam por trás de seu raciocínio, deve ser encontrada a "explicação única e simples" de Paulhan — não tanto para a ascensão e a queda da Frente Popular, mas para a trajetória política trágica de Léon Blum e da esquerda francesa.

A história do movimento socialista francês era de divisão e controvérsia incomuns mesmo pelos padrões fissíparos da esquerda europeia. Só em 1905 Jaurès conseguira impor uma unidade frágil e formal às várias tendências da esquerda socialista francesa — uma unidade que só durou até a cisão comunista de 1920. Blum não apenas tinha consciência do risco sempre presente de cisão em seu partido, mas também era obcecado por ele. Seu estudo de 1901 *Les Congrès Ouvriers et Socialistes Français*, publicado em um momento em que a unificação estava longe de certa ou completada, se encerra com estas palavras: "A despeito de erros, mordacidade, conflitos, a unidade socialista estava em curso." Mais tarde, assumindo a tarefa de continuar a obra do falecido Jaurès, Blum deu ênfase ainda maior ao primado da unidade política para os socialistas franceses. "Só o socialismo", ele declarou em uma palestra de 1917 recordando o assassinato de Jaurès, "assumirá para si amanhã a tarefa de renovação moral nacional, de defender a nação contra uma es-

76 O PROFETA DESDENHADO

pécie de cesarismo industrial. É por isso que nós [socialistas] devemos permanecer unidos".[26]

Daí em diante, a cada ameaça a um movimento socialista unificado — de dezembro de 1920 à separação dos "neossocialistas" do partido em 1933 em oposição às táticas parlamentares de Blum —, Blum faria um apelo apaixonado à "unidade". Ele próprio, como recordou em um congresso de seu partido em 1947, nunca aderiu a nenhum agrupamento faccioso dentro do movimento, buscando sempre ficar acima das rixas e promover a causa mais ampla. Até o fim da vida manteve sua convicção de que a unidade organizacional era a condição necessária para qualquer política socialista e portanto para qualquer transformação social.

Na França, a unidade socialista havia sido exposta a duas ameaças contrastantes. Em 1899, um parlamentar socialista independente, Alexandre Millerand, havia aceitado um convite de René Waldeck-Rousseau para participar de seu governo. A "indisciplina" de Millerand (ele não havia buscado a aprovação de seus colegas parlamentares) foi exacerbada pela presença no gabinete de Waldeck-Rousseau de um oficial que havia desempenhado um papel na repressão à Comuna em 1871. A ação dele fendeu o frágil acordo que havia sido estabelecido entre os socialistas em resposta a rumores de um golpe antirrepublicano da direita clerical e monarquista. A partir daí, e especialmente depois que a unificação formal foi alcançada, em 1905, ficou entendido que nenhum socialista participaria de nenhum governo liderado por outros, exceto em circunstâncias especiais muito restritas e com permissão explícita do partido. Com exceção das circunstâncias especiais dos governos de unidade nacional durante a guerra, essa tática foi adotada de forma diligente até a formação da Frente Popular, e Blum, que sabia muito bem quão frágil era a unidade do partido, fez

O PESO DA RESPONSABILIDADE 77

um esforço extraordinário para mantê-lo fora do governo justamente por essa razão.

A outra ameaça à unidade socialista vinha, e é claro que já tinha vindo, da esquerda. Depois de sua tentativa malsucedida de manter a integridade de seu partido no congresso de Tours, em dezembro de 1920, Blum se voltou para os delegados socialistas lá presentes que estavam aprovando o ingresso na Terceira Internacional e os advertiu de que "estamos profundamente convencidos, enquanto vocês perseguem a aventura, de que alguém tem de ficar e manter a velha casa". A velha casa em questão não era apenas o Partido Socialista, mas sua bagagem acumulada de tradições, táticas, práticas, doutrinas e convicções. Entre estas estava a convicção de que o leninismo, fossem quais fossem suas vitórias passageiras, era pouco mais que uma ilusão insurrecional do século XIX revivida — "*blanquisme à la sauce tartare*", como alguém o descreveu — e de que a SFIO continuava a ser o verdadeiro repositório da herança revolucionária.

Para que Blum mantivesse a fé naquela tradição — e em seu entender a fidelidade, como a unidade, era um distintivo das qualidades do socialismo real —, ele tinha de impedir que seu partido escorregasse para a direita, fosse atrás das recompensas de estar no governo, se comprometesse com partidos "burgueses" e portanto se tornasse vulnerável à propaganda comunista. Em um de seus editoriais de jornal caracteristicamente pessoais no socialista *Le Populaire*, tomando seus leitores como confidentes, Blum confessou a dificuldade de caminhar sobre essa linha estreita — recusar o separatismo ultrarradical dos comunistas e ao mesmo tempo não lhes conceder nada da superioridade revolucionária: "A grande dificuldade de nossa tática, nos últimos dez anos, foi manter nosso progresso entre os comu-

78   O PROFETA DESDENHADO

nistas e os partidos burgueses, sem nunca pender para um lado ou para o outro."[27]

Era, portanto, talvez inevitável que, depois de quase duas décadas mantendo seu partido unido no terreno minado e obscuro entre a participação no governo e uma identificação demasiado próxima com os comunistas — e era uma convicção de Blum que, embora os socialistas devessem defender a Revolução Russa contra seus críticos "reacionários", eles deviam sustentar de forma não menos resoluta que socialismo e comunismo eram inteiramente distintos —, Blum tivesse passado a julgar sua carreira política acima de tudo pelo grau em que havia tido sucesso nesse empreendimento ingrato. Como ele recordou a seus acusadores em Riom, em 1942, para ele teria sido fácil ter sido aceito como líder nacional — ele só teria precisado "trair aqueles que confiavam em mim". Mas ele não os traíra. Ao descrever as dificuldades de seu governo da Frente Popular a seus companheiros socialistas no congresso de julho de 1937, ele concluiu que o principal a lembrar era que ele e seus colegas ministros não haviam "desonrado o partido. [...] Era duro, era difícil, mas ainda assim nós honramos o socialismo [*nous avons bien mérité du socialisme*]".[28] O partido havia sobrevivido intacto à experiência de governo.

A contribuição distintiva de Blum à sobrevivência de seu partido, além de seus inesgotáveis entusiasmo, persuasão, encorajamento e, é claro, exemplo, residia — ou assim ele e seus admiradores sempre supuseram — na sutil reformulação que ele fizera da doutrina do partido. À primeira vista isso parece estranho; nas palavras de Eugen Weber, a inteligência de Blum era "sofisticada, mais sutil que profunda", e ele não era um teórico original. E, de fato, o que outros viam como doutrina socialista ele instintivamente preferia descrever em termos quase religiosos: "A fé socialista é a única versão desse instinto universal [por justiça e solidariedade] que corresponde precisamente às condições presentes de existência econômica e social. Todas as outras foram ultrapassadas pela passagem do tempo. [...] O socialismo é portanto uma ética e quase uma religião, tanto quanto uma doutrina."[29]

E Blum tampouco era um pensador marxista, embora fosse imprescindível, especialmente depois da cisão comunista, para os socialistas franceses — aí incluído Blum — elogiar com frequência, da boca para fora, o caráter impecavelmente marxista de sua teoria e sua prática. Em seus primeiros anos, Blum havia de fato sido muito mordaz em relação aos agrupamentos marxistas, em especial aqueles seguidores de Jules Guesde que haviam se oposto a Jaurès na época do caso Dreyfuss: "Entre socialistas ponderados, é bem sabido que a metafísica de Marx é medíocre e que sua doutrina econômica está se desmoronando dia a dia."[30] Mas em anos posteriores ele era mais circunspecto, adotando para si a "síntese" jaurèsiana de "reforma e revolução" e afirmando o primado da luta de classes, a inevitável queda do capitalismo e o papel primordial da classe operária organizada em sua preparação. Como ele advertiu àqueles críticos socialistas de direita que insistiam, em 1933, que Jaurès não teria então recusado a oportunidade de participar ativamente do governo hoje e que culpavam as convicções ideológicas de Blum por sua "rigidez" tática: "Opor Jaurès a Marx é absurdo. Jaurès era marxista. No presente estado de coisas, um socialista antimarxista não mais seria um socialista e rapidamente se tornaria antissocialista".[31]

Mesmo em 1948, momento em que Blum era um crítico aberto daqueles na SFIO que se agarravam a clichês "marxistas" antiquados, ele justificava sua defesa da política parlamentar (contra aqueles que buscavam uma estratégia mais "radical") como *verdadeiramente* marxista em sua ênfase na participação

80   O PROFETA DESDENHADO

política acima de tudo mais. Como ele escreveu no prefácio a uma nova edição, centenária, do *Manifesto comunista*: "Toda a essência do marxismo está contida no *Manifesto comunista*, e, testado ao longo de um século, o marxismo está mais vivo, mais ativo, mais influente que nunca."[32]

Blum não estava acima de adaptar sua linguagem a seu público. Em um editorial em dezembro de 1938, defendendo-se contra a acusação de que sua oposição ao nazismo o havia cegado para a necessidade de preservar da guerra a França, ele lembrou aos leitores que como primeiro-ministro havia até consentido em receber Hjalmar Schacht e dissera a ele: "Você sabe quem eu sou, você sabe que eu sou marxista e judeu. Agora vamos sentar e conversar." No julgamento por sua vida em Riom, em 11 de março de 1942, ele repetiu a história com as mesmas palavras. Mas quando ele recontou o mesmo acontecimento em agosto de 1947 à comissão parlamentar que investigava os acontecimentos dos anos 1933-45, relatou assim a conversa: "Eu recordei a ele [Schacht] que era por um lado socialista e, por outro, judeu."[33] O marxismo foi para Blum sempre uma afinidade eletiva, não um modo de pensar.

A verdadeira contribuição dele para a doutrina socialista não foi algo que teria sido reconhecido como "teoria" nem por Marx nem por qualquer dos contemporâneos de Blum entre os pensadores socialistas na Alemanha, na Itália, na Áustria, ou mesmo na Grã-Bretanha. Na verdade, é uma indicação reveladora do estado empobrecido da discussão política de esquerda na França do século XX que a contribuição de Blum tenha adquirido uma importância tão efêmera, pois o que ele fez foi fornecer pouco mais que uma camuflagem linguística bastante original para a tática parlamentar socialista no entreguerras.

Para convencer seu partido e seus apoiadores de que a recusa presente a participar do governo não acarretava uma recusa a *jamais* sujar as mãos com o poder, Blum, no final dos anos 1920, começou a traçar uma distinção complicada entre o que chamava de "exercício do poder" e a "conquista do poder". O propósito do socialismo, ele explicou em dezenas de editoriais e no congresso de seu partido em 1926, não é conquistar o poder pelo poder — isso é o que outros partidos (entre eles o comunista) buscam, não nós; mas a conquista do poder é não obstante a precondição para a construção de uma sociedade socialista. "Sempre pensei — caso contrário não seria socialista — que a transformação social, que é, falando propriamente, a revolução, não era possível nem concebível sem pleno controle do poder público, o que quer dizer sem a conquista do poder político pelo proletariado."[34] Todavia, até que as circunstâncias estejam maduras, tal "conquista" do poder é prematura e só pode levar à ditadura e/ou à derrota — e disso a história francesa podia fornecer vários exemplos tristes. No meio-tempo, porém, pode ser necessário (no caso de uma crise) ou possível (no caso de uma vitória eleitoral socialista) *exercer* o poder no contexto da sociedade burguesa.

Tal exercício do poder não é algo que nós socialistas buscamos evitar, insistia Blum. Ele tem seu valor de propaganda — podemos ser vistos governando e governando bem — e pode ser a ocasião para legislar reformas verdadeiras. Mas o exercício do poder, como a conquista do poder, não deve ser buscado como um fim em si. E, portanto, para o bem de nossa autonomia, nossa unidade e nossa integridade política, nós (a SFIO) não devemos considerá-la até que sejamos o partido dominante e possamos controlar nossa agenda.

Esse não é um conjunto de argumentos extremamente original, e em retrospecto tem um ar levemente enganador, dependendo, como o faz, de categorias e distinções que existiam na maior parte na cabeça do próprio Blum. Ele revela o molde muito banal e evolucionista do entendimento histórico de Blum ("a Revolução, como a entendemos, está de acordo com a teoria da evolução das espécies vivas, tal como professada hoje por herdeiros de Darwin"). Note-se também a facilidade com que ele podia substituir contradições reais por concordâncias verbais ("para nós socialistas a aparente contradição entre Reforma e Revolução foi resolvida há muito tempo").[35] Mas o raciocínio de Blum exercia um impacto poderoso em sua audiência pretendida.

Os eleitores socialistas na França de 1919 a 1936 estavam, afinal, sendo convocados a eleger um partido que quase certamente recusaria participar do governo do país (já que a perspectiva de a SFIO ganhar as eleições era inconcebível para a maioria das pessoas antes de janeiro de 1936), enquanto ao mesmo tempo estavam sendo assegurados de que o partido não tinha nenhuma intenção de tomar o poder por meios inconstitucionais. Os parlamentares socialistas, dos quais havia um número crescente à medida que o partido se recuperava da perda dos comunistas em 1920, estavam compreensivelmente frustrados por serem excluídos *sine die* da perspectiva de ocupar cargos de governo. Ao mesmo tempo, militantes da SFIO, ainda uma presença importante e ideologicamente rígida nos anos entre as guerras, opunham-se resolutamente a qualquer afastamento da linha dura "antiburguesa" de tempos anteriores. A persuasiva compressão dessas contradições por Blum em uma postura tática única e integrada não resolveu o dilema, mas o enterrou por algum tempo.

Do mesmo modo, sua admissão de que a SFIO não se opunha "em princípio" à ditadura — *"une vacance de légalité"* — permitia a Blum justificar na prática a postura firmemente constitucional da SFIO. Quando chegar o momento do passo final para a revolução, *pode* ser necessário inaugurar uma ditadura proletária; afinal, "se o socialismo se limitasse definitivamente a um respeito jurado pela legalidade, ele se exporia ao risco de favorecer outros". Mas não uma ditadura como os comunistas a imaginavam. "Ela deve ser, nas palavras de Vergniaud, ativa e clara como uma chama. Todas as vontades individuais devem participar dela, ela deve derivar seu sustento e seu apoio da vida popular, o que quer dizer da atividade democrática mais espontânea e mais intensa que nunca."[36] É difícil acreditar que aqui Blum estava fazendo mais que repetir um clichê, e sua sugestão espirituosa, em uma data posterior, de que os socialistas acreditam em *todos* os caminhos para a revolução — *mesmo* os legais! — revela um grau de frivolidade. Em seu íntimo ele simplesmente não acreditava que a questão jamais surgiria, e estava adotando a postura doutrinariamente correta em seu estilo característico.

Se havia convicção por trás das elucubrações táticas de Blum, ela derivava de sua experiência não só do caminho duramente conquistado para a unidade do partido antes de 1905, e das batalhas contínuas com os comunistas, mas também do Cartel des Gauches de 1924-26, quando Blum e o grupo parlamentar socialista apoiaram de fora os fracos governos radicais de Herriot e Painlevé e em troca não obtiveram nada além de frustração. Doravante, Blum assegurou ao congresso nacional da SFIO em abril de 1927, travaremos nossas próprias lutas e não participaremos de nenhuma batalha exceto aquelas que nos comoverem e as quais comandarmos. Além disso, Blum era cético em relação ao funcionamento da vida parlamentar e administrativa na França da Terceira República e via pouca vantagem em fundir a identidade pública de seu partido com a dos ministérios e partidos de curta duração, incompetentes, e com frequência corruptos que tentavam governar o país entre as guerras. Melhor errar do lado da retórica revolucionária vazia.

84 O PROFETA DESDENHADO

Não é, portanto, muito surpreendente que Blum inicialmente julgasse o sucesso ou o fracasso da Frente Popular pelo impacto exercido por ela sobre seu partido e as práticas deste (mais tarde ele seria mais severo em sua autocrítica). Nós exercemos o poder, ele asseverava, evitamos o compromisso e a ilusão, mantivemos nossa credibilidade revolucionária. Não obstante, julgada por qualquer outro critério, a Frente Popular foi não só um fracasso político mas um trauma nacional. A retórica revolucionária dos socialistas, pela qual Blum era em parte responsável, suscitou expectativas irrealistas, a despeito de ele lembrar frequentemente os limites do "exercício do poder". Seguiram-se decepção e raiva, contribuindo para o cinismo e o desinteresse com que tantos homens e mulheres franceses viram o colapso da República apenas três anos depois. No meio-tempo, a retórica socialista, na qual alguns na direita verdadeiramente acreditavam e que outros exploravam para obter proveito político, empurrou uma parte significativa do eleitorado conservador convencional para o humor de insegurança nervosa que Pierre Laval explorou com tanto sucesso em 1940.

Ademais, a recusa da SFIO a aliar-se com os radicais e outros em governos em que os socialistas estariam em minoria efetivamente amarrou a esquerda e a centro-esquerda republicanas na França por uma geração, desde o fim da Primeira Guerra até pouco antes da próxima. Ela empurrou o centro de gravidade da vida pública e parlamentar francesa mais para a direita do que era necessário ou prudente na era dos ditadores fascistas e deixou um vácuo onde poderia ter havido política social-democrata. Léon Blum não pode ser considerado responsável pela queda da França nem pelo que se seguiu. Mas ele e seu partido tiveram uma parcela de responsabilidade pela condição política da França republicana, pela facilidade com que um país dividido escorregou para o governo autoritário. Por que Blum não viu isso na época?

Em primeiro lugar, Blum era refém de seu partido. O jovem Charles de Gaulle, que visitou Blum em outubro de 1935 em um esforço vão de convencer o líder socialista da necessidade de reformas militares, mais tarde contaria a Georges Duhamel que Blum era simplesmente incapaz de conceber uma mudança na estratégia francesa: "Ele ergueu os braços para o teto e me disse: 'Como você espera que eu, um socialista, adote a ideia de guerra ofensiva?' Claramente, ele não podia. Ele estava paralisado por seu partido." Se De Gaulle queria dizer que Blum estava limitado por seu partido no sentido de que sua lealdade ao passado e à doutrina do partido impedia que ele visse as coisas como eram, ele está certamente correto. Como Blum admitiria depois, sobre a questão relacionada da oposição da SFIO à aprovação de créditos militares: "O grupo parlamentar socialista, por fidelidade ritual a um símbolo antigo, continuava a recusar créditos militares desde que soubesse que eles seriam aprovados em todo caso, um gesto não despido de um elemento de hipocrisia."[37]

Mas Blum não era inocente nesses assuntos. Havia algo curiosamente intoxicante em sua maneira de raciocinar, e ele foi sua primeira e permanente vítima. Não era a intoxicação da retórica, o arrebatamento autoinduzido nascido da exuberância da própria verbosidade da qual Disraeli famosamente acusou Gladstone; era algo bem mais sutil e integrante da personalidade de Blum. André Gide foi o primeiro a notar isso. Refletindo sobre a brilhante radiância da crítica teatral e literária de Blum, ele concluiu em 1907 que "ele julga homens e coisas de acordo com suas opiniões, não com seu gosto. Ele considera esse último menos confiável que as primeiras e preferiria desmentir seu gosto que parecer incoerente consigo

86 O PROFETA DESDENHADO

mesmo. Das coisas de que ele diz que gosta, não se está, talvez, sempre perfeitamente seguro de que ele realmente gosta delas, mas antes de que ele pensa que gosta e sabe por quê."[38]

Isso soa verdadeiro. Durante a maior parte de vinte anos Blum se cercou de homens que eram seus inferiores intelectuais — muitos dos quais, transpirou mais tarde, com frequência se ressentiam dele e até o odiavam justamente por esse motivo. Ele se tornou o porta-voz de argumentos e ideias, no nível da doutrina e da fé, que teria descartado com desdém se com eles tivesse deparado em seu trabalho anterior no Conseil d'État. Ele punha seu nome e sua pessoa a serviço de um movimento político que era às vezes tacanho e um pouco provinciano; e dedicou seus imensos talentos e sua energia a um objetivo — a revolução socialista — que ele próprio consignava ao futuro nublado ao mesmo tempo que sabia, melhor que a maioria de seus contemporâneos, os problemas que seu país enfrentava no presente. Ele conseguia fazer isso porque utilizava sua incomparável clareza de expressão e argumentação, em panfletos, artigos e discursos, para a tarefa de convencer as pessoas de que estes homens deviam ser bons, esta doutrina devia ser verdadeira, este movimento devia ser sacrossanto, e o futuro devia ser como ele o desejava. E a primeira pessoa que Blum convenceu foi ele próprio.

Por que Blum era tão suscetível a seus próprios argumentos? Afinal, uma coisa é a pessoa usar a razão para sobrepujar o gosto no julgamento literário; outra, muito diferente, é utilizá-la de forma tão bem-sucedida com o propósito de negar seu próprio acesso à realidade social ou política. Uma parte da resposta está na personalidade completamente panglossiana de Blum; ele simplesmente negava enquanto pudesse o que preferia não ver. Assegurava aos leitores da imprensa socialista em 1932 e até janeiro de 1933 que Hitler não chegaria ao poder e que, se o fizesse, seria incapaz de causar muito dano. Permaneceu assim convencido até boa parte de 1934 de que o desarmamento coletivo era a melhor solução — e portanto uma solução possível — para todos os infortúnios da Europa. Estava convencido em julho de 1939 de que, se Hitler fosse à guerra, isso anunciaria o fim de seu regime, que seria derrubado em "poucas" semanas.

Em 23 de agosto de 1939, chegou a escrever um editorial semissaudando o Pacto Molotov-Ribbentrop: "uma nova esperança de paz apareceu"; Hitler agora parecerá a seu público interno tão bem-sucedido que não mais precisará ameaçar seus vizinhos (mas ele teve a graça de admitir que os leitores podiam "zombar de mim mais uma vez por meu otimismo louco"). Depois da guerra, Blum foi um dos últimos a admitir a inevitabilidade da divisão da Alemanha e da Europa — embora observasse em um editorial pesaroso, reconhecendo o provável fracasso do encontro de ministros do Exterior em Moscou em 1947, que "só uns poucos otimistas loucos como eu insistiam em prever um sucesso *e talvez se sentissem obrigados a fazê-lo*".[39]

Algumas dessas previsões otimistamente imprecisas podem ser atribuídas à permanente deficiência de Blum para entender o funcionamento da política de poder internacional. Assim como confundia o cargo governamental com poder em seus textos sobre doutrina socialista, da mesma forma tratava as relações entre Estados como algo que devia ser conduzido segundo princípios lógicos e éticos e que podiam portanto ser analisadas como se fossem de fato assim conduzidas. Mas, além disso, havia a visão naturalmente otimista de Blum sobre o mundo, algo que ele era incapaz de ajustar com a necessidade de ver as coisas em sua realidade pessimista. Ele tinha demasiada fé nas pessoas para entender o colapso da civilidade

88 O PROFETA DESDENHADO

política na França dos anos 1930 — os homens a quem ele apelava em busca de apoio e compreensão, no chão da Chambre ou em seus editoriais de jornal, eram os mesmos que invocariam seu sangue judeu alguns anos depois. Ele não conseguia imaginar que os fascistas pudessem aspirar a conquistar ou dominar metade da Europa — "Não se pode imputar tal absurdo, planos tão dementes mesmo a Hitler, mesmo a Mussolini." Blum nunca aceitou plenamente, nas palavras de Voltaire, que *le mal est dans le monde* [o mal está no mundo].[40]

Essa crônica falta de realismo psicológico ou político, o desejo de encontrar o bem em homens e acontecimentos gerando o pensamento de que ele estava lá, era coerente com a decência essencial de Léon Blum. Ele não era particularmente acessível — não se podia prontamente *tutoyer* com ele —, mas era incomumente gentil e generoso com seus recursos e seu tempo. Ele tinha uma reserva inesgotável de boa vontade em relação a quase todo mundo e supunha, de maneira inocente, que seria tratado da mesma forma na maioria dos casos. Desacordos podiam ser resolvidos, mal-entendidos, explicados. Em suas anotações de prisão durante a guerra, não publicadas, ele refletiu autocriticamente sobre esse aspecto de seu estilo político: "Tentei enobrecer tudo, dignificar tudo. Talvez esse tenha sido meu erro. Se eu tinha um dom, era esse. Talvez eu acreditasse demais na virtude; na conciliação por meio da busca de um nível mais exaltado."[41] Aqui, pelo menos, as ocupações de seus primeiros anos não lhe beneficiaram como ele escreveu sobre Stendhal: "Nunca é sem custo que confinamos nosso aprendizado na vida a livros, e a livros apenas."

Além de ser tanto irrealista quanto patologicamente otimista (como observou acidamente seu companheiro de prisão Édouard Daladier em 1942),[42] Léon Blum havia entrelaçado tanto seu senso de dever e compromisso com a SFIO a seu senso de si que passou não apenas a falar do partido como sua "família" mas também a tratá-lo como uma, como uma extensão de seus pensamentos e sentimentos. Ele usava a imprensa do partido, reuniões públicas, congressos do partido e, em menor medida, a própria Chambre des Députés como fóruns onde revelar seus escrúpulos, confessar seus erros e admitir todos os tipos de dúvida. A vantagem não calculada dessa desarmadora autorrevelação era que muitos homens e mulheres franceses, mesmo aqueles que nunca votaram no partido dele, instintivamente o entendiam e o apreciavam como mais honesto, mais aberto, mais direto e muito mais interessante que outros políticos da Terceira República. Mas também havia desvantagens.

Tendo superado, com alguma dificuldade, seus escrúpulos de liderar seu partido para o governo, e seu temor de "desencaminhar" a classe operária levando-a a acreditar que ele podia entregar mais do que era possível, Blum deixou o governo com um suspiro de alívio quase audível — e depois passou a maior parte do restante dos anos 1930 semiconfessando em público os equívocos e erros de cálculo de seu ministério. Mesmo a defesa que fazia de seus atos como primeiro-ministro com frequência assumia essa forma. Em um discurso ao congresso da SFIO de junho de 1938, em que ele defendeu sua decisão de desvalorizar a moeda só em setembro de 1936 (e não em junho, quando a medida teria tido mais impacto e uma chance melhor de sucesso), ele reconheceu que "fizemos uma desvalorização que não assegurou todos os possíveis benefícios no nível técnico porque a fizemos de modo a limitar as injustiças econômicas e humanas que ela causaria. Isso é verdade. Esse fracasso, esse defeito, eu os admito".[43]

Havia muito mais numa linha semelhante. Anos depois, alguns dias após o golpe comunista em Praga em fevereiro de

1948, Blum escreveu um editorial para *Le Populaire* explicando por que o golpe devia ser um *cas de conscience* para os socialistas franceses: fizemos o suficiente por nossos camaradas socialistas do Leste Europeu? "Eles queriam trabalhar com os comunistas locais, e nós os encorajamos. Por instrução deles fechamos os olhos para o que estava realmente acontecendo, recusamos o apoio de exilados anticomunistas ou das vítimas da intolerância comunista. Pelo bem *dos próprios* socialistas do Leste Europeu devíamos ter sido mais críticos."[44] O tom confessional, o reconhecimento, mas depois do fato, de sua própria ingenuidade míope, a admoestação moral dirigida a si próprio e a seus colegas socialistas, tudo isso é Blum clássico.

A necessidade de Blum de partilhar com a audiência mais ampla possível seu senso de culpa, de sofrimento compartilhado com o custo de seus próprios erros e dos de outros, é bem conhecida, graças ao famoso editorial "Munique", de 20 de setembro de 1938, em que ele confessou seu alívio de ver a paz preservada, mas reconheceu que o modo como isso fora feito "não me proporciona nenhuma alegria, e me vejo dividido entre um conforto covarde e a vergonha [*un lâche soulagement et la honte*]". No dia seguinte, prosseguiu em seu tema, deplorando o modo como as relações e os tratados franco-tchecos haviam sido pisoteados: "Vocês podem me culpar por pensar neles? É surpreendente que eu tenha hoje uma sensação de degradação enquanto reflito que eles foram traídos no espírito e talvez mesmo na letra?"

Mas Blum não foi responsável por Munique — ele estava havia muito tempo fora do governo, e não temos nenhuma maneira de saber como ele teria lidado com a crise dos Sudetos no lugar de Daladier. Mas, a despeito disso, e do senso de vergonha de Blum, ele votou na Chambre a favor da aprovação dos acordos de Munique. Quando seu colega socialista mais jovem e seu amigo Jules Moch o avisou que ele, Moch, planejava votar contra os acordos, Blum voltou contra ele toda a força de sua autoridade moral e seu charme pessoal: "Jules, como você pode fazer isso comigo, *você* fazer isso a *mim*!" Devidamente mortificado, Moch retirou sua oposição.[45]

Mas é surpreendente que Blum tenha usado a ocasião para insistir, de fato, em que Moch não o traiu ao se recusar a partilhar a dor de Blum em votar a favor dos acordos de Munique — embora em seu ensaio *A l'échelle humaine*, escrito durante a guerra, Blum confessasse um tanto tardiamente que havia evitado assumir uma linha clara a respeito de Munique não porque não soubesse o que era certo, mas porque a SFIO estava tão dividida que qualquer escolha clara ou linguagem categórica teria revelado a desunião no partido e o dividido.

Jean Lacouture, biógrafo francês de Blum, certamente está correto de ver a agonia pública de Blum como uma espécie de *angélisme*, totalmente impróprio em um estadista. E, ao notar o pesar público de Blum sobre sua decisão dolorosa de defender a não intervenção na Guerra Civil espanhola, ele cruelmente observa que "o valor de uma política não deve ser medido pelo sofrimento que ela inflige ao homem que a concebeu e implementou".[46] Mas pode ser que Lacouture deixe passar na constituição de Blum algo muito mais fundamental do que o *angélisme*. Blum não estava tentando ser "mais santo" que seus críticos, dentro de seu partido e em outros lugares. Ele não estava sequer buscando solidariedade de leitores e ouvintes para sua dor e os erros da política francesa, fossem sob seu governo ou sob o de seus sucessores.

Ele estava, parece-me, buscando não tanto perdão, mas empatia. Léon Blum, um homem que naturalmente buscava amizade e companheiros em sua vida privada, era uma das figuras públicas mais solitárias de seu tempo. Estava sozinho em seu partido, do qual muito poucas figuras importantes partilhavam sua origem, seus interesses ou seu gosto. Estava sozinho na Chambre, de novo, admirado por muitos mas odiado e insultado pelo mesmo tanto. Ele se deslocava em muitos mundos mas era em certa medida um estranho a todos eles, justamente porque era tão cosmopolita em seu raio de ação. E sofria a debilitante fraqueza política de querer ser amado. Não fazia nenhuma conciliação moral com seus oponentes em nome do afeto deles, mas não obstante o buscava. Ele estendia a mão por ondas de rádio, do palanque improvisado, do atril e de sua escrivaninha para mostrar a seu público o que estava pensando e com quais consequências. Debatia suas decisões em público e depois descrevia a dor desse debate em retrospecto. Ao fazê-lo buscava compreensão para seus dilemas e suas escolhas. E, se fosse entendido, seria amado.

Essa necessidade de ser amado não é um traço particularmente raro entre políticos e outras figuras públicas. Para alguns foi isso que os levou para a cena pública em primeiro lugar. Franklin Roosevelt tinha isso em certa medida. Mas Blum, caracteristicamente, levou isso muito mais longe e não havia preparado para si nenhum recuo, nenhuma retirada para a autoconfiança arrogante em momentos de crise. Em consequência, ele sofria muito, tanto com seus erros quanto com o medo de que eles levassem aqueles de quem ele se sentia próximo a entendê-lo mal e desconfiar dele. É por isso que um homem que na verdade era bastante decidido e até opressivo para muitos que entraram em contato com ele podia parecer às vezes tão inseguro e desgovernado quando colocado em uma posição inesperada de poder, como foi em 1936. Blum entendia sua fraqueza melhor que a maioria de seus amigos e admiradores; na virada do século, sob o pseudônimo de

"Goethe", ele comentou pesarosamente sobre o custo de buscar a afeição de todos: "Esta necessidade, este amor por ser amado, que foi a fonte da verdadeira gratificação, também trouxe a dor mais lancinante."⁴⁷

"Léon Blum nunca está seguro, está sempre buscando; inteligência demais e caráter insuficiente." André Gide proferiu esse julgamento sobre seu jovem amigo quando Blum tinha apenas 17 anos e o próprio Gide, ainda nem 21. Ele mostra uma percepção notável. Mas a busca de vida inteira de Blum pela verdade, sua honestidade transparente e seu autoquestionamento público imperturbado, embora o expusessem ao ridículo ocasional, eram também uma fonte de sua força e influência. Ele podia arrastar uma audiência pela simples força de sua personalidade e da qualidade de sua mente. Como o presidente francês Vincent Auriol, seu amigo, disse dele em seu funeral, em 1950: "Blum tinha uma eloquência que o envolvia pouco a pouco, penetrando em você, agarrando-o, seduzindo-o."⁴⁸

A atração não era de forma alguma limitada a seus colegas e amigos. Todos os relatos de seu desempenho público nos anos entreguerras concordam que Blum tinha um efeito quase mesmerizante até sobre a mais hostil das audiências de qualquer condição. Joseph Paul-Boncour, um antigo político socialista que mais tarde deixou a SFIO e não era de modo algum um admirador incondicional de Blum, descreveu certa vez o ambiente difícil das reuniões políticas nos anos 1920, com interrupções e perguntas agressivas e com frequência violentas igualmente de comunistas e direitistas: "Quando conseguíamos falar, era maravilhoso ver esse homem, sem ser dotado de nenhum recurso físico especial, cuja voz era fraca e que nunca recorria a técnicas grosseiras para agradar à plateia, dominando pela pura superioridade de sua inteligência e pela precisão de sua análise." Jules Moch e outros registraram impressões semelhantes, notando a reverência e a admiração com que Blum era tratado mesmo pelos ouvintes provincianos mais incultos.[49]

Não havia nada de paternalista no estilo de Blum. Ele empregava suas habilidades em uma reunião eleitoral com uma plateia de vinicultores em Narbonne da mesma forma que faria em um panfleto socialista ou em um discurso na Chambre. Se ele estabelecia uma ponte com audiências de camponeses e operários, era a despeito da distância que o separava deles — o que ele disse de Jean Jaurès em julho de 1917 era verdade sobre o próprio Blum: "Ele era socialista, mas — e em nosso partido isto era um de seus traços distintivos — não tinha sido trazido para o socialismo por reflexão abstrata sobre fenômenos econômicos, nem por experiência de trabalho, nem ainda por inquietações sentimentais [*une commotion sentimental*]. Ele não vinha do povo. Só conheceu o povo depois."

A habilidade retórica de Blum estava na ausência de arte. De novo Gide, desta vez em 1907: "Não se pode conceber nenhum relato mais preciso, mais claro, mais elegante e confiante que aquele que Léon Blum pode proferir, de improviso, quer diga respeito a um acontecimento, um livro ou uma peça de teatro. Que *rapporteur* maravilhoso ele deve ser no Conseil d'État! Se ao menos seus pensamentos não fossem tão aplicados à política, que crítico notável ele seria!"[50] A clareza rigorosa de Blum dependia não só de uma mente incomumente bem ordenada e lógica — ele podia compor um discurso ou um editorial na cabeça e depois escrevê-lo ou pronunciá-lo sem

O PESO DA RESPONSABILIDADE   95

pausa e em sequência perfeita, não interrompida — mas também de um controle sem par de seu material, uma habilidade que ele aprimorara e desenvolvera durante quase um quarto de século em seu trabalho jurídico.

Pode-se ver essa qualidade em operação nos incontáveis discursos parlamentares que ele proferiu no decorrer dos anos 1919-1948. Desde sua primeira intervenção, em dezembro de 1919, uma argumentação complexa e detalhada a favor do controle estatal de certos serviços públicos deficitários, passando por suas críticas bem informadas do dano moral e econômico causado pela política externa de Poincaré e pelas práticas financeiras deflacionárias da direita, até sua espetacular acusação em Riom ao planejamento militar e industrial francês pré-1936 e a seu depoimento no pós-guerra à Commission D'enquête sur lês Évenements Survenus en France de 1933 à 1945, Blum exibia um domínio, inigualado em sua geração, não apenas de história política e administrativa, mas também de detalhes militares ou técnicos; ordenando informações em colunas de conclusões inatacáveis e justificadas, ele podia fazer seus apoiadores aplaudi-lo de pé enquanto deixava frequentemente seus oponentes sem fala, com fúria impotente.

Talvez hoje seja difícil apreciar todos os talentos particulares de Blum. Mas, em uma era anterior aos alto-falantes e microfones, quando o rádio estava na infância e os jornais prosperavam, quando a Chambre des Députés ainda tinha importância e seus procedimentos eram amplamente acompanhados, a capacidade de Blum de manter uma audiência ou um público leitor só pela força do conhecimento e da razão era singular, e contava. E em um tempo em que os políticos franceses eram na maioria sumidades provincianas medíocres ou então homens de negócios e advogados parisienses frasistas cinicamente despreocupados com ideias ou ética, Blum se encontrava quase sozinho.

Quanto ao Partido Socialista, embora ele pudesse se orgulhar de possuir alguns homens capazes de influenciar ou comover uma plateia de esquerda, e um punhado de intelectuais parisienses que ornavam com sua presença as listas de membros e o grupo parlamentar do partido, ele não tinha ninguém nem de longe comparável a Blum quando se tratava de combinar recursos intelectuais, morais e políticos em uma única pessoa. É por isso que ele era o líder "natural" do partido, e é por isso que tantos de seus colegas toleravam sua liderança ao mesmo tempo que invejavam e se ressentiam de seus talentos.

Um dos recursos distintivos de Blum, curiosamente raro em seu tempo, era sua capacidade de entrelaçar acontecimentos internos e internacionais em uma única narrativa ou argumentação. Como vimos, ele podia estar muito errado em suas análises internacionais, particularmente quando fazia previsões. Mas entre as guerras — e de novo por algum tempo depois da Libertação — muitos políticos e pensadores franceses se retiraram da realidade internacional desagradável para uma espécie de *nombrilisme* tranquilizador, uma obsessão por seus próprios assuntos, excluindo muito interesse em como estes podiam ser afetados pelo que estava acontecendo além das fronteiras. Esse, afinal, é o pano de fundo não só para o trágico acúmulo de erros em política militar e externa antes de 1940 mas também para a mentalidade de ostra com que grande parte da elite nacional seguiu Pétain na direção de Vichy.

Blum era diferente. Suas críticas às políticas deflacionárias do Bloc National de 1920 a 1923, por exemplo, eram sempre estreitamente vinculadas a sua desaprovação das cláusulas de Versalhes, à ocupação do Ruhr, e ao impacto destas, por sua vez, nas perspectivas de reforma social na França. Ele apoiou por muito tempo a paz e o desarmamento a quase qualquer preço, não apenas em nome de uma tradição partidária venerável, mas porque se preocupava com as perspectivas para a democracia e o socialismo na Alemanha e na Europa central tanto quanto o fazia em relação à França. Suas vacilações e seus erros no governo derivavam em parte dessa mesma perspectiva incomumente cosmopolita — ficava nervoso a respeito da aliança britânica, da força crescente dos ditadores, e da necessidade de relações amistosas com os Estados Unidos, em um momento em que a maior parte de seus colegas e apoiadores só tinha olhos para a revolução interna, ou a próxima votação parlamentar.

Esse campo de visão mais amplo ajudava Blum a ver algumas coisas mais rápido que outras pessoas. Em julho de 1928 ele escreveu um editorial condenando a então generalizada admiração francesa pelas realizações de Mussolini: "Há algo pior neste mundo que o abuso da força; é a complacência servil que essa força encontra quando é bem-sucedida, essa adulação obsequiosa que esquece o crime para bajular o sucesso." É irônico que ele pudesse muito bem estar falando da adulação de Pétain depois de 1940 — ou da afeição subserviente a Stalin que varreu a intelectualidade parisiense uma década depois. Na prisão em 1942, ele previu que a ignorância francesa da realidade internacional levaria a opinião pública no país a "exagerar de forma bastante presunçosa o papel que a França desempenhará" depois da guerra — que é justamente o que aconteceu, e não só à opinião pública mas também a muitos políticos importantes.[51]

Mais que tudo, o instinto de Blum para ver os assuntos franceses considerando o contexto internacional fazia dele um

98   O PROFETA DESDENHADO

analista firme e resoluto do PCF, o Partido Comunista Francês. Com certeza, não era preciso grande percepção para entender que os comunistas franceses, como os comunistas em todos os lugares, estavam fortemente presos a Moscou e à política e aos interesses soviéticos — essa sujeição, afinal, era o que Lenin buscara em 1920, e a decisão de aceitá-la ou rejeitá-la foi a base explícita para a divisão entre comunistas e socialistas em Tours. E sabemos agora, de fontes soviéticas, o que, havia muito tempo, parecia evidente a observadores desinteressados: que a estratégia, a tática e as decisões cotidianas do PCF eram *téléguidés* de Moscou durante a maior parte dos primeiros setenta anos do partido.[52]

Mas essas questões nem sempre eram tão óbvias para todos na época. Militantes comunistas, e mesmo alguns líderes comunistas menos bem informados, ingenuamente imaginavam-se estar adotando uma política autônoma em busca dos interesses do proletariado francês, interesses que por acaso coincidiam com aqueles do Estado soviético. Alguns socialistas que ansiavam pela reunificação com o PCF também gostavam de pensar assim. Muitos intelectuais, especialmente na época de mobilização antifascista durante os anos 1930, relutavam a ouvir ou falar mal do PCF — e de modo confuso consideravam qualquer acusação de Moscou-centrismo como de algum modo caluniosa, apesar de eles mesmos admirarem as realizações de Stalin.

Léon Blum era certamente sensível ao apelo à unidade de esquerda e sempre buscava o acordo e o apoio dos comunistas quando pensava que se deveria tê-lo. Ele saudou a aliança da Frente Popular patrocinada pelos comunistas e se postou em pódios, plataformas e esquinas de ruas de braços dados com Maurice Thorez e outros luminares comunistas. Mesmo depois da Libertação ele relutava em admitir a chegada da cortina de ferro e apoiava coalizões de governo com o PCF desde que essas fossem possíveis. Mas não tinha nenhuma ilusão sobre seus aliados fraternais.

Em sua fala em Tours em dezembro de 1920, Blum resumiu seu entendimento da característica distintiva do bolchevismo e de seus admiradores franceses: "Pela primeira vez na história do socialismo vocês estão pensando no terrorismo não apenas como um recurso final, não como uma medida extrema de segurança pública a ser imposta à resistência burguesa, não como uma necessidade vital para a revolução, mas como um método de governo. É isso, essa ênfase no terror ditatorial, no modelo russo como uma grade a ser de qualquer maneira aplicada à França, junto com a obediência servil e incondicional a Moscou que ela presume, que distingue vocês de nós e sempre distinguirá."[53]

A reação de Blum às complicações da tática interna do PCF permaneceu firmemente concentrada no contexto soviético geral. Ele nunca duvidou da fraudulência nos processos de Moscou, nos anos 1930, nem do flagrante interesse dos soviéticos em instruir suas marionetes francesas a mudar, depois de 1934, do ataque à social-democracia como "social-fascismo" para uma aliança antifascista com seus "irmãos" socialistas. Sim, ele escreveu em outubro de 1939, sabíamos o que os comunistas pretendiam em 1936, mas valia a pena o risco de qualquer forma: para salvar a República, para reanimar o movimento da classe operária e talvez até para ter algum impacto sobre o PCF como resultado da experiência. Ele ficou deprimido mas não surpreso pela relativa facilidade com que os comunistas franceses mudaram de novo sua linha na sequência do Pacto Molotov-Ribbentrop — embora tentasse sem sucesso impedir Daladier de banir o PCF em setembro de 1939, tornando o partido um mártir exatamente quando seus erros o estavam levando ao ponto de colapso.[54]

Foi Blum quem, em seu ensaio escrito na prisão *A l'échelle humaine*, descreveu pela primeira vez o PCF como um "partido nacionalista estrangeiro", e também foi Blum quem escreveu da prisão para advertir De Gaulle sobre a inconveniência de dar aos comunistas um status especial na emergente coalizão da Resistência: "É um grande erro, ao qual seus representantes pessoais parecem dispostos, considerar o comunismo como a única força popular [na Resistência]. É um erro marcante oferecer sua mão aos comunistas desconsiderando os socialistas. É errado negar legitimidade a partidos políticos em um caso e concedê-la em outro."[55] E foi Blum quem comentou com mais insistência, em seus últimos anos de vida, o interesse de Stalin em explorar o antiamericanismo de De Gaulle como uma arma que podia ser aproveitada pelos comunistas, na França e na arena europeia.

É claro que Léon Blum não era o único socialista a ver o Partido Comunista Francês pelo que ele era, em uma época em que muitos observadores na França e no exterior eram tomados emocionalmente por entusiasmos antifascistas, antes e depois da guerra. Os líderes socialistas da geração dele sabiam por experiência amarga o que era lidar com o PCF — alguns deles haviam até passado brevemente por ele, nos primeiros e inocentes entusiasmos dos anos pós-1917. Mas era Blum quem traçava com maior coerência e insistência uma distinção entre as tradições morais e políticas da esquerda socialista francesa e aquelas do leninismo; e era Blum quem, em Tours, havia defendido essa posição com força e convicção suficientes para salvar seu próprio partido e limitar o dano interno produzido pelo surgimento da Terceira Internacional. Não admira que os comunistas o odiassem tanto.

O PESO DA RESPONSABILIDADE 101

Quando não estava envolvido nos assuntos de seu partido, Léon Blum dedicava muita atenção ao problema do governo na França. As deficiências da Terceira República não eram secretas. Nascido de uma votação de conciliação na sequência do colapso do império de Luís Napoleão, o sistema de eleição e de governo parlamentar da República havia sido moldado pelo medo do governo autoritário — fosse de usurpadores imperiais, de presidentes superpoderosos ou de aventureiros militares. Como consequência, o ramo executivo foi mantido deliberadamente fraco, e as maiorias parlamentares eram difíceis de formar e quase impossíveis de sustentar, já que não havia nenhuma sanção vigente para aqueles que as derrubassem. Os partidos eram pouco mais que combinações ocasionais de interesses políticos e econômicos locais, reunidos para proveito eleitoral. Governos de coalizão, sobrecarregados com homens sem talento que recebiam cargos como um bônus ou um suborno ao interesse seccional, eram cronicamente incapazes de imaginar ou formular um programa, e não havia nenhuma função presidencial para compensar a inércia legislativa. Exceto em momentos de crise nacional, a França da Terceira República era razoavelmente bem administrada, mas era, para todos os efeitos práticos, desgovernada.

A maioria dos políticos franceses nos anos anteriores à Primeira Guerra Mundial estava bastante satisfeito em deixar que as coisas permanecessem assim. Os socialistas, em especial, viam pouco sentido em cuidar das deficiências de uma república burguesa cuja própria legitimidade eles questionavam; sua tarefa era miná-la e substituí-la por uma república socialista. Esquerda e direita estavam do mesmo modo profundamente fixadas em seu comportamento — ecoando um eleitorado que nos anos 1930 era instintivamente conservador (em 1936, a população francesa era composta em 67% de pessoas com mais de 20 anos, a mais velha da Europa). Mas Blum, que havia formado opiniões fortes sobre reforma administrativa durante os anos que passara no Conseil d'État, não estava contente em adiar a mudança para as *calens* socialistas, e em 1918 ele publicou um pequeno ensaio sobre reforma governamental (relançado em 1935 na véspera da eleição da Frente Popular para o governo) em que expunha algumas sugestões práticas para melhorar a administração.

Suas recomendações eram bastante diretas. O primeiro-ministro devia ter mais poder executivo (com base no modelo britânico) e não devia dirigir um ou mais ministérios enquanto chefiasse o governo, como era comum na Terceira República. A "constituição orleanista" de 1875 não era sagrada e devia ser submetida a escrutínio e reforma — um argumento litigioso para apresentar na França, onde a "reforma constitucional" tinha sido a base da aglutinação de antirrepublicanos autoritários desde Boulanger e formaria a base, em 1940, da face "respeitável" do pétainismo. Mas Blum insistia em que a causa em favor do governo forte e eficiente não devia ser mantida refém de temores de "cesarismo".[56]

No governo, nas difíceis circunstâncias de 1936, Blum não tinha nenhuma condição de implementar a maior parte do que pensava; mas ele indicou menos ministros do que o usual e inaugurou um gabinete e um secretariado de primeiro-ministro, com especialistas e assessores especializados — algo que se tornaria um modelo para governos e ministros no pós-guerra e especialmente na Quinta República. E o governo da Frente Popular promoveu mais legislação, e legislação mais importante, do que todos os outros governos franceses entre as guerras combinados. Apesar de toda a sua retórica ideológica e de seu resultado controverso, foi nas tarefas prosaicas de administrar o governo e aprovar legislação que o primeiro governo socialista de Blum estabeleceu um precedente para a França do pós-guerra.

Durante a guerra, Blum refletiu mais sobre esse assunto. Em seus textos escritos na prisão — as memórias inéditas, as anotações de prisão, o ensaio *A l'échelle humaine* —, ele voltou repetidamente às deficiências da democracia parlamentar francesa, e ao erro dos socialistas e dele próprio em confundir as práticas do parlamentarismo francês com os princípios e exigências mais amplos de uma democracia moderna. O que seria necessário na França do pós-guerra era *tanto* um executivo mais forte, talvez baseado no modelo dos Estados Unidos (de modo que o país pudesse de fato ser governado) *quanto* a descentralização da vida administrativa e política, para estimular a iniciativa pública e para se opor a tendência francesa, em momentos de crise, a ceder poder centralizado a governantes autoritários. Esse era um problema de toda a França, ele escreveu em uma carta a seus companheiros socialistas contrabandeada para fora de sua prisão em Bourassol em março de 1943; mas era também uma tarefa dos socialistas, se eles quisessem cumprir um papel importante na reconstrução de seu país.[57]

O interesse de Léon Blum em uma mudança para o governo presidencial e seu entendimento das realidades políticas da época da guerra o tornaram inicialmente mais simpático ao projeto gaullista — e ao próprio De Gaulle — do que a maioria dos outros membros da resistência socialista, na França ou no exterior. Na verdade, o apoio de Blum foi um ativo importante para De Gaulle em seu exílio em Londres; o socialista aprisionado contrabandeou algumas cartas para o general preparado para o combate, assegurando-o de seu apoio e encorajando outros a pôr fé na liderança de De Gaulle. Segundo Jean-Louis Crémieux-Brilhac, que estava em Londres na época:

"Nenhum outro político francês assumiu um compromisso como esse durante a guerra. Nem nenhum outro dirigiu a De Gaulle uma correspondência tão rigorosamente fundamentada: Blum, com a autoridade da idade e da experiência, exercia na época um domínio que nem De Gaulle nem os historiadores do socialismo desde então se preocuparam em recordar."[58]

Blum fazia muitos esforços para tentar convencer seus colegas socialistas das qualidades de De Gaulle, bem como das vantagens de um executivo mais forte. Mas nunca hesitou em insistir para o próprio De Gaulle em que uma democracia no pós-guerra precisaria de partidos políticos — "devemos modificá-los, devemos renová-los, mas não devemos eliminá-los". E foi só quando De Gaulle, durante e especialmente após seu breve período no governo depois da guerra, começou a exibir uma aversão escarnecedora e desdenhosa pela prática diária da democracia político-partidária na Quarta República, que Blum, com relutância, se afastou dele. Em 1947 ele criticava o recém-formado Rassemblement du Peuple Français de De Gaulle como um lugar de reunião para todos os elementos antirrepublicanos, ex-fascistas e reacionários da nação. Quanto ao próprio general, ele se tornara, nas palavras de Blum, *un personnage plus qu'un citoyen*" [um personagem mais que um cidadão]. E como resultado, e por mais que fosse relutante, Blum disse: "guardei de volta na gaveta e reprimi em meu pensamento a ideia de poder presidencial".[59]

Se Blum estava ou não correto em abandonar tão prontamente a causa de uma república presidencial, é digno de nota que ele não teve nenhuma hesitação em admitir seu erro. Em alguns dos contextos discutidos antes neste ensaio, tal autocrítica aberta se obscureceu no remorso do confessionário. Mas sua capacidade de mudar de ideia abertamente, de causar simpatia em seus oponentes reconhecendo os próprios erros passados, era também o que tornava Blum, ocasionalmente, um estadista. Em março de 1938, em meio à crise internacional trazida pela *Anschluss* [anexação da Áustria], ele fez um apelo comovente aos partidos de centro e centro-direita na Chambre para se juntarem a ele, a despeito de todas as diferenças ideológicas e pessoais entre eles, em um governo nacional.

"Senhores", ele começou, "falo aqui neste momento como um homem que se sente responsável por vidas humanas", e então expôs diante da última legislatura da Terceira República o argumento em favor de entender a direção dos desenvolvimentos internacionais, as mudanças que haviam ocorrido em poucos anos, e a necessidade de tentar esquecer brigas e conflitos. Percebendo que não conseguiria convencer sua audiência, Blum concluiu com uma nota de desesperança tranquila: "Digo a vocês que neste momento tenho uma sensação de desespero e de tragédia ao pensar que minha voz, que antes encontrava tanta ressonância entre os membros da maioria [da Frente Popular], não pode mais encontrar eco entre vocês."[60]

Em junho de 1938, no congresso da SFIO daquele ano e três meses antes da crise de Munique, Blum falou de modo igualmente direto a seu partido, agora profundamente dividido diante da perspectiva de rearmamento e da crescente ameaça de guerra. Os socialistas não podem mais recorrer à superioridade moral de nossa oposição a Versalhes e a nosso antigo desejo de ver o tratado revisado, disse a eles. Estamos enfrentando uma ameaça imperial à Europa. Uma das poucas esperanças *agora* de evitar a guerra é convencer certos Estados de que ao atacar outros eles se arriscam a enfrentar uma Europa unida. Em novembro do mesmo ano ele advertiu seu próprio partido contra os riscos de tentar manter as mãos limpas recusando-se a assumir responsabilidade pelos assuntos da nação na situação internacional que se deteriora-

106   O PROFETA DESDENHADO

va. Vocês podem continuar a dizer que "nós não votamos a favor do Tratado de Versalhes", ele escreveu, "mas não se enganem; essa é a atitude de espectadores, não de participantes. E não esqueçam que espectadores desinteressados podem às vezes se tornar cúmplices".[61]

Nem a direita nem a esquerda responderam ao apelo de Blum, cada uma a seu modo indiferente à causa nacional comum da França. Na primavera de 1940, a decadência moral e política da França havia chegado a um ponto em que a maioria dos homens públicos preferia resolver questões antigas a encarar o desastre nacional que espreitava logo adiante. No debate de 21 de março de 1940, sobre o proposto novo governo de Paul Reynaud, observadores ficaram chocados com o clima sectário, cheio de ódio, tacanho da legislatura francesa. Nas palavras de Charles de Gaulle, "Só Léon Blum, a quem, porém, nenhum emprego ministerial havia sido oferecido, elevou a qualidade do debate".[62]

É apropriado que De Gaulle tenha pensado que valia a pena observar que foi Blum acima de todos quem elevou a qualidade do debate, quando os sentimentos eram fortes e quando a maioria dos outros homens estava tentando encontrar um lugar para se esconder. Léon Blum era um homem extraordinariamente bravo. De sua resolução moral e intelectual — sua disposição de contrariar a moda, mesmo contra seu partido e seus colegas, quando pensava que eles, ou ele, tinham errado — vimos muitos exemplos. Como Raymond Aron, ele seguia a lógica de sua razão aonde quer que ela o levasse, para o bem e para o mal; por esse motivo (de novo como Aron), ele estava disposto ainda no outono de 1942 a perdoar Pétain, apesar de tudo o que acontecera, se o marechal agora se lançasse no campo dos aliados — "Declaro firmemente que de minha parte eu fecharia de bom grado os olhos a seus crimes passados e a seus presentes cálculos autointeressados; em qualquer retratação desse tipo eu veria só sua contribuição para uma vitória final mais rápida e mais segura."[63]

É claro que Pétain não fez isso. Mas, mesmo assim, em 1945 Blum — que tinha todos os motivos para só desejar mal a Pétain — admoestou o líder comunista Jacques Duclos por exigir que o julgamento do marechal fosse conduzido com "ódio santo". Não, ele respondeu, um juiz não deve odiar. "Ele deve ter em mente tanto uma vigorosa aversão ao crime quanto uma escrupulosa imparcialidade em relação ao homem acusado. Esse é o terrível dilema de toda a justiça política."[64] Na atmosfera cheia de vingança da França pós-Libertação, tais escrúpulos legais e éticos estavam enormemente desacreditados.

Porém, mais até que sua integridade moral, o que se destaca é a pura bravura de Léon Blum. Ele era, afinal, um homem marcado. Exatamente quão marcado é um pouco mais fácil de entender agora do que teria sido apenas alguns anos atrás. A intensidade do sentimento racista e antissemita na França entreguerras não foi muito discutida nas décadas seguintes à Libertação; afinal, mesmo os aspectos antissemitas do próprio regime de Vichy foram em grande parte ignorados até os anos 1970. Hoje é amplamente reconhecido que Vichy desempenhou um papel ativo na facilitação da deportação e do extermínio de muitos milhares de judeus; mas, ainda assim, muito menos atenção foi dada às circunstâncias morais e culturais que prepararam o caminho para a colaboração de Pétain e seus colegas nesse aspecto do projeto nazista. Vichy, afinal, não veio de nenhures. As coisas que foram ditas e feitas na França nos anos 1940-44 foram ditas e feitas por homens que haviam sido publicamente ativos muito antes de 1940, e que tinham por sua vez sido influenciados por coisas escritas e faladas por outros homens da Terceira República. Ao adquirir um entendimento do opróbrio lançado sobre Léon Blum nas décadas entre as guerras, estamos também em melhores condições de situar esse aspecto dos anos de Vichy em seu cenário histórico.

O antissemitismo, o antissemitismo "respeitável", não tinha nada de novo. O próprio Blum havia escrito sobre ele em seu *Souvenirs sur l'affaire*, mas, como a maioria dos observadores antes de 1914, ele o descartava como uma aberração, associada a Édouard Drumont, o escândalo do Panamá e a breve histeria nacional que cercou as acusações contra Dreyfus. Como a maioria dos judeus assimilados, ele simplesmente supunha que o antissemitismo em sua forma "cultural" e inofensiva era endêmico à vida francesa e devia ser ignorado. E ignorava sugestões de que ele próprio pudesse ser um objeto distintivo de sentimento antijudaico. Mas mesmo conhecidos e admiradores de juventude de Blum não estavam acima de invocar sua judaicidade contra ele. André Gide, que era um observador tão sagaz dos talentos de Blum, confidenciou a seu diário em 1914 que o interesse de Blum em coisas judaicas "vem em primeiro lugar do fato de que um judeu é especialmente sensível a qualidades judaicas; mas acima de tudo ele existe porque Blum considera a raça judia superior, como se tivesse o direito de dominar tendo por tanto tempo sido dominada, e ele acredita que é seu dever trabalhar pelo triunfo dela e ajudá-la com toda a sua força".

Gide não parou por aí, ruminou ainda sobre as qualidades "judaicas" dos maneirismos pessoais de Blum: "No ensaio geral de uma peça, no corredor de um teatro onde ele depara com você por acaso, ele o pega pela cintura, pelo pescoço, pelos ombros, e, mesmo que vocês tenham ficado um ano sem se ver, ele faria as pessoas acreditarem que o viram na noite anterior e que não tem nenhum amigo mais íntimo. [...] Mas por que eu falo aqui dos defeitos dele? É suficiente para mim que as qualidades da raça judaica não sejam francesas."[65] André Gide não odiava Léon Blum — gostava muito dele. Mas, como tantos homens menos importantes, não via nada de impróprio em pensar em Blum como judeu, e atribuir seus traços e defeitos de caráter, como ele os imaginava, a suas raízes judaicas.

Blum não sabia nada dos pensamentos privados de Gide na época. É claro que ele conhecia o ódio — como ele mesmo notou, a vida política francesa era peculiarmente sujeita a humores de afeição e aversão, e as maiores figuras públicas de sua época haviam sido vítimas de muitas ofensas. Georges Clemenceau, escreveu Blum em 3 de março de 1899 (o ano seguinte ao da corajosa publicação por Clemenceau do *J'Accuse*, de Zola, em seu jornal *L'Aurore*), "foi o homem mais falsa e desprezivelmente caluniado de nosso tempo". Dezoito anos depois, refletindo sobre o acúmulo de maldade e difamação que criou condições para o assassinato de Jean Jaurès, Blum observou que "era um ódio tão singular que, como Jaurès disse uma vez, se ele tivesse olhado para ele como a medida dele mesmo, ele teria sido levado a cometer o pecado do orgulho".[66]

Mas nem Clemenceau nem Jaurès eram judeus. Depois que Blum ingressou na vida pública, em 1919, o tom da aversão política decaiu para um padrão mais ameaçador e distorcido do que qualquer coisa a que Clemenceau ou mesmo Jaurès haviam sido alguma vez expostos, como se todas as tendências ocultas da falta de confiança francesa depois da guerra — o medo de estrangeiros, uma sensação de declínio nacional e os frutos de uma geração de literatura racista se-mirrespeitável — se fundissem e convergissem na pessoa de Léon Blum. Havia outros judeus na política, é claro, mas nenhum era tão proeminente quanto Blum; poucos deles eram escritores ou intelectuais, e a maioria era associada a grupos políticos conservadores: eles eram portanto poupados da associação entre judaicidade, "elitismo" cultural e a ameaça de mudança social radical que tantos críticos faziam quando pensavam sobre Blum.

Não é possível aqui fazer plena justiça às absolutas vulgaridade e violência verbais a que Blum foi exposto — alguns exemplos terão de bastar.[67] Em dezembro de 1920, escrevendo no *Action française*, de Charles Maurras, Léon Daudet deu o tom, informando a seus leitores que "um judeuzinho símio como Blum é inteiramente indiferente e até hostil aos interesses franceses". Uma década depois, o mesmo Daudet, notando a observação amplamente citada de Blum de que não era um beberrão, apropriou-se dessa qualidade "não francesa" para se referir a ele no mesmo jornal como "esse andrógino indescritível [...] o enófobo circuncidado Blum".

A exagerada "sexualidade" de Blum, seus maneirismos sinuosos, sensuais (reais ou imaginados), eram um tema obsessivo para seus inimigos — ajudado pela exagerada notoriedade de *Do matrimônio*, um ensaio em que o jovem Blum havia defendido maior liberdade e experiência pré-maritais igualmente para homens e mulheres. A humanidade espontânea de Blum e seus gostos característicos no vestir, levemente dandinescos, o expunham a caluniadores malévolos. O próprio Charles Maurras o descreveu em um artigo de janeiro de 1936 como um sádico e pederasta inveterado — "que nunca encontra um amigo sem pegá-lo pela cintura, acariciando-o, adulando-o, virando-o e invertendo-o [*retourner*] em todos os sentidos" —, um tema levantado por muitos outros.

Para seus inimigos, a sexualidade de Blum era polimorfa. Quando não estava sendo acusado de pederastia, era apresentado — em artigos e cartuns — como mulher. "Léon Blum", escreveu Pierre Dominique em um artigo de março de 1927, "aparece com o aspecto de uma profetisa, algo semelhante a Débora ou a bruxa de Endor de quem a Bíblia nos conta. Ele também tem algo de Judite: nós o vimos em 11 de maio de 1924 (a data da eleição do Cartel des Gauches) penetrar o campo republicano, fragrantemente perfumado, fazer amor com o Holofernes radical antes, tendo inebriado seu amante, ferindo-lhe a cabeça no fim da noite". Blum, escreveu outro jornalista de direita em março de 1936, "é uma mulher possuída, histérica, pronta para a cela almofadada e a camisa de força".

A "feminilidade judaica" de Blum — ou então seus artifícios de sedução — eram uma matéria-prima para a vituperação conservadora e da extrema direita. Cartuns em revistas como *Le Charivari* o representavam como "A judia errante". Mas, embora as conotações sexuais ameaçadoras da judaicidade de Blum fossem por si sós um tópico obsessivo e revelador, o mero fato de ele *ser* judeu que era o mais ofensivo. Já um tema característico em ataques a Blum desde sua primeira eleição ao Parlamento, isso se tornou uma fonte de paroxismos de fúria nos anos da Frente Popular. Como, seus inimigos uivavam, podia um homem como esse representar os interesses franceses? "Que M. Léon Blum possa ser o *député* por Narbonne, e nessa condição ser autorizado a desempenhar um papel — e que papel! — no Parlamento francês, mostra a extensão do absurdo trágico de nosso sistema eleitoral", exclamou um editorialista em *Je suis partout* em outubro de 1943.

112 O PROFETA DESDENHADO

A perspectiva de Blum realmente se tornar primeiro-ministro era demais. Aqui, declarou Maurras, está "um homem a abater, mas pelas costas [...] detrito humano que deve ser tratado como tal". No dia em que Blum apresentou seu governo à Chambre des Députés, Xavier Vallat (que mais tarde se tornaria o primeiro comissário para Assuntos Judaicos de Vichy) solenemente o aconselhou, acima das advertências de Édouard Herriot, o presidente da Chambre, que "Sua chegada, sr. Primeiro-Ministro, é sem dúvida uma data histórica. Pela primeira vez esta antiga terra galo-romana vai ser governada por um judeu. [...] Para governar esta nação camponesa da França seria melhor ter alguém cujas origens, por mais modestas, estivessem profundamente enraizadas em nosso solo, em vez de um talmudista sutil". Vallat não era de modo algum o mais grosseiro nem o mais virulento dos críticos de Blum; mas foi uma figura ainda mais respeitável, Joseph Caillaux, um ex-ministro do governo, que orquestrou a derrubada pelo Senado do governo de Blum no ano seguinte e que rejeitou as tentativas de Blum de formar um governo nacional em 1938. Outra pessoa deveria fazer o esforço, ele explicou a Blum: "Diferentemente de Jaurès [...] você não tem solo francês suficiente na sola de seus sapatos."

O fato de que o gabinete de primeiro-ministro de Blum continha muito mais judeus do que era usual para um governo francês da época levava seus adversários à beira da paranoia. Logo você não vai conseguir entrar em Matignon (o escritório do primeiro-ministro), escreveu *Le Charivari* em 11 de julho de 1936, sem ser revistado pelos policiais de Blum e só depois de demonstrar, com o membro na mão, que você faz parte da tribo que governa a França. "Estamos vivendo hoje sob o signo de M. Léon Blum, o signo das tesouras de podar." Os 32 [sic!] ministros judeus do gabinete foram "*sacrés, consacrés, cir-*

consacrés". O caráter intraduzível do trocadilho não o torna em nada menos lascivo.

Maurice Bedel, escrevendo no respeitável e amplamente lido periódico *Candide* no ano seguinte, descreveu Blum assim: "O primeiro-ministro, vindo de uma raça errante, despejado na Île-de-France por um acaso que poderia facilmente tê-lo depositado em Nova York, Cairo ou Vilna, sente-se constrangido em ser o líder de um povo estranho a sua carne." E Pierre Gaxotte, que mais tarde se juntaria a Charles Maurras nos salões augustos da Académie Française, refletia em abril de 1938 sobre a condição de primeiro-ministro de Blum nos seguintes termos, que podem representar muitos artigos semelhantes de escritores menos renomados: "Para começar, ele é feio. Sobre o corpo de um boneco desarticulado está a triste cabeça de uma égua palestina. [...] Como ele nos odeia! Ele sente rancor por nós por tudo: por nosso céu azul e nosso ar suave, por nossos camponeses que andam de tamancos pelo solo francês e cujos antepassados não eram vendedores de camelo, vagando no deserto sírio com seus amigos palestinos. O socialismo nos governa como aqueles nômades que antes tomavam os oásis do sul da Argélia, arruinavam os colonos e depois, empanturrados, seguiam para mais pilhagens. Entre a França e esse homem amaldiçoado, devemos escolher. Ele é a própria encarnação de tudo o que aflige a nossa carne e o nosso sangue. Ele é pernicioso. Ele é a morte."

A ideia de que Léon Blum era "asiático", como Marcel Jouhandeau escreveu em *Le Péril juif*, publicado em 1936, era extraordinariamente difundida. Mais precisamente, era afirmado de forma ampla, e acreditado, que, nas palavras de *Les Nouvelles économiques et financières* em outubro 1937, "nosso ex-primeiro-ministro (e ainda ministro) é chamado de Karfunkelstein; [...] Léon Karfunkelstein, conhecido como 'Blum', nasceu em Vidine [Bulgária], em 1872, e chegou a Paris em 1874 com os pais". De acordo com Pierre Birnbaum o mito era forte o suficiente para chegar aos anos da guerra e à edição de 1960 do *Petit Larousse illustré*, no qual os leitores eram informados de que "Blum" era um pseudônimo para... Karfunkelstein.

A essa acusação, e só a ela, Blum se sentiu obrigado a responder. Em um artigo em *Le Populaire* intitulado "Eu sou francês", ele lembrou aos leitores que todos os seus quatro avós eram franceses, nascidos na Alsácia. "Desde quando os judeus franceses possuíram estado civil completo meus antepassados paternos tiveram o sobrenome que eu tenho hoje." No mais, ele guardava seus sentimentos para si. Como aconselhou a Jules Moch, que enfrenta suas próprias acusações difamatórias: "Não se rebaixe para responder. Eu fui caluniado, insultado, atacado. [...] Esqueça. Você está acima de tudo isso." Mas Blum não pode ter sido totalmente impermeável aos ataques quase diários a seu nome, sua aparência, seus hábitos pessoais, seus gostos e sua raça. Quando seu ministro do Interior, Roger Salengro, tornou-se objeto de uma campanha cruel e injusta baseada na acusação de que ele havia desertado na Primeira Guerra Mundial, Blum o defendeu na Chambre. Você vai se acostumar a isso, ele disse a Salengro. Mas, por mais que você ignore calúnias desse tipo, por mais que você finja que elas não o atingem, "o coração de um homem pode ser corroído por tal ofensa".[68]

Salengro nunca "se acostumou a isso", e se suicidou uma semana depois. Blum era feito de matéria mais dura. Sobreviveu não só a centenas de ataques verbais mas também a uma agressão física violenta em 13 de fevereiro de 1936, praticada por seguidores de Maurras que depararam com ele no Boulevard St. Germain quando seu carro foi retido pelo cortejo fúnebre de Jacques Bainville, um historiador de direita e figura proeminente no movimento *Action française*. Blum foi gravemente espancado e só retornou à atividade política depois de muitas semanas. Em vista do tratamento cruel a que tinha sido exposto, igualmente na imprensa e no Parlamento, durante a maior parte de duas décadas, é surpreendente que ele não tivesse sido atacado antes.

Mas a Terceira República, apesar de toda a condição superinflamada e profundamente dividida da vida pública (e da completa ausência de restrições a uma imprensa venal), era um Estado operando sob o estado de Direito. Blum podia ser ridicularizado, caluniado, difamado, insultado, ofendido, repreendido e vilipendiado, mas não podia ser morto nem ferido com impunidade, e não poderia ser forçado a se retirar da política. Tudo isso mudou em julho de 1940. Há muitos relatos da atmosfera em Vichy enquanto Pierre Laval orquestrava a votação para derrubar a Constituição republicana e dar plenos poderes a Pétain, mas as anotações de Blum fornecem uma das melhores descrições curtas.

> Laval tinha oferecido a pessoas embaixadas e prefeituras como tantos *commissaires généraux* e governadores provinciais [do Ancien Régime]. A princípio, sem dúvida, ele conquistou apenas um pequeno número de cúmplices. Mas quando cada um era seduzido, ele próprio se tornava por sua vez um sedutor; quando cada um era infectado tornava-se uma fonte de infecção para outros. As sugestões corrosivas eram passadas de ouvido a ouvido, e no fim os elos se ligavam, as bolas de neve ganhando força sob nossos olhos. [...] A história, sem dúvida, viu espetáculos mais horríveis, mas eu duvido que tenha testemunhado algo mais vil.[69]

Blum sabia que era melhor não tentar intervir. Como reconheceu e seus amigos insistiram, ele representava tudo o que Laval e seus seguidores mais odiavam, e sobre o que eles buscavam domínio e vingança. A participação de Blum nas lutas expirantes da Terceira República seria pior do que inútil. "Sentir que você não é apenas um fardo, um lastro inútil, mas também um fator que, posto na balança, trabalharia em proveito de seus adversários; saber que sua própria presença e suas palavras desacreditam a causa que você mais deseja apaixonadamente servir, essas são impressões cruéis, e estão começando a me preocupar."

Olhando para trás no fim de 1940, e imaginando o que seus amigos lhe diriam se ele tivesse tentado oferecer uma perspectiva otimista ou falar contra o colapso inexorável, Blum descreveu a situação nestes termos prescientes: "Há agora apenas um governante na França e ele é Hitler. Os governos franceses estão condenados a superar um ao outro em obediência e complacência. Um dia isso vai mudar, e a mudança virá do fundo das pessoas, mas até então é assim que é. Gostem ou não, os chamados governos franceses buscarão instalar na França os princípios e métodos do nazismo. Eles terão sua Gestapo e suas tropas de assalto; eles vão passar de execuções individuais à perseguição coletiva; eles vão caçar os socialistas e humilhar os judeus, e você é ao mesmo tempo socialista, judeu, e está envolvido na barganha."[70]

Correndo grande risco pessoal, Blum foi a Vichy e participou da votação histórica, juntando-se a apenas 79 outros membros do corpo legislativo eleito em janeiro de 1936 que agora recusavam plenos poderes a Pétain. Pouco tempo depois, ele foi preso e encarcerado. Em retrospecto, é notável que ele tenha sobrevivido à guerra. Outros políticos da Terceira República, judeus ou de esquerda, não tiveram a mesma sorte.

O PESO DA RESPONSABILIDADE   117

Dois ex-ministros da Frente Popular, Jean Zay e Marx Dormoy (que havia sucedido Salengro no Ministério do Interior e era alvo da vingança da extrema direita por seu sucesso em evitar um golpe planejado em 1938), foram assassinados; Georges Mandel, que compartilhava o quarto de prisão de Blum em Buchenwald, foi devolvido à França em junho de 1944 e executado em retaliação à morte pela Resistência de Philippe Henriot. Se Blum sobreviveu à prisão, ao campo de concentração e à tentativa de última hora da SS de recuar para os Alpes, foi em parte por causa de sua importância, seu potencial como refém, e em parte por simples coragem e sorte.

Embora em seus últimos anos de vida, de 1945 a 1950, Blum não estivesse sujeito a ataques públicos da direita, permaneceu uma figura controversa. O antissemitismo não era mais respeitável, e agora havia leis que regulavam o comportamento da imprensa, mas, como uma pesquisa de opinião em 1946 revelou, 43% dos entrevistados não acreditavam que um francês de origem judaica era um francês "autêntico". Os tempos não haviam mudado tanto assim. Como Blum explicou a De Gaulle em janeiro de 1946, quando o general tentou convencê-lo a assumir o cargo de primeiro-ministro: "Estou velho, estou doente e fui o homem mais odiado na França [...] não." E, embora concordasse em servir por um mês, em dezembro de 1946, como chefe de um governo de transição, Blum novamente resistiu a assumir o cargo quando pressionado a fazê-lo pelo presidente Auriol em novembro de 1947.[71]

Mas desta vez ele deu uma explicação um pouco diferente. Não posso formar um governo, ele explicou a Auriol. Sou o homem que os comunistas odeiam mais que tudo. Era verdade. Os comunistas franceses nunca perdoaram a Blum seu feito em Tours em dezembro de 1920 e depois. Tal como seus adversários populistas na extrema direita, eles também despre-

118 O PROFETA DESDENHADO

zavam Blum por seus ares intelectuais, bem como sua visibilidade pública, suas políticas socialistas e, em certos casos, embora não pudessem dizer isto abertamente, por sua condição de judeu. A retórica de difamação comunista de Blum ecoa em um grau notável aquela da direita antissemita.

Em 1928, no momento de uma campanha eleitoral parisiense durante a qual o PCF trabalhou com sucesso para depor Blum, o jornal comunista *L'Humanité* o descreveu como "possuído por contorções freudianas. Shylock Blum esfrega as mãos alegremente". Um jornalista comunista proeminente, Paul Vaillant-Couturier, acusou Blum de exibir todos os sintomas nervosos de "degeneração intelectual". De acordo com Pierre Birnbaum, os comunistas, nesse momento, mais uma vez como a direita, gostavam de descrever e retratar Blum como uma mulher de vida fácil, "uma grande coquete", "uma velha serva da burguesia, uma velha *séductrice* dos radicais". Em 1931, no auge do chamado Terceiro Período do sectarismo comunista, o poeta Louis Aragon publicou seu famoso poema "Feu sur Léon Blum"[Fogo sobre Léon Blum}, um eco antecipatório do pedido de Maurras de uma bala nas costas de Blum.[72]

A retórica foi reduzida durante a época da Frente Popular, apenas para ser retomada com fúria após a assinatura do Pacto Molotov-Ribbentrop. No início de 1940, o líder do PCF, Maurice Thorez, publicou um panfleto intitulado "Blum (como Ele Realmente É)" em que o antigo camarada dos anos da Frente Popular era descrito assim: "Blum tem a aversão de Millerand pelo socialismo, a crueldade de Pilsudski, a ferocidade de Mussolini, a covardia dos homens encharcados de sangue como Noske e o ódio de Trotski pela União Soviética." Thorez vociferava contra a "obsessão [de Blum] pela elegância, sua linguagem, seu estilo afetado [...] sua insuportável e indecente autoanálise pública [...] seu casuísmo amargo" e seu "amor por brincar com ideias". Blum, Thorez concluía, é um "chacal [...] fetidamente hipócrita [...] dado a torções e silvos repugnantemente serpentinos".[73]

Não é de surpreender, então, que os representantes oficiais do Partido Comunista tenham solicitado autorização em dezembro de 1940 para testemunhar *contra* Blum no vindouro julgamento de Riom. Felizmente para a reputação do partido no pós-guerra, a oferta foi recusada, e os historiadores oficiais do PCF negaram que ela tivesse sido feito. Mas ninguém no PCF jamais fingiu gostar de Blum. Após o início da Guerra Fria, em 1947, ele voltou a ser objeto de difamação concentrada. Na reunião de fundação do Cominform, em setembro de 1947, Jacques Duclos — buscando convencer seus céticos companheiros do Leste Europeu e da União Soviética da boa-fé revolucionária do PCF — não conseguiu apresentar nenhuma prova melhor do que os ataques constantes de seu partido ao líder socialista: "O Partido Comunista da França nunca poupou Blum. Nós sempre o atacamos."[74] Por uma vez Duclos estava dizendo a verdade nua e crua.

Os comunistas não estavam sozinhos na esquerda na difamação de Blum, é claro. Paul Faure, o secretário-geral da própria SFIO de 1920 a 1940 e um dos mais próximos colegas de partido de Blum durante um quarto de século, não conseguiu esperar para ser aliviado, pelo armistício de 1940, do fardo da relação deles para expressar o ponto de vista, compartilhado por muitos socialistas muniquenses, de que "Blum teria matado todos nós por seus judeus".[75] Sem dúvida, muitos dos ex-camaradas de Blum tinham sentido o mesmo havia muito tempo. Mas, diferentemente dos críticos de Blum na SFIO, os comunistas franceses não tinham necessidade de camuflar seu desagrado. Entre seus adversários na direita, seus *frères-ennemis* na esquerda e seus próprios companheiros de partido, Léon Blum era de fato um homem solitário e corajoso.

A vida de Blum e sua carreira pública são um espelho erguido contra seu país, refletindo muito do que havia de melhor e pior na França do século XX. Ele defendeu firmemente o ideal francês de uma República cívica universal e igualitária. Blum realmente acreditava naquilo que escreveu em *A l'échelle humaine*: "É com orgulho que registro que a harmonia do patriotismo e do humanismo ocorre mais fácil e naturalmente para um francês do que para qualquer outro cidadão do mundo, porque o temperamento especial da França [...] sempre entendeu e incluiu a nobre exigência de pensar e agir pelos objetivos universais." Ele teria ficado particularmente satisfeito de saber, como o refugiado austríaco Manès Sperber escreveu em suas memórias, que "nem antes nem depois os emigrantes políticos na França se sentiram tão à vontade quanto durante os primeiros meses da Frente Popular vitoriosa".[76]

Era também essa fé inesgotável nas qualidades e obrigações universais da França que tornavam Blum um socialista; nenhum francês, pensava ele, poderia ser fiel a sua herança republicana sem procurar ampliá-la ainda mais. É verdade que ele deu sua contribuição para a miopia partidária do movimento socialista francês, e portanto para a queda, primeiro, da Terceira República e, mais tarde, de seu próprio partido. Mas também nisso ele era representativo de sua época; durante a maior parte deste século [século XX] a França foi dividida pela retórica da diferença ideológica e histórica. Como Blum reconheceria em retrospecto, ele poderia ter feito mais para se colocar acima dessa herança incapacitante; mas havia fundamentos não apenas doutrinários, mas também reais para o grande abismo que separava os herdeiros da Revolução de seus adversários, e Blum dificilmente poderia ignorá-los. Na verdade, dados sua consciência social e seu forte senso de responsabilidade moral, as próprias escolhas políticas dele foram talvez inevitáveis.

O fracasso de Léon Blum em fazer o socialismo francês retomar a sensatez é parte de uma história maior, a incapacidade de longa data dos social-democratas franceses para aceitar sua condição e seu tempo. Foi uma tragédia pessoal para Blum entender isso ao mesmo tempo que escolheu pôr essa compreensão de lado em nome da fidelidade e do dever partidário. Pois ele certamente compreendia coisas que escapavam a outros: a perigosa inércia da tradição parlamentar republicana; a necessidade de modernizar o governo e a administração em um país ainda administrado segundo princípios do início do século XIX; a urgência, depois de 1945, de reconstruir o continente despedaçado com base em princípios internacionais cooperativos.

Acima de tudo, talvez, e em contraste não só com seus companheiros socialistas mas também com a maioria dos outros patriotas franceses de sua geração, Blum via seu país e as fraquezas deste sem ilusão. Um dos primeiros defensores do feminismo, Blum ficava incomodado com a oposição cínica igualmente da esquerda e da direita à causa do sufrágio feminino. Antes, ele escreveu em 1927, éramos um modelo para outras terras, o lar da coragem e do livre pensamento. Hoje oscilamos entre as convenções timoratas da falsa moralidade burguesa e um humor negativo e mesquinho de escárnio desdenhoso. Vinte e três anos mais tarde, no começo do último artigo que escreveu, poucos dias antes de sua morte, ele foi tão franco como sempre. Apesar de sua fé inabalável no socialismo e seu profundo desejo de ver a França "nem americanizada nem sovietizada", como havia dito em 1947, Blum não poderia deixar de alertar seus compatriotas franceses mais uma vez sobre suas falhas crônicas: "Enquanto a lei do capitalismo americano é 'que novas empresas nasçam', a lei do capitalismo francês parece ser 'que as velhas empresas nunca morram'."[77]

Para um homem da esquerda francesa esses eram sentimentos curiosos (como, na verdade, seriam hoje), não franceses e não socialistas. Eles revelam quanto Léon Blum se situava tangenciando sua própria comunidade. Ele estava sempre disposto, como vimos, a "levantar-se e ser tido como alguém com quem se podia contar". Mas, sobretudo, simplesmente se levantava, sozinho. A crer em Annie Kriegel, era isso que o tornava o líder natural de seu partido — o próprio fato de que ele vinha de fora dos caminhos tradicionais de promoção e concorrência e se destacava. Blum talvez não tenha procurado essa distinção — como já vimos, ele se esforçava muito para estar em harmonia com o movimento socialista e preferia (como Gide havia previsto) reprimir seus instintos morais e até mesmo políticos quando estes pareciam entrar em conflito com seu partidário. E ele reconhecia que, dos muitos Blums dentro de si — o intelectual, o esteta, o reformador modernizante, o utópico romântico, o judeu —, alguns teriam de sofrer para que outros pudessem prosperar. Como ele advertiu em *Do matrimônio*: "A vida não se presta à retenção simultânea de todos os benefícios possíveis, e muitas vezes pensei que a moralidade talvez consista unicamente em ter a coragem de escolher."[78]

Talvez os críticos rancorosos de Blum estivessem em certo sentido corretos. Esse moralista francês clássico — um homem de compromissos do século XIX e hábitos que confrontavam a era moderna com um comedimento moral que se baseava fortemente no desinteresse moderado de um Montesquieu — via seu país com honestidade tão resoluta, e impressionava tantos que o conheciam com essa honestidade acima de tudo, porque ele nunca estava completamente em harmonia com ela. Se ele não era um "cosmopolita sem raízes", não obstante, sempre perambulou entre as diferentes identidades francesas que compartilhou em vários momentos. Ele era um intelectual *fin de siècle*, um dos principais críticos de sua época, que não podia deixar de preferir a política à crítica literária. Era um advogado que pensava que a questão era mudar as leis, não apenas entendê-las. Era um socialista em um movimento socialista agressivamente materialista que, no entanto, pensava instintivamente e sempre em categorias morais. Era um resistente durante a guerra que recusava a raiva fácil e a vingança de muitos outros resistentes (reais ou imaginados) quando chegou a hora do acerto de contas. Era um firme defensor e porta-voz da França e da República em toda a sua glória histórica e tradicional que no entanto escrevia constrangidamente artigos "contraculturais" que defendiam a mudança e a modernização. E era um judeu francês assimilado sobre quem foi empregado o feixe de luz intenso de uma profunda antipatia nacionalista e que, apesar disso, insistiu até o fim em que era francês *e* judeu.

Blum não estava ativamente interessado em tais questões. Sua atitude para com as discussões sobre "francesidade" foi bem resumida em sua dispensa crítica precoce de *Au service de l'Allemagne*, de Maurice Barrès: "Quando o vejo propor que entre o francês e o 'alemão' há uma diferença fundamental de tipo, de natureza, de essência, quando o ouço falar de 'alemães' como um explorador voltando da Ásia Central poderia falar das civilizações — ou, antes, barbáries — estrangeiras que havia encontrado, não tenho estômago para combatê-lo com nomes, exemplos ou argumentos. Objetar, fazer um esforço para refutar, seria admitir a legitimidade, a própria possibilidade de uma discussão que só se pode descartar de antemão."[79]

124 O PROFETA DESDENHADO

Para Blum, sua própria, ou de outra pessoa, identidade nacional — sua "francesidade", por exemplo — era um dado, não uma questão para investigação ou interrogação.

Ainda assim, de algum modo que o próprio Blum nunca admitiu diretamente, ele *era* um outsider; não apenas no sentido em que De Gaulle era um outsider, ou Churchill, assumindo o controle de seus países pela força de vontade e capazes de fazer isso justamente *porque* não tinham uma postura política convencional, mas um homem que nunca foi exatamente francês no sentido em que seus contemporâneos insistiram na definição de francesidade. Blum não podia dizer isso de si mesmo — talvez por causa das implicações para seu entendimento do significado preciso de "judaicidade" na França republicana —, mas ele tinha "Goethe" para dizê-lo por ele nas *Nouvelles conversations de Goethe avec Eckermann*, em novembro de 1897: "Eu desconheço essa piedade familiar que liga tantos homens a uma casa ou a um pedaço de terra, ela é uma fonte de fraqueza para toda a humanidade, o maior obstáculo às mudanças que são necessárias na condição humana." Blum teria dito que essa perspectiva urbana, a visão a partir de lugar nenhum, era o que o tornava um bom socialista e sem dúvida ele estava certo. Seus inimigos teriam visto nela a prova de sua diferença fundamental — e eles também estavam certos. Mas ela é também e acima de tudo o que o elevava além do mundo limitado e limitante de seus contemporâneos e fazia dele um grande homem da França.

DOIS

O moralista relutante
ALBERT CAMUS E
OS DESCONFORTOS DA AMBIVALÊNCIA

Em uma carta ao marido, datada de maio de 1952, relatando sua visita a Paris, Hannah Arendt escreveu: "Ontem eu vi Camus: ele é, sem dúvida, o melhor homem neste momento na França. É claramente superior aos outros intelectuais."[1] À luz dos interesses comuns entre eles, é claro que Arendt tinha motivos próprios para acreditar nisso; mas para ela, como para muitos outros observadores, franceses e estrangeiros, Albert Camus era *o* intelectual francês. Nos primeiros anos do pós--guerra ele havia exercido grande influência em uma ampla faixa da opinião parisiense, recebendo semanalmente milhares de cartas em resposta às suas colunas de jornal. Seu estilo, suas preocupações, sua ampla audiência e sua aparente onipresença na vida pública parisiense pareciam encarnar tudo o que era mais caracteristicamente francês na interseção de literatura, pensamento e engajamento político.

Mas a avaliação de Arendt colidia desconfortavelmente com a opinião francesa em voga. No mesmo ano em que ela escrevia a estrela de Camus começava a se apagar. Quando da morte dele, em um acidente de carro em 4 de janeiro de 1960, sua reputação já estava em pleno declínio, apesar do Prêmio Nobel de literatura concedido a ele apenas três anos antes. No momento da premiação críticos disputavam para enterrar o agraciado: da direita, Jacques Laurent anunciou que, ao con-

126   O MORALISTA RELUTANTE

ceder o prêmio a Camus, "o comitê do Nobel coroou uma obra arruinada", enquanto no esquerdista *France-Observateur* foi sugerido que a Academia Sueca talvez tivesse acreditado estar escolhendo um jovem escritor (Camus tinha 46 anos quando morreu), mas havia de fato confirmado uma "esclerose prematura". Os melhores anos de Camus, acreditava-se amplamente, jaziam no passado distante; fazia muitos anos que ele não publicava algo realmente digno de nota.

Camus era pelo menos em parte culpado por esse declínio na estima da crítica. Reagindo às modas do dia, ele havia se envolvido em especulações filosóficas de um tipo para o qual era mal preparado e apenas moderadamente dotado — *O mito de Sísifo* (1942) não resistiu bem à passagem do tempo, apesar de todos os seus aforismos ressonantes. Em *O homem revoltado* (1951), como veremos, Camus ofereceu algumas observações importantes sobre os perigos das ilusões revolucionárias líricas, mas Raymond Aron disse a mesma coisa com efeito muito mais devastador em *O ópio dos intelectuais*, enquanto a ingenuidade filosófica de Camus o expôs a uma réplica cruel e dolorosa de Sartre que danificou seriamente sua credibilidade na esquerda intelectual e minou permanentemente sua confiança pública.

Se sua reputação literária, como o autor de *O estrangeiro* (1942) e *A peste* (1947), ficou, assim, injustamente manchada pelas incursões de Camus no debate filosófico, foi seu papel como principal intelectual público da França, a voz moral de sua época, que pesou mais fortemente sobre Camus em sua última década. Seus ensaios no jornal do pós-guerra *Combat* lhe haviam dado, nas palavras de Raymond Aron, um prestígio singular; foram de Camus as conclusões que definiram o tom moral da geração da Resistência quando ela enfrentou os dilemas e decepções da Quarta República, e eram dele os muitos leitores que tinham "formado o hábito de obter seu pensamento diário a partir dele". No final dos anos 1950 esse fardo se tornaria insuportável, e a sensação de estar em desacordo com seu alter ego público tornou-se uma fonte de constante desconforto nos textos e nas falas de Camus.[2]

Muito antes disso, em junho de 1947, ele entregou a Claude Bourdet o controle do jornal *Combat*, que tinha editado desde a Libertação. Como seus cadernos e ensaios sugerem, Camus já estava exausto, aos 34 anos, de carregar o fardo das expectativas postas sobre ele — "Todo mundo quer que o homem que ainda está à procura tenha chegado a suas conclusões." Mas, enquanto nos anos anteriores ele havia aceitado a responsabilidade — "Devemos nos submeter", como ele disse em 1950 —, no momento de sua última entrevista, em dezembro de 1959, seu ressentimento é audível: "Não falo por ninguém: tenho dificuldade suficiente falando por mim mesmo. Não sei, ou sei apenas vagamente, para onde estou indo."[3]

Nos anos seguintes a sua morte, a reputação de Camus continuou a diminuir. A maioria das pessoas que vivia na França metropolitana já não partilhava sua preocupação com a Argélia e suas comunidades. Quanto aos intelectuais, seus interesses nos anos 1960 e 1970 estavam tão longe daqueles que haviam comovido Camus que o tornavam um objeto de escárnio, condescendência e, finalmente, negligência. Ele foi superado pela politização radical e cada vez mais intolerante de uma geração mais jovem, pelo *tiers-mondisme* autodilacerante do Sartre tardio e de seus seguidores, pela voga "anti-humanista" entre acadêmicos, pelas novas modas na literatura e, acima de tudo, pelo declínio no status do escritor. Olhando para trás para seu próprio tempo, nos anos 1960, como fundador-editor do *Nouvel Observateur*, Jean Daniel se recordaria de "descobrir rapidamente que era entre as ciências

128   O MORALISTA RELUTANTE

humanas — história, sociologia, etnologia, filosofia — que era preciso olhar em busca do equivalente dos *littérateurs* que, na minha juventude, haviam servido como *maîtres à penser*".[4] No mundo de Barthes, Robbe-Grillet, Lévi-Strauss e Foucault, Camus era *dépassé*.

Não que ele não fosse lido: *O estrangeiro*, *A peste* e *Calígula* eram textos adotados dos currículos do Lycée e da universidade, como estavam (e estão) nas listas de leitura de milhões de estudantes no exterior. Albert Camus tinha-se tornado, durante o tempo em que viveu ou muito pouco tempo depois, um "clássico" mundial. Mas isso também foi empregado contra ele. No momento da morte da própria Hannah Arendt, em meados da década de 1970, Albert Camus estava tão fora do círculo de preocupações e estilos que então moldavam a cultura parisiense que parecia quase um estrangeiro. Mesmo hoje, quando sua reputação está lenta e parcialmente se recuperando, ele parece de alguma forma não relacionado ao mundo de seus contemporâneos intelectuais. Há algo extemporâneo, até não francês, em Camus. Dada a facilidade com que ele parecia falar pela França da era pós-Resistência e encarná-la, isso parece curioso. Como pôde acontecer?

A rápida ascensão de Camus a uma posição de prestígio, durante e depois da Ocupação, foi em parte consequência de seu trabalho na Resistência como jornalista clandestino, que preparou o caminho para seu acesso no pós-guerra à imprensa e para a influência de seus editoriais em *Combat*. Mas também foi produto de seus sucessos literários: *O estrangeiro* e *O mito de Sísifo*, ambos publicados em 1942, estabeleceram Camus indelevelmente como um "existencialista"; com Sartre e Simone de Beauvoir, ele fazia parte do clube informal de escritores filosóficos "engajados" que dominaram as modas culturais e políticas na era do pós-guerra. Seja qual for o rótulo atribuído a Sartre, Camus sempre pensou que ele era um erro em seu próprio caso. Como ele observou em fevereiro de 1952, "Não sou filósofo e nunca afirmei ser um".[5]

Isso é levemente insincero. Decerto, Camus carecia da formação filosófica formal — mais tarde Raymond Aron acharia suas incursões filosóficas em *O homem revoltado* "pueris". Mas o "existencialismo" nos anos 1940 era tanto mais quanto menos que uma filosofia, e em sua variante francesa certamente tinha apenas uma relação exígua com os textos alemães de Husserl e Heidegger nos quais ostensivamente se baseava. O que fazia de Camus um "existencialista" para seus contemporâneos era o tom de seu romance mais famoso e o argumento, ou pelo menos os aforismos, de seu ensaio sobre o mito de Sísifo. Meurseault, o protagonista de *O estrangeiro*, vivia o que seu autor escolheu apresentar como o "absurdo" da condição humana: o absurdo, afirmava Camus, nascia de "um confronto entre a necessidade humana e o silêncio irracional do mundo".[6]

Hoje, com a publicação dos vários *carnets* de Camus e, recentemente, de seu último romance, *O primeiro homem*, temos uma melhor compreensão do que ele pretendia alcançar com a noção de absurdo. Ele estava investindo a palavra com muitas de suas próprias experiências bastante concretas e profundamente pessoais — em particular, sua difícil relação com a mãe, uma presença/ausência analfabeta e quase silenciosa durante a infância pobre de Camus em Argel — e estava acima de tudo tentando expressar a importância que sentimentos de lugar e sensação física tinham para ele, em contraste com o vazio aparente do mundo espiritual.

Assim, há uma passagem em *Sísifo* em que Camus escreve: "Em um universo de repente despido de ilusões e luzes, o homem se sente um estrangeiro, um estranho. Seu exílio é sem remédio, já que ele está privado da memória de uma casa perdida ou da esperança de uma terra prometida. Esse divórcio entre um homem e sua vida, o ator e seu cenário, é propriamente o sentimento de absurdo." Assim como Camus é conhecido por ter sentido que os comentaristas não compreendiam os cenários argelinos em *A peste* e *O estrangeiro*, da mesma forma críticos e admiradores igualmente muitas vezes tanto interpretavam em demasia quanto deixavam escapar a mensagem de seus textos não literários. Seus leitores nos anos 1940, no entanto, tomavam pelo valor de face as asserções insignificantes em *Sísifo*: o homem é "a única criatura que se recusa a ser o que é", que tanto "assume" a sua condição quanto procura superá-la; a "revolução existencial" é a esperança surgindo em um mundo sem problemas, e assim por diante.

Camus, preso em sua própria armadilha dessas e de outras reflexões nebulosas sobre o dilema humano "se submeteu" relutantemente a Paris e viveu a segunda metade dos anos 1940 como um representante público da visão existencial, "absurda" da condição moderna. Mas ele nunca fingiu saber o que significava *ser* um existencialista; na verdade, na medida em que o termo implicava alguma posição específica em debates metafísicos ou políticos, Camus foi um dissidente desde o início — "Tenho pouco gosto pela muitíssimo celebrada filosofia existencial, e, para dizer a verdade, acredito que suas conclusões são falsas; mas elas pelo menos representam uma grande aventura intelectual [*une grande aventure de la pensée*]".[7]

Com efeito, o escritor Camus tinha sido obrigado a seguir uma importante mudança no gosto intelectual francês: o lugar central ocupado pela literatura e pelos homens de letras na vida cultural parisiense durante a maior parte do século XIX foi substituído a partir do final da década de 1930 pela voga de filosofar público. Muito antes de ele ir para Paris, enquanto ainda estava resenhando para um jornal em sua Argel natal, Camus já se sentia desconfortável com a nova moda. Seus comentários sobre *A náusea*, de Sartre, escrito em 1938 — muitos anos antes de os dois se conhecerem — , são ilustrativos a esse respeito: "O erro de um certo tipo de escrita é acreditar que é porque a vida é miserável que ela é trágica. [...] Anunciar o absurdo da existência não pode ser um objetivo, apenas um ponto de partida."[8]

O paradoxo do "existencialismo" sartriano, para Camus pelo menos, reside em sua ênfase no engajamento político. Se não existirem deveres ou motivos externos que nos levem a fazer escolhas, se a nossa liberdade é irrestrita exceto por nossas próprias decisões, por que então assumir uma posição pública em vez de outra? A partir da perspectiva sartriana, a condição do intelectual engajado é na melhor das hipóteses contraditória, e na pior, autoindulgente. Camus chegou a essa conclusão cética sobre a perspectiva de seu ex-amigo após o rompimento ocasionado pela publicação de *O homem revoltado*, em 1951, e pela resposta a ele na *Temps modernes* de Sartre; mas as bases de sua aversão a posturas políticas públicas podem ser encontradas mais cedo e são muito diferentes.

Camus sempre se descrevia como "escritor" e falava na terceira pessoa de seus dilemas como os do "artista". Desde os primeiros anos do pós-guerra, no auge de sua visibilidade e influência pública, até o final dos anos 1950, quando a tragédia argelina o reduziu ao silêncio, seus textos publicados e inéditos são permeados de reflexões sobre as pressões para que o artista desempenhe um papel público, seja alguém diferente de si mesmo. Às vezes ele falava por meio de seus personagens — Rieux, em *A peste* (1947), anuncia que não tem gosto pelo heroísmo ou pela santidade e quer simplesmente ser um homem. Às vezes, fazia declarações ressoantes de engajamento público que parecem sugerir um simultâneo desejo de retirar-se: em um discurso em dezembro de 1948 na Salle Pleyel, para uma plateia de intelectuais no efêmero Rassemblement Démocratique Révolutionnaire, Camus afirmou: "Em face da sociedade política contemporânea, a única atitude coerente do artista [...] é a recusa sem concessão."[9] Na maior parte, pelo menos até 1951, ele confinou esses pensamentos a seus cadernos, registrando seu desejo de se retirar do mundo, de superar o "desastre psicológico" de seu engajamento público.

Nos anos 1950, no entanto, a tensão era explícita. Conclamando a uma trégua na Guerra da Argélia, em janeiro de 1956, ele escreveu: "Eu não sou político, minhas paixões e meus gostos me chamam para locais diferentes das tribunas públicas. Só vou para elas pela pressão das circunstâncias e da ideia que às vezes tenho de mim mesmo como um escritor."[10] Grande parte da animosidade contra ele em seu tempo, e nas décadas após sua morte, derivava dessa recusa a admitir que o lugar apropriado e necessário para o artista-intelectual era a rua. Desde bem antes da Guerra da Argélia, os comunistas em particular brandiam contra Camus não tanto seu antiestalinismo, como sua recusa crescente a partilhar "posições" políticas ou entrar em discussões públicas (já em 1979, o diário comunista *L'Humanité* o descreveu como um *endormeur* [enganador] irresponsável).

Assim, para Camus, a condição dos escritores franceses de uma geração anterior era invejável — admirava Roger Martin du Gard, em particular, por seu sucesso em "fundir-se" com a própria obra, enquanto ele, Camus, tinha sido muito visível *externamente* e pagado o preço devido tanto em sua obra quanto em sua paz de espírito. Em uma palestra realizada em Uppsala, na Suécia, em dezembro de 1957, ele expôs essa preocupação ao ponto da obsessão, provocado pelas críticas a sua incapacidade de tomar uma posição sobre a Argélia e, de forma mais geral, por seu longo recuo do engajamento político desde a publicação de *O homem revoltado*: "Em 1957, Racine estaria se desculpando por ter escrito *Bérenice* em vez de lutar pela defesa do Édito de Nantes." Dois meses antes, ele tinha dado uma entrevista a *Demain* em que apresentara o mesmo argumento — os escritores não podem ignorar sua época, mas também devem manter, ou retomar, alguma distância se quiserem manter-se fiéis a si mesmos.[11]

Para seus contemporâneos, Camus parecia portanto ter evoluído do intelectual engajado da Resistência, passando pelo *maître penseur* dos anos do pós-guerra, para o artista desiludido e cada vez mais frustrado do final dos anos 1950. Do seu próprio ponto de vista não houvera nenhuma evolução, simplesmente uma tensão cada vez maior entre suas necessidades privadas e sua imagem pública, uma pressão que entrou em ebulição sobre a questão sensível da Argélia, em relação a qual seus sentimentos pessoais e políticos não podiam mais ser mantidos separados. Mas, se houve um momento em que a relação de Camus com seu mundo mudou de forma definitiva, em que ele passou de insider a outsider, por assim dizer, foi com a publicação, em 1951, de *O homem revoltado*. Nesse longo ensaio sobre a ideia do homem em revolta, incorporando um ataque direto aos mitos revolucionários que sustentavam o pensamento radical contemporâneo, Camus não só rompeu publicamente com a esquerda política francesa *mainstream* com a qual estivera até então associado; ele revelou aspectos de sua perspectiva que o colocavam ainda mais fora da comunidade de discurso intelectual convencional da qual ele fora, até recentemente, um representante destacado.

François Mauriac certa vez descreveu Camus como tendo uma *anima naturaliter religiosa*, e no curso da discordância pública entre eles, em 1945, sobre a punição aos que colaboraram com os alemães durante a guerra, ele escreveu sobre "os traços de cristianismo reprimido nos jovens mestres de *Combat*". Por mais polêmica e irônica que seja, a caracterização é acertada, e seria aproveitada por Czeslaw Milosz em seu ensaio obituário sobre Camus, em 1960, no qual ele se pergunta se *toda* a obra de Camus, e não apenas sua tese acadêmica sobre Santo Agostinho, não era marcada por uma inclinação teológica reprimida.[12] Críticos franceses contemporâneos de *O homem revoltado*, notadamente Francis Jeanson em sua resenha na *Les Temps Modernes*, e Sartre em sua subsequente carta aberta a Camus na mesma revista, naturalmente atacavam a condenação moralizante pelo livro da violência revolucionária; mas eles deixaram escapar, em sua ênfase nas deficiências filosóficas da obra, seu núcleo distintivamente religioso, tão fora de sintonia com o estado de espírito de seu tempo.

Em *O homem revoltado*, Camus atacou o "historicismo" de seus contemporâneos — a invocação por eles da "História" para justificar seus próprios compromissos públicos e sua indiferença para com os custos humanos das escolhas políticas radicais. Mas, em contraste com outros críticos do marxismo contemporâneo, ele preferiu tratar isso como consequência de uma "divinização" da história, a tragédia de uma sociedade dessacralizada que fazia de si mesma um sucedâneo da religião e, portanto, um objeto de sua própria adoração. Esse não era um pensamento casual para Camus; ele o desenvolveu ainda mais em seu ensaio de 1957 sobre a guilhotina, e ele é claramente a fonte subjacente dos ensaios sobre justiça e moderação política publicados entre 1946 e 1951 (*O homem revoltado* havia sido elaborado em cerca de seis anos). Hoje o argumento é lugar-comum, e críticas "hegelianas" ao dano causado por Hegel e seus herdeiros ao pensamento político europeu estiveram muito em moda na França nos últimos anos. Mas em 1951 essa era uma divergência radical e bastante ousada da norma local.

O ensaio de Camus tinha a virtude especial de destacar a forma distintamente *religiosa* assumida pela política radical no século desde 1848, e a maneira como se havia consequentemente atribuído à "revolução" a tarefa histórica de pôr fim ao pecado, pelo menos na forma social em que os contemporâneos estavam dispostos a reconhecê-lo. Daí a descrição de Camus de seus críticos mais severos entre os companheiros de viagem de Sartre como os "Savonarolas" da *Les Temps modernes* — "eles admitem o pecado mas recusam a graça",[13] descrição repetida em *A queda*. A partir dessa percepção, Camus começou a construir uma crítica notavelmente presciente do que François Furet descreveria duas décadas depois como o "catecismo" revolucionário.

Antecipando a historiografia de uma época posterior, e desconhecendo textos de contemporâneos como Arendt ou Jacob Talmon, Camus colocava de cabeça para baixo a defesa intelectual convencional do terror revolucionário então em voga: não são as ambições e ações da União Soviética que são tornadas explicáveis e defensáveis por analogia com as realizações dos jacobinos; antes, é a Revolução Francesa, e a própria noção de revolução, que é posta em questão pelo que agora sabemos dos custos do terror e da violência, e pelo modo como os revolucionários do presente invocam seus antepassados franceses em seu próprio apoio e defesa.

Camus foi mais longe: se Rousseau, Hegel e Marx forjaram um mundo em que o Terror e os terrores que o sucederam

136 O MORALISTA RELUTANTE

podem ser justificados, então são eles que devem responder por isso — não podemos defender a história dos séculos passados por referência às afirmações que tais pensadores fizeram sobre o processo do qual ela é apenas uma parte. A aplicação de critérios éticos a regicídio, terror, tortura desqualifica os regimes e as teorias que dependem desses meios, seja qual for a história que eles contem sobre si próprios e seja qual for a Cidade Celestial que eles prometam no futuro terreno. A medida moral que utilizamos ao condenar a pena de morte ou a violência dos regimes fascistas é indivisível e tem o mesmo efeito desqualificador sobre as ações e os regimes da revolução e seus filhos, por mais "progressistas" que sejam.

Como ele escreveu em uma carta aberta a Emmanuel d'Astier de la Vigerie em 1948: "Apenas digo que temos de recusar toda legitimidade à violência, venha ela da *raison d'état* ou da filosofia totalitária. *A violência é tanto inevitável quanto injustificável.*" Camus desenvolveria esse tema em sua carta a *Les Temps modernes* depois da resenha de Francis Jeanson de *O homem revoltado*. Como vocês podem justificar a violência, ele escreveu, ou negar a aplicação de critérios universais de justiça e verdade, se, como "existencialistas", não acreditam na certeza (ou mesmo, em princípio, na probabilidade) de que a História virá em seu auxílio e, retrospectivamente, justificará os crimes do passado?[14]

A essência do pensamento de Camus sobre este assunto, e sua principal fraqueza, está na última frase. Como Maurice Merleau-Ponty em *Humanisme et terreur*, Camus reconhecia a inevitabilidade do terror. Mas ele se recusava a justificá-lo. Isso o deixou exposto à lógica implacável de Sartre, que o acusou de ceder a suas sensibilidades morais e exibi-las, ao mesmo tempo deixando o mundo por sua própria conta. Além disso, o próprio *O homem revoltado* tem outras fragilidades. Ele romantiza a "rebelião" a fim de contrastá-la com a "revolução", revelando assim um anarquismo sentimental a que Camus estava ocasionalmente disposto; e seu esforço de reunir "rebelião" artística, filosófica e política em uma única história é um fracasso confuso — "aqui", nas palavras de seu biógrafo francês, "ele é muito francês". Mas nada disso enfraquece a força central da percepção de Camus — que o problema da violência totalitária era *o* dilema moral e político de nossa época, e que os *philosophes* não só admiravam a URSS e seus satélites, eram governados por eles —, os herdeiros e a realização *ad absurdum* do sonho filosófico ocidental.[15]

Camus tinha um bom motivo para enfatizar a simpatia perigosa pela violência revolucionária que marcava muitos de seus contemporâneos intelectuais. Se ele tivesse vivido o suficiente para ler o prefácio (1961) de Jean-Paul Sartre a *Os condenados da terra*, de Frantz Fanon, teria sabido que "matar um europeu é abater dois pássaros com uma única pedra, destruir um opressor e o homem que ele oprime ao mesmo tempo; obtém-se um homem morto e um homem livre; o sobrevivente, pela primeira vez, sente um solo *nacional* sob os pés". Na verdade, *O homem revoltado* e o desdém de Camus por seus críticos atraíram sobre sua cabeça toda a ira de Sartre em particular. A condenação pública por Sartre do livro — e sua rejeição paternalista das limitadas capacidades de seu autor — feriram Camus profundamente ("Não há dúvida de que estou pagando um preço alto por este livro. Hoje estou completamente inseguro sobre ele — e sobre mim mesmo; somos parecidos demais")[16] e sem dúvida acelerou sua retirada da escrita política e da vida pública. Mas as virtudes e os defeitos do livro são um espelho fiel do autor, e Albert Camus certamente quis dizer isso quando mais tarde assegurou a Roger Grenier que, de todos os seus livros, *O homem revoltado* era aquele pelo qual tinha mais apreço.

Camus certa vez descreveu *O homem revoltado* como sua "autobiografia"; mas algo muito semelhante era naturalmente verdade em algum sentido sobre *O primeiro homem*, *A queda* e a maioria de seus outros textos, de ficção ou não ficção. Em desacordo com seu ambiente profissional, ele escrevia em busca constante de seu lar — ou melhor, usava seus textos para descrever em uma variedade de códigos sua sensação de exílio. Em um de seus primeiros textos — "L'Été à Alger" —, Camus escreve que "uma pátria é sempre reconhecida só no momento de sua perda", e esse sentimento de perda, a sensação de exílio e extravio, é o tema central de sua vida e sua obra.

Em *O homem revoltado*, no curso de uma dissertação lírica sobre pensamento "mediterrâneo", ele escreve sobre o coração que se pergunta incessantemente "Onde posso me sentir em casa", enquanto o narrador que se odeia em *A queda*, seu último romance, confessa: "Mesmo hoje partidas de futebol de domingo em um estádio completamente lotado e o teatro que eu amava com uma paixão inigualável são os únicos lugares no mundo onde eu me sinto inocente." Mais que qualquer outro escritor ou intelectual francês de sua época, Camus viveu no purgatório permanente do exílio — físico, moral, intelectual; sempre entre lares (igualmente em metáfora e na realidade) e à vontade em nenhum lugar.

Só porque você é de algum lugar não significa que você não pode ser também um exilado lá — um argumento certa vez apresentado por Ignazio Silone em uma conversa com Gustav Herling, e pelo próprio Camus tanto em *O exílio e o reino* quanto em *O avesso e o direito*. No entanto, se Camus tinha algum lugar seu, era a Argélia, e mais particularmente a cidade de Argel, onde ele nasceu, em 1913. Em 1932, aos

19 anos, ele escreveu a um amigo: "Nunca conseguirei viver longe de Argel. Nunca. Vou viajar porque quero conhecer o mundo, mas estou convencido de que em qualquer outro lugar serei sempre um exilado."[17] Era verdade. Seu último romance, inédito até três décadas depois de sua morte, revela uma convicção inalterada da *justeza*, do especial significado de Argel para ele.

É claro que nenhum leitor de Camus jamais poderia sentir falta da importância das sensações físicas e do mundo da carne em toda a sua obra, de *O estrangeiro*, onde o sol onipresente desempenha seu papel fatídico, ao discurso do Prêmio Nobel, em que ele falou de nunca ter sido capaz de passar sem a luz, a sensação de bem-estar, a vida de liberdade em que ele crescera. E, como suas histórias e seus ensaios iniciais, *O primeiro homem* viceja na pura sensualidade do sol, do mar, de corpos jovens na água e na praia. Mas ele vai mais longe. Aqui, mais do que em qualquer outro lugar nos textos de Camus, se sente o prazer dele com tais coisas e sua ambivalência fatídica em relação ao outro mundo, cerebral, que ele havia escolhido para habitar. Em *O primeiro homem* Camus recapturou algo que tentou explicar em um texto muito anterior, "Noces à Tipasa", o apelo de "uma vida que tem gosto de pedra quente". As notas marginais ao romance, que deveriam ter sido a primeira parte de seu *Bildungsroman*, mostram as intenções de Camus: "o livro deve ser carregado de objetos e de fisicalidade".[18]

A Argélia também está fisicamente presente em *O primeiro homem*, como em tantos textos e histórias ocasionais de Camus — seus cheiros, seus sons, a topografia da própria Argel sobre sua magnífica baía, as aventuras de Jacques (Albert) e seus amigos nas ruas e no campo distante. É claro que a Argélia também era uma lembrança mesclada para Camus, de uma infância pobre em uma família sem pai e, mais tarde, da crescente divisão entre árabes e outros. Mas sua importância para o autor é inequívoca: "Assim era cada vez que ele partia de Paris para a África, um júbilo tranquilo, seu espírito se abrindo amplamente, a satisfação de alguém que acaba de fazer uma fuga hábil e que ri quando pensa nos rostos dos guardas."

O clima e a inocência perdida da juventude despreocupada eram certamente parte disso. Jean Paulhan, ao encontrar Camus em Paris em janeiro de 1943, notou como ele "sofria" com sua incapacidade de voltar para Argel para "sua mulher e seu clima". Camus até atribuía a distância entre Sartre e ele (muito antes de eles romperem) ao "simples fato de que nossos climas são incompatíveis. Do ponto de vista artístico, digamos apenas que o céu sobre Le Havre não é o de Argel".[19] Mas havia algo mais.

Em 1940, logo depois de chegar a Paris, Camus relatou suas impressões a Christiane Galindo, que estava em Argel: "Aqui, o engraçado é que vejo pilhas de pessoas, 'la plupart de faux grands hommes' [a maioria falsos grandes homens], mas carrego para o meio deles o mundo privado que me acompanha. Nunca revelando a parte essencial da pessoa — isso dá uma sensação curiosa de poder."[20] A pista para a distância de Camus de suas novas circunstâncias encontra-se na frase "la plupart de faux grands hommes". Desde o início Camus se sentiu fora de lugar no meio intelectual parisiense por um motivo distintamente francês — ele não tinha as credenciais educacionais da maioria de seus companheiros recém-descobertos.

Diferentemente de quase todos eles, ele não havia frequentado uma das escolas parisienses de elite, mas tinha sido um bolsista no *lycée* local em Argel. Ele não tinha ido para o Lycée Henri IV ou o Lycée Louis-le-Grand para estudar em uma das prestigiosas classes preparatórias para o ingresso em

O PESO DA RESPONSABILIDADE   141

uma *grande école*. Não havia então prestado o exame de admissão e sido aceito na École Normale Supérieure, mas, em vez disso, havia se matriculado na universidade em Argel. Não havia prestado e sido aprovado no exame de *agrégation* nacional, que o qualificaria a lecionar no mais alto nível do sistema francês e a matricular-se em um escalão autoconsciente e restrito de mandarins acadêmicos franceses (no caso de Camus, a admissão à *agrégation* tinha sido recusada por motivos médicos — sua tuberculose o havia impedido de ocupar um posto de titular no sistema educacional). Em resumo, e diferentemente de Sartre, Maurice Merleau-Ponty, Simone de Beauvoir, Raymond Aron, Emmanuel Mounier e a maioria dos amigos deles, Camus não era da elite educacional e culta em Paris, e sentia isso.

Isso não quer dizer que Camus tinha vergonha de sua educação. Ao contrário, como mostrou em algumas das passagens mais comoventes de *O primeiro homem* e em muitas comunicações privadas, ele tinha orgulho de sua realização e era grato ao professor de escola primária que primeiro entrou em sua vida como um pai substituto parcial e que incentivou sua mãe e sua avó a permitir que ele fizesse um exame para obter uma bolsa de estudos, embora o sucesso (e a aceitação no *lycée* local) viesse a privá-las por muitos anos da capacidade de ganho dele. Albert Camus, mais que qualquer dos seus colegas literatos do pós-guerra, era um produto puro da Terceira República; seu sistema de ensino primário gratuito e bolsas de estudo competitivas do ensino secundário haviam sido de inexprimível importância para ele, como para tantos outros. Por conseguinte, os ideais éticos e pedagógicos dessa tão caluniada República significavam mais para ele do que para a maioria de seus contemporâneos parisienses. Quando seu discurso de aceitação do Prêmio Nobel foi publicado, em 1958, foi a seu professor no primário, M. Louis Germain, que Camus o dedicou.[21]

No entanto, Camus estava em séria desvantagem intelectual e psicológica na presença dos outros. Ele preferia a companhia de desportistas, atores ou homens de sua própria origem educacional e social, e, como ele explicou em uma aparição na televisão em maio de 1959, "Não sei por quê, mas na companhia de intelectuais sempre sinto que devo pedir desculpa por alguma coisa".[22] Além de seu próprio sentimento de inferioridade cultural (três vezes — por sua origem social, sua terra natal provinciana e sua educação), Camus sofria bastante diretamente nas mãos de seus críticos. Até Raymond Aron, que compartilhava muitos dos seus pontos de vista, descartava seus argumentos com desdém.

Sartre, é claro, não tinha limites. Sua carta aberta a Camus (por ocasião da defesa de Camus de *O homem revoltado* contra a resenha de Jeanson na *Les Temps modernes*) deixou claros seus sentimentos: "E se o seu livro testemunhasse meramente sua incompetência filosófica? E se ele fosse composto de conhecimentos reunidos às pressas, adquiridos de segunda mão? Se, longe de obscurecer seus argumentos brilhantes, os resenhistas foram obrigados a acender lâmpadas para distinguir os contornos de seu raciocínio fraco, obscuro e confuso?"[23]

Na verdade, Sartre estava certo, pelo menos quanto à estrutura e aos argumentos do livro de Camus — e ele também foi perspicaz em sua percepção cruel da personalidade de Camus: "Sua combinação de complacência e vulnerabilidade sombrias nos impediu de lhe dizer toda a verdade." Mas não foi apenas o que Sartre disse que causou tanto dano a Camus; foi o fato de ter sido dito com toda a autoridade que se agrega a um homem que havia se graduado do *premier lycée* da França à École Normale Supérieure e depois continuado, como Aron, para chegar ao topo na *agrégation* de filosofia nacional.

A única coisa que Camus podia oferecer em resposta era sua convicção privada de que Paris estava cheia de "*faux grands hommes*", a reflexão pesarosa (consignada a seus cadernos) de que "Paris é uma selva cheia de animais de aparência deplorável", e a famosa imagem em *A queda* de Paris como um lago cheio de piranhas que pode estripar uma obra de arte em cinco minutos pelo simples prazer de destruí-la.

Mas o estrago estava feito — pelas duas décadas seguintes, era obrigatório em círculos críticos parisienses descartar Camus — antes e depois de sua morte — como "filósofo para crianças do ensino médio". Em 1958, Raymond Queneau foi ver a produção de Camus de *Les Possédés*: "Camus? Ele é como o professor que ensina Kant e depois pensa que é Kant. [...] Aparentemente, é preciso dizer alguma coisa sobre a peça a seu autor depois de vê-la. Gaston [Gallimard] me avisou: 'Basta dizer: "Você está satisfeito com ela?"'. Então, após a apresentação, eu disse a Camus: 'Você está satisfeito com ela?' Mas ele replicou: 'E você?' Eu fiquei completamente sem palavras."[24]

Em regra, e talvez surpreendentemente, Camus evitava resvalar para um humor permanente de *ressentiment* [ressentimento] (embora seu protagonista em *A queda*, defrontado com a perspectiva de um Juízo Final, responda sardonicamente: "Permita-me rir respeitosamente. Espero por ele impassível: eu conheci o pior — o julgamento dos homens."). Como ele explicou no prefácio de 1958 de *O avesso e o direito*, cada artista tem uma única fonte que alimenta sua vida e sua obra e sem a qual sua obra "definha e se quebra". Para Camus, essa fonte era o "mundo da pobreza e da luz do sol em que eu vivi por tanto tempo, cuja lembrança ainda me salva de dois perigos opostos que ameaçam todo artista: ressentimento e autocomplacência". Mas mesmo assim ele pagou um preço, o do duplo exílio — não só de seu lar e fonte, mas um exílio interno na própria Paris.

Esses exílios não são necessariamente destrutivos, nem mesmo indesejados. Camus às vezes podia deleitar-se com sua (antecipada) solidão — como quando escreveu a Paulhan, por ocasião de sua demissão com base em princípios do Conseil National des Écrivains, em 1944: "Você vê, é a minha primeira aposentadoria, uma antecipação do grande Silêncio que, francamente, me tenta cada vez mais."[25] Ele escreveu *A peste*, bastante apropriadamente, na remota cidadezinha de Le Chambon-sur-Lignon, cuja comunidade protestante isolada salvou tantos judeus durante a Ocupação, e sem dúvida sentia empatia por Tarrou, em cuja boca ele pôs o seguinte: "Uma vez que decidi não ter nenhuma participação na morte de ninguém, eu me condenei ao exílio permanente. Outras pessoas terão de fazer história."

A ideia de julgamento — de julgar a si próprio, ser julgado por outros, da alusão de julgamentos como um ato de poder intelectual e do retiro/exílio como uma fuga de tais julgamentos — é uma constante da escrita de Camus de *O estrangeiro* a *A queda*, e esse último também pode ser lido como uma reflexão melancólica brilhante sobre os hábitos forenses da mente das classes eloquentes parisienses — "[d]aqueles cafés especializados onde nossos humanistas profissionais se sentam". Mas muito antes, desde 1949, Camus está constantemente confidenciando a seus cadernos e a sua correspondência as virtudes da honestidade, da impopularidade e de ir contra a corrente.

No entanto, começando com a "expulsão" autoinduzida da comunidade de intelectuais de esquerda provocada por sua publicação de *O homem revoltado*, o exílio interno de Camus assumiu um tom mais áspero e mais autocompassivo —

"todo mundo está contra mim, está impiedosamente buscando uma participação em minha destruição; ninguém nunca oferece a mão, vem em meu auxílio, mostra-me afeto por quem eu sou". Por certo, Camus sofreu um ostracismo considerável depois disso entre seus antigos conhecidos, e sua obra posterior — a coletânea de ensaios em *Actuelles III* e *O avesso e o direito*, ou as histórias em *O exílio e o reino* — recebeu da crítica uma atenção notavelmente pequena. Mas Camus não estava sem amigos, seu trabalho continuava a vender bem, e foi ele, afinal de contas, que recebeu o Prêmio Nobel em 1957 — não Sartre, nem mesmo Malraux. Se ele sofreu com a condescendência dos círculos influentes da moda intelectual parisiense, foi porque parte dele — mesmo que fosse apenas parte — ansiava pelo reconhecimento *deles* e pela aceitação por *eles*.[26]

Mas o que Camus jamais poderia compartilhar com os *juges pénitents* da Margem Esquerda [*Rive Gauche*] era a aversão deles por sua própria condição ("Existencialismo. Quando eles se autocriticam você pode ter certeza de que é com o propósito de esmagar outros. Juízes penitentes [*des juges pénitents*]."[27] Essa é a primeira vez que Camus usa essa expressão, que ele mais tarde empregou em *A queda*.) As fontes da raiva e da autoaversão de escritores franceses do entreguerras como Drieu la Rochelle ou Céline foram transferidas com notável fidelidade a seus herdeiros no pós-guerra; com esta diferença, que a irascibilidade antiburguesa que era descarregada em narcisismo, antissemitismo, niilismo e, finalmente, filofascismo por Drieu (ou Brasillach e Lucien Rebatet) era agora desviado para solipsismo metafísico, *ouvriérisme* e, na maioria dos casos, filossovietismo por Sartre, Simone de Beauvoir, Emmanuel Mounier e seus seguidores. Aqui Camus era um verdadeiro outsider, "lançado de paraquedas" por acaso histórico no ambiente fervilhante, superaquecido, autocentrado da vida intelectual parisiense e totalmente em desacordo com ele.

Desse ponto de vista, Camus não observava apenas a autoaversão do intelectual burguês e sua fascinação pela violência, mas também o permanente preconceito intelectual francês que interpreta um desfile de desespero cultural como um sinal de inteligência superior — observação dirigida tanto a Gide como à sua própria geração. Ele repreendeu André Breton por admirar em *O homem revoltado* sua crítica corajosa do marxismo; o *verdadeiro* problema, ele insistiu, é o niilismo, e até que tenhamos aprendido a reconhecer e nomear isso pelo que é não encontraremos uma maneira de sair do impasse. Camus não se desesperava com a França, e, assim como repudiava o rótulo *existencialista*, ele se recusava a identificar-se com inimigos completos da condição presente — "você nem sempre pode ser um pintor do absurdo [...] e ninguém pode acreditar em uma literatura de desespero".[28]

Talvez o exílio mais permanente e doloroso de Camus fosse aquele que o punha em desacordo com *ele próprio*. Em primeiro lugar, ele era o outsider em Paris, parcialmente *étranger* no sentido usado em seu famoso romance. Não que ele se sentisse fora de lugar no papel de intelectual, exceto no sentido já apontado, mas sim que havia duas personalidades contrastantes em jogo, das quais apenas uma era compreendida e apreciada por seus colegas. Quando, durante o conflito argelino, ele tentou explicar a outra parte, e portanto sua própria ambivalência aflita, poucos entenderam: "O Mediterrâneo separou dentro de mim dois universos, um onde as lembranças e os nomes foram conservados em espaços comedidos, o outro em que os vestígios do homem foram varridos por grandes distâncias pelo vento arenoso."

Essa separação de mundos sempre preocupara Camus; em uma resenha inicial (1939) de *Pão e vinho* ele escolheu comentar a passagem em que o herói de Silone reflete sobre o risco de teorizar demais sobre os camponeses e assim chegar a conhecê-los cada vez menos.[29] Camus também se preocupou ao longo da vida com o risco de perder contato, de cortar as próprias raízes antes mesmo de tê-las encontrado. É essa compreensão intuitiva da condição do intelectual sem leme que dá à ética de limites e de responsabilidade de Camus sua autoridade peculiar.

E, no entanto, apesar da insistência reiterada na antítese entre o mundo parisiense sem raízes e frio e suas próprias fontes mediterrâneas ensolaradas, terrestres, não julgadoras, Camus era tudo menos um sulista no sentido convencional em que ele mesmo ocasionalmente usava o termo. Seu estilo era tranquilo, distante e (com exceção de algumas magníficas passagens líricas em seu último romance) estudadamente desapaixonado. Sem dúvida, convinha-lhe contrapor as virtudes da "moderação" meridional ao extremismo (político, estético) do "Norte", lembrar a si mesmo e a seus leitores a sensualidade tátil do Sul quando comparada à luz cinzenta, lívida do Norte, e assim por diante.

Mas esse mesmo Sul — Argel — é também uma "*terre d'exil*" [terra de exílio], em seus primeiros textos e no último deles. Um dos propósitos de *O primeiro homem* é lembrar ao leitor que a Argélia também era apenas uma residência passageira. O próprio pai de Camus era exilado três vezes: ele vinha de uma família de imigrantes da Alsácia ocupada pelos alemães, havia se mudado da França para a Argélia e voltaria novamente à França, para morrer ali na Frente Ocidental e ser enterrado em uma cidade remota na Bretanha. A mãe de Camus era descendente de imigrantes minorquinos, uma conexão espanhola da qual ele tinha muito orgulho. O Norte da África também era, assim, na melhor das hipóteses um lar contingente.

Camus, portanto, era um cosmopolita, sem raízes. E, como outros cosmopolitas sem raízes, procurou por toda a vida se fixar em algo firme, sabendo o tempo todo que isso era um exercício inútil e que estar no exílio *era* sua verdadeira condição. Isso dá um tempero especial ao exercício elegante em *A queda*, por meio do qual Clamence faz uma crítica condenatória da fraude intelectual de que ele próprio é um excelente exemplo. Camus usou o romance para inverter o procedimento de que ele tinha sido vítima em *Os mandarins*, em que Simone de Beauvoir transpunha todos os piores traços e atos de Sartre para a figura de Camus em seu *roman à clef*; Camus tomou suas *próprias* falhas como as via, generalizou-as através do espectro da vida intelectual parisiense e então as submeteu a inspeção e interrogatório cruéis à maneira de seus próprios inimigos intelectuais. No final do conto já não é fácil distinguir entre Camus/Clamence e os antagonistas dele/deles, tanto quanto o próprio Camus já não podia ver sempre claramente qual era seu verdadeiro eu e qual aquele com quem buscava uma identificação passageira.

Camus era um homem apolítico. Não que ele não se preocupasse com assuntos públicos, ou fosse indiferente às escolhas políticas. Mas era por instinto e temperamento uma pessoa *não filiada* (em sua vida romântica tanto quanto em sua vida pública), e os encantos do engajamento, que exerciam um fascínio tão forte em seus contemporâneos franceses, tinham pouco apelo para ele. Se é verdade, nas palavras de Hannah Arendt, que Camus e sua geração foram "sugados para a política como se com a força de um vácuo", Camus, ao menos, sempre resistiu ao puxão. Isso foi algo empregado contra ele por muitos; não só por causa de sua recusa em tomar uma posição no imbróglio argelino, mas também, e talvez principalmente, porque seus textos em conjunto pareciam contrariar a tendência dominante das paixões públicas. Para um homem que havia exercido uma influência intelectual enorme, Camus parecia a seus pares quase irresponsável por não investir sua obra com uma lição ou uma mensagem — simplesmente não era possível derivar de uma leitura de Camus nenhuma mensagem política clara, muito menos uma diretiva quanto à utilização adequada das energias políticas de alguém. Nas palavras de Alain Peyrefitte: "Se você é politicamente fiel a Camus, é difícil ver como você poderia se comprometer com qualquer partido."[30]

A resposta a *A peste* é característica. Simone de Beauvoir castigou Camus por sua assimilação da peste a algum tipo de vírus "natural", sua incapacidade de a "situar" histórica e politicamente — isto é, atribuir responsabilidade a uma parte ou partes dentro da história. Sartre fez a mesma crítica. Mesmo Roland Barthes, que poderia ser visto como um leitor literário mais sutil, encontrou na parábola de Camus dos anos de Vichy uma insatisfatória falta de identificação de culpa. Essa crítica ainda vem à tona ocasionalmente entre estudiosos americanos, que não têm sequer a desculpa da paixão polêmica contemporânea.[31] E contudo *A peste*, embora possa não ser a melhor obra de Camus, não é assim tão difícil de entender.

O problema parece surgir da transposição por Camus das escolhas e dos resultados políticos para uma chave resolutamente moral e individual — que era precisamente o inverso da prática contemporânea, em que todos os dilemas pessoais e éticos eram tipicamente reduzidos a opções políticas ou ideológicas. Não é que Camus não tivesse consciência das implicações políticas das escolhas que homens e mulheres haviam enfrentado sob a Ocupação alemã — como alguns de seus críticos bem sabiam, o histórico dele próprio nesse aspecto era muito melhor do que o deles, o que ajuda a explicar a mordacidade dos ataques. Mas Camus reconheceu algo que muitos na época ainda não compreendiam: o que era mais interessante e mais representativo da experiência das pessoas durante a guerra (na França e em outros lugares) não eram divisões binárias simples de comportamento humano em "colaboração" ou "resistência", mas a infinita gama de concessões e negações que constituía a atividade de sobrevivência; a "zona cinzenta" onde dilemas e responsabilidades morais eram substituídos por autointeresse e uma omissão cuidadosamente calculada de ver o que era muito doloroso contemplar.

De fato, a obra de Camus antecipou as reflexões hoje muito conhecidas de Arendt sobre a "banalidade do mal" (embora Camus fosse um moralista habilidoso demais para ter usado essa expressão). Em condições extremas raramente são encontradas categorias simples e confortáveis de bem e mal, culpado e inocente. Os homens podem fazer a coisa certa a partir de uma mistura de motivos e podem com a mesma facilidade cometer erros e crimes terríveis com a melhor das intenções — ou sem nenhuma intenção. Não se segue disso que as pragas que a humanidade traz sobre si sejam "naturais", ou inevitáveis. Mas atribuir a responsabilidade por elas — e portanto evitá-las no futuro — talvez nem sempre seja algo simples. Na melhor das hipóteses, rótulos e paixões políticos simplificam e tornam grosseira e parcial nossa compreensão do comportamento humano e de suas motivações. Na pior das hipóteses, eles contribuem voluntariamente para as próprias doenças que pretendem com tanta confiança resolver.

Esse não era um ponto de vista calculado para fazer Albert Camus sentir-se confortável na cultura hiperpolitizada da Paris do pós-guerra, nem para torná-lo querido por aqueles — a maioria esmagadora — para quem rótulos e paixões políticos eram a própria matéria do intercâmbio intelectual. Três exemplos, extraídos de debates e divisões em que Camus esteve de início profundamente envolvido, podem ajudar a ilustrar sua posição distintiva e sua mudança característica do engajamento para a distância, de uma fácil (e geralmente popular) convicção para uma sensação de desconforto e ambivalência, com toda a concomitante perda de favor público que esses movimentos acarretavam.

Camus emergiu da Resistência francesa, em agosto de 1944, como o porta-voz confiante da geração vindoura, inabalável em sua fé nas grandes mudanças que a libertação traria a seu país — "Este terrível nascimento é o de uma revolução". A França não tinha sofrido, e a Resistência feito tantos sacrifícios, só para o país retornar aos maus hábitos de seu passado. Algo radical e radicalmente novo era necessário. Três dias depois da libertação de Paris, ele lembrou aos leitores de *Combat* que um levante é "a nação em armas" e "as pessoas" são aquela parte da nação que se recusa a se submeter.[32]

Esse tom lírico — que chegou a um ponto alto em suas *Lettres à un ami allemand*, publicadas clandestinamente em 1943 e 1944 — ajuda a explicar a influência de Camus na época. Ele combinava uma visão romântica tradicional da França e de suas possibilidades com a reputação do próprio Camus de integridade pessoal, notável em um homem de apenas 31 anos de idade quando Paris foi libertada. O que Camus realmente entendia por "Revolução" era ainda menos claro do que é normalmente o caso quando o termo é invocado. Num artigo de setembro de 1944, ele a definiu como a conversão do "elã espontâneo em ação concertada" e parece ter tido em mente uma combinação de propósito moral elevado com um novo "contrato" social entre os franceses. Em todo caso, foi a autoridade moral de Camus, não seu programa político, que deu a ele sua audiência.[33]

Na atmosfera retaliatória daqueles meses, quando o país estava muito ocupado com discussões sobre quem punir por colaboração e crimes durante a guerra, e quão severamente, a influência de Camus foi inicialmente exercida em favor de uma punição severa e rápida para os homens de Vichy e seus servidores. Em outubro de 1944, ele escreveu um editorial influente e inflexível cujas analogias patológicas são instrutivas. "A França", ele afirmou, "está carregando em seu meio um corpo estranho, uma minoria de homens que a prejudicaram no passado e a prejudicam ainda hoje. Esses são homens de traição e injustiça. Sua própria existência propõe um problema de justiça, uma vez que eles fazem parte do corpo vivo da nação e a questão é como destruí-los".[34] Simone de Beauvoir, ou os purgadores caçadores de cabeça da imprensa comunista, não poderia ter expressado isso melhor.

E no entanto, dentro de algumas semanas, Camus já começava a expressar dúvidas quanto à prudência, e mesmo à justiça, dos julgamentos e execuções sumários defendidos pelo Conseil National des Écrivains e outros grupos progressistas — um sinal certo da apostasia dele nesse momento é que ele foi atacado por Pierre Hervé, jornalista comunista, por indicar certa dose de simpatia por um resistente que havia falado sob tortura. Camus, o escritor, ficou especialmente perturbado com a facilidade com que os intelectuais do lado vencedor estavam selecionando os colaboradores *intelectuais* para punição especial. E assim, três meses depois de sua recomendação confiante de que os culpados fossem extirpados do corpo político e "destruídos", vemos Camus assinar a malsucedida petição a De Gaulle buscando clemência por Robert Brasillach.

Como um símbolo, um representante da colaboração intelectual, Brasillach era quase excessivamente perfeito. Nascido em 1909, ele era da mesma geração de Camus, mas de origem muito diferente. Depois de uma juventude dourada que o levou da École Normale Supérieure às páginas editoriais de *Je suis partout*, ele se movimentou confortavelmente dentro dos círculos literários e jornalísticos da França Ocupada, escrevendo, falando e fazendo visitas à Alemanha na companhia de outros colaboradores. Nunca fez nenhum esforço para esconder seus pontos de vista, que incluíam um antissemitismo virulento e expressado com frequência. Embora tenha se tornado moda depois de sua morte difamar seus talentos como escritor, contemporâneos de todas as partes lhe haviam creditado um grande talento. Brasillach não era apenas um polemista talentoso e perigoso, mas um homem de sensibilidades estéticas refinadas e verdadeira capacidade literária.

Brasillach foi julgado em janeiro de 1945. O dele foi o quarto julgamento de grandes jornalistas colaboradores: em dezembro de 1944 haviam ocorrido os casos de Paul Chack (jornalista de *Aujourd'hui*), Lucien Combelle (diretor de *Révolution nationale*) e Henri Béraud (colaborador de *Gringoire*). Mas o talento de Brasillach excedia em muito o dos outros três, e seu caso tinha interesse muito maior para seus pares. Em seu julgamento, estabeleceu-se desde o início (com a concordância de Brasillach) que ele tinha sido pró-Vichy e era anticomunista, antijudeu e um admirador de Charles Maurras. A questão, no entanto, era a seguinte: ele era um traidor? Tinha buscado uma vitória alemã, e tinha ajudado os alemães? Na falta de provas materiais para tal acusação, o promotor optou por dar ênfase à responsabilidade de Brasillach como escritor influente: "Quantas mentes jovens seus artigos incitaram a lutar contra os *maquis*? Por quantos crimes você tem responsabilidade intelectual? Em uma linguagem que todos entenderiam, Brasillach era "*le clerc qui avait trahi*" [o clérigo que havia traído].[35]

Brasillach foi considerado culpado de traição, de "passar informações ao inimigo", e condenado à morte. Ele não foi portanto punido por seus pontos de vista como tais, mesmo que estes fossem muito citados durante o julgamento, notadamente seu editorial de 25 de setembro de 1942 em *Je suis partout* declarando: "Temos de afastar de nós todos os judeus e não manter os pequenos." E contudo era por suas opiniões que ele ia morrer, uma vez que toda a sua vida pública consistia na palavra escrita. Com Brasillach, o tribunal estava propondo que um escritor influente ter opiniões chocantes e defendê-las para outros era tão grave quanto se ele próprio houvesse levado a cabo essas opiniões.

Uma petição circulou, em grande parte pelos esforços de François Mauriac, pedindo clemência no caso de Brasillach. Entre os muitos que a assinaram estavam o próprio Mauriac, Jean Paulhan, Georges Duhamel, Paul Valéry, Louis Madelin, Thierry Maulnier, Paul Claudel e Albert Camus. O apoio de Camus é instrutivo. Ele só concordou em apor sua assinatura depois de longa reflexão, e em uma carta inédita a Marcel Aymé, datada de 27 de janeiro de 1945, ele explica suas razões. Simplesmente, ele se opunha à pena de morte. Mas, quanto a Brasillach, ele "desprezava-o com toda a sua força". Não atribuía nenhum valor ao Brasillach escritor e, em suas palavras, "nunca apertaria sua mão, por razões que o próprio Brasillach nunca entenderia".[36] Camus, então, tomava o cuidado de não apoiar um pedido de clemência por nada além de motivos de princípio geral — e na verdade a própria petição se referia apenas ao fato de Brasillach ser filho de um herói morto da Primeira Guerra Mundial, uma ligação com sua própria vida de que Camus dificilmente não teria ciência.

A mudança subsequente de Camus, do porta-voz auto-confiante da resistência vitoriosa, passando por um peticioná-rio relutante de clemência no caso de um dos mais notórios apologistas de Vichy, a crítico contrito dos excessos e injustiças intolerantes dos expurgos do pós-guerra, pode ser rastreada através de uma série de trocas de ideias públicas entre ele e François Mauriac no decorrer dos anos do pós-guerra. Dividi-dos por quase tudo o mais — idade, classe social, religião, educação e status —, Camus e Mauriac tiveram um papel em comum no pós-guerra como as autoridades morais dentro de suas respectivas comunidades pós-Resistência. Cada um deles tinha uma formidável posição elevada da qual se dirigir à na-ção (Mauriac em sua coluna para *Le Figaro*, Camus como di-retor de *Combat*), e ambos desde o início manifestaram em seus textos sensibilidades surpreendentemente semelhantes (por mais diferentemente que fossem expressas).

Camus, como o título de seu jornal, via como sua tarefa ajudar a França a se mover "da resistência à revolução", e no primeiro ímpeto da Libertação perdeu poucas ocasiões para exortar a nação a uma renovação radical de suas estruturas so-ciais e espirituais. Mauriac, em contrapartida, permaneceu um homem essencialmente conservador, trazido para a Resistência por considerações éticas e separado de muitos na comunidade católica por essa escolha. Seus textos políticos do pós-guerra, de modo muito semelhante aos do Camus posterior, muitas vezes passam a impressão de um homem para quem esse tipo de polêmica e engajamento partidário é desagradável, que pre-feria estar acima da disputa mas que foi compelido a se envolver pelo imperativo de seus próprios compromissos (éticos).

156 O MORALISTA RELUTANTE

No final de 1944, Mauriac e Camus discordaram publicamente, e às vezes incisivamente, sobre a condução dos expurgos. Para Camus, como vimos, a França estava dividida em *"hommes de la Résistance"* [homens da Resistência] e *"hommes de la trahison et de l'injustice"* [homens da traição e da injustiça]. A tarefa urgente dos primeiros era salvar a França do inimigo que a habitava, *"détruire une partie encore vivante de ce pays pour sauver son âme elle-même"* [destruir uma parte ainda viva deste país para ele mesmo salvar sua alma]. O expurgo de colaboradores devia ser implacável, rápido e abrangente. Camus estava respondendo a um artigo em que Mauriac havia sugerido que uma justiça rápida e arbitrária — do tipo em que a França estava agora engajada, com tribunais, cortes especiais e várias *comissions d'épuration* profissionais — era não apenas inerentemente problemática (e se os inocentes sofressem junto com os culpados?) mas poluiria o novo Estado e suas instituições mesmo antes de eles terem se formado. Para Mauriac, por sua vez, a resposta de Camus soava como um pedido de desculpa pela Inquisição, salvando a alma da França ao queimar os corpos de cidadãos selecionados. A distinção que Camus traçava entre resistentes e traidores era ilusória, ele argumentou; um número imenso de franceses havia resistido "por si mesmos" e formaria mais uma vez o *"marais"* [pântano] natural da nação política.

Mauriac voltou a esses assuntos em dezembro de 1944 e novamente em janeiro de 1945, no momento dos julgamentos de Béraud e Brasillach. De Henri Béraud ele escreveu que, sim, o homem era punível por seus textos; dado o peso que suas polêmicas fanáticas tivera naqueles dias terríveis, ele merecia dez anos de prisão e mais. Mas acusá-lo de amizade ou colaboração com os alemães era um absurdo, uma mentira que só poderia trazer descrédito a seus acusadores. Camus não abordou diretamente essa última questão. Mas comentou a tendência crescente de Mauriac a invocar o espírito de caridade em defesa dos acusados nesses julgamentos.

Sempre que falo de justiça, ele escreveu, M. Mauriac fala de caridade. Eu me oponho a indultos, ele insistiu; a punição que exigimos agora é uma justiça necessária, e temos de recusar uma "caridade divina" que, ao fazer de nós uma "nação de traidores e mediocridades", vai frustrar o público em seu direito à justiça. Essa é uma resposta curiosa, misturando *realpolitik* e fervor moral e insinuando que há algo de pusilânime e indigno no exercício de caridade ou misericórdia no caso de colaboradores condenados, uma fragilidade da alma que ameaça a fibra da nação.

Até esse momento, no início de 1945, Camus não estava dizendo nada de excepcional, e outros na esquerda o ecoavam. O que distinguiu Camus foi que, dentro de poucos meses, a experiência dos expurgos, com sua combinação de violência verbal, seletividade e má-fé, o levou a mudar de ideia de uma maneira bastante notável. Sem nunca reconhecer que a *épuration* (o expurgo) tinha sido desnecessária, ele foi capaz de admitir, no verão de 1945, que ela havia falhado. Em um editorial em *Combat* muito citado, de agosto de 1945, ele anunciou a seus leitores: "A palavra *épuration* já é bastante ruim. A coisa em si tornou-se odiosa."

Camus tinha passado a ver quão autodestrutiva a *épuration* havia se tornado. Longe de unir a nação em torno de uma compreensão clara de culpa e inocência, crime e justiça, ela havia incentivado exatamente o tipo de cinismo moral e autointeresse que ele havia procurado superar. Precisamente porque os expurgos, em especial dos intelectuais, haviam se tornado tão degradados aos olhos do público, a solução estava agora exacerbando o próprio problema que pretendera resolver. A *épuration* na França, ele concluiu, tinha "não só falhado, mas perdera toda credibilidade". Se o modo como os franceses estavam expiando os erros do passado era uma indicação, então o longamente ansiado renascimento espiritual do país estava muito distante.

Camus nunca mudou totalmente para o ponto de vista de Mauriac, que por exemplo, desde o início tivera a opinião de que seria melhor o culpado escapar do que o inocente ser punido. Mauriac também — e nisso ele era incomum — rejeitava a sugestão de que Vichy era de alguma forma obra de uma minoria ou de uma elite. O "jogo duplo" e o "regateio" que marcaram o interlúdio de Vichy eram os de povos e nações em todos os lugares, ele insistia, inclusive dos franceses. Por que fingir o contrário? E sua visão de uma França reunida estava mais próxima da do olímpico De Gaulle do que daquela dos intelectuais partidários da Resistência interna: "Devemos tentar refazer a nação com ex-adversários, com aqueles que não cometeram nenhum crime inexpiável? Ou devemos eliminá-los da vida pública, usando métodos herdados dos jacobinos e atualmente aplicados em terras totalitárias?"

Mas em 1945 os dois homens estavam se deslocando em direção às mesmas conclusões. De todas as *épurations* possíveis, escreveu Mauriac, estamos experimentando a pior, que está corrompendo a própria ideia de justiça nos corações e nas mentes da população. Mais tarde, quando suas polêmicas com o PCF ficaram amargas e a linha divisória entre eles ficou mais ampla, Mauriac afirmaria que o expurgo tinha sido simplesmente uma carta política na mão dos comunistas. Mas ele foi honesto o bastante para admitir que, na época, ele talvez tivesse sido prematuro ao pedir perdão e anistia; em uma França rasgada por ódio e medo, algum tipo de acerto de contas talvez fosse necessário, embora não o único que ocorresse. Em outras palavras, Camus talvez não estivesse tão errado quanto Mauriac antes pensara.

Foi Camus, no entanto, que, muito desiludido com as perspectivas para a revolução e em 1948, já desconfortável na comunidade intelectual da qual ainda era um membro importante, quem teve a última palavra. Em uma palestra à comunidade dominicana em Latour-Maubourg, ele refletiu sobre as esperanças e decepções da Libertação, sobre os rigores da justiça e a exigência de caridade. À luz dos acontecimentos subsequentes, ele declarou: "Monsieur François Mauriac estava certo e eu estava errado."[37]

Nos debates sobre a punição do pós-guerra, preso entre a justiça política e as reivindicações de justiça e caridade, a transição de Camus da certeza para a dúvida ocorrera ao longo do tempo, embora rapidamente. Nas tensões provocadas pelas divisões da Guerra Fria, ele se viu com duas opiniões quase desde o início. O contraste aqui não estava no tempo mas no espaço — o espaço entre as visões oficiais e públicas de Camus e aqueles que ele guardava, em sua maior parte, para si mesmo. Como homem de esquerda, Camus tomou posições públicas razoavelmente convencionais sobre a maioria das questões que dividiam homens e mulheres na década seguinte à derrota de Hitler. Como a maioria dos outros "progressistas", ele inicialmente relutara em se distanciar dos comunistas franceses: em outubro de 1944, ele reiterou firmemente a declaração de Argel do grupo *Combat* de março daquele ano — o anticomunismo é o início da ditadura — e reconheceu que apoiar e criticar os comunistas ao mesmo tempo nem sempre era fácil.[38]

Mesmo em anos posteriores, após o início da Guerra Fria, e muito tempo depois de a atitude de Camus em relação a Stalin e seus crimes serem registradas publicamente, um desejo

160   O MORALISTA RELUTANTE

comum de "paz" e uma vontade de encontrar uma "terceira via" reuniu, por alguns meses em 1948, Camus com Sartre e outros intelectuais de esquerda não comunistas no Rassemblement Démocratique Révolutionnaire. Ele era até, como a maioria deles, crítico de Victor Kravchenko, o autor de *I chose freedom* [Eu escolhi a liberdade] e queixoso em um famoso julgamento por difamação em 1948 contra o jornalista comunista Pierre Daix, que o acusara de inventar o Gulag e escrever seu livro a mando dos serviços de inteligência dos Estados Unidos. Camus não duvidava da prova de Kravchenko, é claro, mas considerava o homem desagradável e ainda em 1953 podia escrever que Kravchenko tinha "passado de ser um beneficiário do regime soviético a lucrar com o regime burguês",[39] um eco infeliz e provavelmente inconsciente das acusações dos próprios comunistas.

Camus não era de modo algum um apologista do comunismo. Mas por muitos anos não conseguiu se separar inteiramente do desejo de preservar sua legitimidade pública como um intelectual radical, embora mantendo sua independência intelectual e sua credibilidade moral. Portanto, quando discutiu os crimes de ditaduras de esquerda no final dos anos 1940 e início dos anos 1950, ele tomou alguns cuidados para contrabalançar suas observações com alusões a regimes similarmente desagradáveis favorecidos pelos aliados ocidentais; em uma série de artigos em *Combat,* em novembro de 1948, ele insistiu na indivisibilidade do juízo moral: a privação da liberdade de expressão sob Franco e sob Stalin era a mesma. Essa busca de "equilíbrio" o levou até, em certa ocasião, a desculpar intelectuais como ele próprio da responsabilidade pelo assassinato judicial que então era levado a cabo na Bulgária, na Hungria e em outros lugares: "Nós não enforcamos Petkov.

O PESO DA RESPONSABILIDADE   161

Os signatários dos pactos que dividiram o mundo em dois é que são os responsáveis."[40]

Essa postura certamente distinguia Camus de muitos de seus amigos para quem a perda da liberdade ou o assassinato judicial sob um regime comunista eram de alguma forma qualitativamente distintos (e nem sempre censuráveis). Mas a necessidade de equilibrar crimes de ambos os lados, por mais justa e correta que fosse, podia se tornar um ato de má-fé. Camus sabia disso, e, como sugerem seus cadernos, ele trabalhou com algum desconforto debaixo de seu fardo autoimposto de equidade moral. No entanto, ele continuou a dizer, e acreditar, que a liberdade ocidental era uma "mistificação", por mais importante que fose defendê-la; e ainda em 1955 ele poderia condenar no mesmo fôlego "*la société policière*" e "*la société marchande*".[41]

Se o equilíbrio da atenção de Camus começou em algum momento de 1948 a mudar para o problema comunista, ele foi impulsionado — como suas reservas em relação à *épuration* — por uma preocupação com justiça; a mesma preocupação que em várias formas invade a maior parte de sua não ficção e todas as suas peças e seus principais romances. Os próprios títulos de suas coletâneas de ensaios, artigos e prefácios nos anos entre 1946 e 1951 são um guia para suas obsessões: *Ni victimes ni bourreaux* (ensaios sobre os fundamentos morais de um socialismo não ditatorial) e *Justice et haine* (artigos sobre injustiça e perseguição sob ditadura). Ele tinha a perturbadora sensação de que em suas contribuições à discussão pública sobre ditaduras, processos de Moscou campos de concentração, terror político e o resto, ele não tinha sido muito honesto — consigo mesmo. Pode ter tomado sempre o cuidado de dizer a verdade como a entendia, mas nem sempre havia concedido *tudo* dessa verdade, especialmente aquelas partes que tendiam a causar dor a seus amigos, a seu público e ao próprio Camus.

Porque, como Camus já estava começando a moldar os argumentos do que se tornaria *O homem revoltado*, ele estava perdendo sua ligação com o partido "progressista" na vida pública francesa — não apenas os estalinistas fiéis, mas aqueles que acreditavam no progresso e na revolução (e na Revolução Francesa em particular); aqueles para quem Stalin podia ter sido um monstro, mas para quem Marx ainda era a luz-guia; aqueles que viam claramente a injustiça e o racismo na política colonial francesa mas eram cegos para os crimes e as falhas de seus adversários "progressistas", no Norte da África, no Oriente Médio ou na Ásia. Esse desconforto moral de Camus com seus próprios compromissos começa a vir à tona em seus cadernos no final dos anos 1940; em uma entrada para março de 1950, ele anota: "Parece que estou emergindo de um sono de dez anos — tudo embrulhado e emaranhado em rolos de infelicidade e falsos valores."[42]

Em certo sentido — e isto é, certamente, o que parecia a Camus ao olhar para trás uma década depois —, Camus, como Clamence em *A queda*, estava se punindo excessivamente por sua própria covardia. Clamence era assombrado pela voz da mulher que ele não conseguira salvar de afogamento; Camus, por todas as ocasiões em que tinha algo a dizer mas não dizia, ou então dizia de uma forma atenuada e socialmente aceitável em nome das sensibilidades pessoais e das lealdades políticas. Mas poucos leitores de Camus naqueles anos o teriam visto nessa luz — o que diz algo sobre a autocensura do resto da comunidade intelectual francesa naqueles anos do pós-guerra. Camus era notavelmente direto, aberto e imparcial em seus sentimentos — criticando de forma dura Gabriel

Marcel em dezembro de 1948 por ele não ver na Espanha de Franco os mesmos crimes que na Rússia de Stalin, apenas dois meses depois de ele ter se manifestado contra pressões exercidas sobre os intelectuais para não discutir o expurgo de artistas na União Soviética por medo de dar "consolo" para a direita.

Mas, na França daqueles anos, a cuidadosa aparência de equilíbrio de Camus, seu papel como a voz desapaixonada da Justiça, custava-lhe alguma coisa. Ele de fato não *se sentia* imparcial. Fossem quais fossem suas críticas ao "materialismo", por mais genuínas que fossem suas simpatias por um socialismo democrático, ele não era neutro entre Oriente e Ocidente, como tantos de seus contemporâneos diziam ser. E na Paris intelectual, em 1950, ser "neutro" era estar muito distintamente em um lado e não no outro. Camus sabia disso, e sabia também que sua invocação da Espanha de Franco, do colonialismo francês ou do racismo americano chegava perto da má-fé; pois ele já não acreditava, como tinha talvez acreditado antes, que os pecados do Ocidente eram iguais aos do Oriente.

Ao sugerir essas comparações ele estava, de fato, comprando o direito de criticar o comunismo, de apontar para os campos de concentração russos e fazer referência à perseguição de artistas e democratas na Europa Oriental. Mas o custo em termos de capital moral era alto. O que Camus realmente desejava fazer — ou ter a liberdade de fazer, se assim escolhesse — era condenar o condenável sem recorrer a equilíbrio ou contrarreferência, invocar padrões e medidas absolutos de moralidade, justiça e liberdade sempre que fosse apropriado fazê-lo, sem lançar olhares temerosos para trás para ver se sua linha de retirada moral estava coberta. Ele sabia disso havia muito tempo, mas, como confessou a seus *Carnets* em 4 de março de 1950, "é só tardiamente que temos a coragem de nosso entendimento".

164 O MORALISTA RELUTANTE

Mas chamar as coisas pelo nome, falar do que você queria falar e do modo como precisava não era fácil na comunidade intelectual de Paris no auge da Guerra Fria — em especial se, como Camus (mas diferentemente de Aron), você conservava certa nostalgia pelo abraço solidário da esquerda e além disso sofria de uma dose de insegurança intelectual. Mas em 1950, como em seu anterior acerto com o dilema moral da punição do pós-guerra, Camus seguiu em frente; do solo familiar da convicção e da "objetividade" para a posição firme e solitária de um partidarismo impopular e extemporâneo, a de porta--voz do óbvio. Em suas próprias palavras, mais uma vez confidenciadas a seus cadernos cerca de um ano antes da publicação de *O homem revoltado*: "Um de meus arrependimentos é ter sacrificado demais à objetividade. A objetividade, às vezes, é uma acomodação. Hoje as coisas são claras, e devemos chamar de totalitárias aquelas coisas que são totalitárias, mesmo o socialismo. Em um modo de falar, nunca mais serei cortês."[43]

A Guerra da Argélia, que começou em 1954 e só terminou dois anos após a morte de Camus, quando De Gaulle abriu negociações que levaram à independência argelina, teve apenas um impacto limitado sobre franceses metropolitanos. Claro, ela provocou um golpe militar que indiretamente derrubou a Quarta República; e as questões morais suscitadas pelos esforços franceses para reprimir o levante árabe dividiram as comunidades política e intelectual nos anos seguintes. Mas, para a maioria dos franceses, a Argélia era estranha a suas preocupações cotidianas (como a Irlanda do Norte hoje para os britânicos da parte principal da Grã-Bretanha), desde que eles ou o filho deles não estivessem sendo enviados para lutar lá. Só quando a guerra civil chegou à própria França, na forma de atentados terroristas da Organization Armée Secrète, de extrema direita, durante o começo dos anos 1960, a tragédia arge-

O PESO DA RESPONSABILIDADE   165

lina se apresentou num grau importante na França; mas a essa altura a guerra estava quase terminada e a independência da Argélia era inevitável, o que explica o desespero violento de seus adversários extremos.

Para Camus, porém, as coisas eram diferentes. Ele nascera e crescera em Argel, extraindo sua experiência daquele tempo e daquele lugar para grande parte de seus melhores trabalhos. Filho de imigrantes europeus, ele não podia imaginar uma Argélia sem europeus, nem imaginar europeus argelinos nativos de seu meio arrancados de suas raízes. A Guerra da Argélia, as questões morais e políticas que ela apresentava e os resultados que ela sugeria — todos igualmente insatisfatórios para Camus — o colocavam em uma posição impossível. Já disposto a se retirar do som e da fúria da vida pública parisiense e com pouco mais a oferecer nos grandes debates intelectuais do momento, Camus se viu em crescente desacordo com praticamente todas as partes no conflito argelino. A intolerância dos lados oponentes, os erros e crimes políticos igualmente de franceses e árabes, a crescente evidência da impossibilidade de compromisso o levaram da razão à emoção, e da emoção ao silêncio. Dividido entre seus compromissos morais e suas ligações sentimentais, ele não tinha nada a dizer e portanto nada dizia — uma recusa a "envolver-se" na grande questão moral do momento que foi usada contra ele por muitos na época e desde então.

Não se deve inferir disso que Albert Camus não era crítico da posição francesa no Norte da África, ou do colonialismo em geral. Como a maioria dos intelectuais de sua geração, durante muito tempo ele se opusera fortemente à política francesa no Magrebe; não só condenara o uso da tortura e do terror na "guerra suja" do governo contra os nacionalistas árabes, mas tinha sido um crítico franco e bem informado da discriminação colonial contra a população árabe desde os anos 1930 — num momento em que muitos dos intelectuais parisienses que mais tarde se distinguiriam na luta anticolonial sabiam pouco e se importavam menos com a condição e as necessidades dos súditos da França no exterior.

Camus estava bem informado sobre a condição árabe na Argélia. Fez jornalismo investigativo para o jornal *Alger République* no entreguerras e em junho de 1939 publicou uma série de 11 artigos coletivamente intitulados *Misère de la Kabylie*. Ele odiava os *colons*, para quem migrantes pobres como seus pais eram tão estranhos quanto seus trabalhadores árabes, e sem dúvida quis dizer isso quando, quase vinte anos depois, escreveu: "Reparações maiores e conspícuas têm de ser feitas [...] ao povo árabe."[44] Por certo, os árabes figuram com mais proeminência no jornalismo e nos ensaios de Camus do que em sua ficção — e na qual, como em *O primeiro homem*, há uma presença árabe, ela é oferecida ao leitor em um tom muito mais otimista, até panglossiano, do que as circunstâncias (ou a experiência do próprio Camus) podiam ter sugerido.

Nunca houve nenhuma dúvida sobre as simpatias de Camus. Na edição de *Combat* de 10 de maio de 1947, ele escreveu um ataque fulgurante ao policiamento e às práticas militares francesas no Norte da África. O fato é, disse ele a seus leitores, que usamos a tortura: "Os fatos estão aí, horrendos e claros: estamos fazendo, nesses casos, exatamente o que condenamos os alemães por fazerem." Camus sabia que algo tinha de mudar no Norte da África, e lamentava profundamente a oportunidade perdida de 1945, quando os franceses poderiam ter proposto reformas políticas, um grau de autogoverno e até uma eventual autonomia para uma comunidade argelina que ainda não estava polarizada e na qual europeus progressistas e árabes moderados poderiam trabalhar juntos, como ele havia proposto uma década antes.

Mas aí residia a dificuldade de Camus. Sua visão da Argélia tinha sido formada na década de 1930, num momento em que o sentimento árabe estava sendo mobilizado por homens como Ferhat Abbas, cuja visão de uma Argélia (no fim) independente era, pelo menos em princípio, compatível com o ideal de Camus de uma comunidade cooperativa e integrada de árabes e europeus. Em meados dos anos 1950, Abbas havia sido desacreditado pela omissão de uma série de governos franceses de fazer concessões oportunas ou promulgar uma reforma econômica ou eleitoral séria. Seu lugar havia sido ocupado por uma nova geração de nacionalistas intransigentes para a qual os europeus (na França ou na Argélia) jamais poderiam ser parceiros, e que via a população europeia nativa da Argélia, aí incluídos os pobres, como inimigos — um sentimento que, no final dos anos 1950, era calorosamente correspondido.

A situação da Argélia tinha, assim, mudado muito desde a partida de Camus, no início da Segunda Guerra Mundial. O mesmo se dera com o contexto internacional mais amplo. Em meados dos anos 1950, os nacionalistas árabes argelinos podiam olhar para exemplos e modelos no Egito, no Iraque e mais além, uma perspectiva que contribuiu ainda mais para que Camus se distanciasse deles. Para ele, Nasser ou Mossadeq eram meros ecos da ilusão revolucionária europeia, explorando e confundindo descontentamento social legítimo em uma mistura venenosa de nacionalismo e ideologia que não tinha nenhuma relação com os ideais dele próprio ou as necessidades argelinas.

Aqui, como em outros lugares, a formação de Camus no cadinho pedagógico da França da Terceira República é uma pista importante para sua perspectiva política: ele não era ingênuo o suficiente para supor que ele ou seus ex-vizinhos ára-

168   O MORALISTA RELUTANTE

bes compartilhavam *"nos ancêtres les Gaullois"*, mas acreditava profundamente nas virtudes da assimilação republicana. A omissão da França de transformar os habitantes da Argélia em franceses, com todos os direitos e privilégios envolvidos, precisava ser tratada. Mas ela permanecia um objetivo valioso — e, ao passo que Camus rejeitava essa História "divinizada" que via na vinda da descolonização o inevitável desdobramento do projeto de Progresso, ele estava de fato bastante disposto a ver no ideal republicano da França algo intrinsecamente superior. Se os árabes eram suscetíveis aos apelos de demagogos nacionalistas, eram os franceses que eram responsáveis, e portanto cabia aos franceses reparar seus próprios erros.

Foi nesse estado de espírito um tanto inocente e cada vez mais mal informado que Albert Camus se viu convidado a tomar uma posição depois que a revolta nacionalista na Argélia finalmente eclodiu em 1954. Sua reação inicial foi buscar mais uma vez a base para o compromisso, apoiando Pierre Mendès-France na esperança vã de que ele poderia conseguir para a Argélia o que havia forjado na Indochina. Mas, como ele havia confessado em um ensaio datado de 1947: "Com a Argélia eu tenho uma longa ligação que sem dúvida nunca vai se romper, e isso me impede de ser totalmente lúcido sobre ela." Em 1955, ele escreveu para Charles Poncet: "Estou muito angustiado sobre a Argélia. Aquela terra está presa em minha garganta e é tudo em que consigo pensar. A ideia de que [...] eu poderia começar a escrever artigos novamente (e com algum desconforto, uma vez que sobre esse tema acho esquerda e direita igualmente irritantes) está arruinando meus dias."[45]

A última "intervenção" escrita de Camus sobre a Argélia veio na forma de um artigo no *L'Express*, em 10 de janeiro de 1956, conclamando a uma trégua civil na Guerra da Argélia.

O PESO DA RESPONSABILIDADE 169

Mas àquela altura essa já era uma causa perdida e a audiência para tal apelo quase não existia, nem na França metropolitana nem na Argélia, como ele descobriu quando falou lá duas semanas depois. Camus nunca poderia defender a posição do governo francês, que ele vinha vindo criticando de uma forma ou de outra por duas décadas; a repressão militar — e especialmente o uso de tortura para extrair confissões de guerrilheiros capturados — era em si imperdoável e não levava a lugar nenhum.

Mas as táticas cada vez mais terroristas da FLN (Front de Libération Nationale) deviam igualmente ser condenadas; não se podia ser mais seletivo na condenação do mal nesse caso do que nos debates da Guerra Fria sobre os campos de concentração soviéticos. O que devia ser feito? Camus não tinha ideia, embora estivesse nauseado pela postura confiante e despreocupada pró-FLN de seus colegas parisienses *bien pensants* — "finalmente convencido de que a verdadeira fonte de nossa loucura deve ser encontrada nos hábitos e no funcionamento de nossa sociedade política e intelectual, decidi não mais tomar parte nessa polêmica incessante".[46]

Camus não se envergonhava de sua retirada para o silêncio — "quando o discurso pode levar à eliminação implacável da vida de outras pessoas, o silêncio não é uma atitude negativa". Mas essa não era uma posição fácil de explicar, e o expôs a críticas desdenhosas até mesmo de comentaristas de resto amigáveis e imparciais. Em *La Tragédie algérienne* Raymond Aron reconheceu que Camus era impulsionado por um desejo de justiça e uma vontade de ser generoso e compassivo com todas as partes. Mas, como resultado, Aron sugeriu, ele não tinha conseguido se elevar além da mentalidade de um colonizador bem-intencionado. Da perspectiva realista de Aron essa era talvez uma observação apropriada, pois o fato era que a conclusão a ser tirada do silêncio de Camus — manutenção do status quo com o acréscimo das reformas necessárias — era em 1958 um desejo vazio. Ou a Argélia seria independente sob os novos nacionalistas ou então seria mantida sob domínio francês pelo uso da força, a um crescente custo humano e social. Não havia mais uma terceira opção.

Mas Camus não entendia seu papel como o de um provedor de respostas — "nessas questões se espera demais de um escritor". Sua atitude no momento da crise argelina tem de ser entendida em parte como um sinal de sua incapacidade de imaginar um futuro alternativo para seu país de origem, de aceitar que a Argélia francesa havia sido destruída para sempre. Assim, sua visão das perspectivas futuras da Argélia sob a independência era sombria — num momento em que muitos intelectuais franceses, por mais sincera que fosse sua oposição às práticas coloniais francesas, eram inspirados por uma fantasia cintilante da vida nas sociedades pós-coloniais libertadas de seus senhores imperiais. Trinta e cinco anos depois de ganhar sua independência, a Argélia está novamente em dificuldade hoje, dividida e sangrada por um movimento fundamentalista temporariamente posto em xeque por uma ditadura militar.

Por mais ingênuo que fosse o apelo de Camus a um compromisso entre o colonialismo assimilacionista e o nacionalismo militante, seu prognóstico para um país nascido do terror e da guerra civil era, portanto, extremamente preciso: "Amanhã a Argélia será uma terra de ruínas e cadáveres que nenhuma força, nenhum poder terreno será capaz de restaurar em nosso século." O que Camus entendeu talvez melhor e mais cedo que seus pares (metropolitanos) não foram os árabes — embora já em 1945 ele houvesse previsto que não se podia esperar que eles tolerassem por muito mais tempo as condições em que eram governados —, mas a cultura peculiar da população europeia da Argélia e o preço que seria pago se ela fosse despedaçada.[47]

Mas foi acima de tudo como moralista que Camus saiu das listas intelectuais sobre a Argélia. Numa situação em que ninguém estava inteiramente na direita e escritores e filósofos eram convidados a emprestar seu apoio a posições políticas partidárias, o silêncio, na visão de Camus, representava uma extensão de sua promessa anterior a si mesmo de falar pela verdade, por mais impopular que isso fosse. No caso argelino já não havia nenhuma verdade, apenas sentimentos. Dessa perspectiva, o profundo envolvimento pessoal de Camus na Argélia contribuiu para sua dor e moldou sua decisão de se recusar a emprestar apoio a qualquer uma das partes; e devia mesmo, uma vez que Camus, como vimos, levava a sério os imperativos da experiência e do sentimento. Mas era uma conclusão a que ele poderia ter chegado em qualquer caso, ou assim ele acreditava.

Uma das coisas com que ele passara a antipatizar mais nos intelectuais parisienses era a convicção destes de que tinham algo a dizer sobre tudo, e de que tudo podia ser reduzido ao tipo de coisa que eles gostavam de dizer. Ele também comentou sobre a relação caracteristicamente inversa entre conhecimento em primeira mão e a expressão confiante da opinião intelectual. Sobre a Argélia, o conhecimento, as memórias e a busca dele por uma aplicação imparcial da justiça tornavam Camus verdadeiramente ambivalente. Uma vez que se havia invocado uma peste sobre ambas as casas, não restava nada a dizer. A responsabilidade intelectual consistia não em tomar uma posição, mas em recusar uma onde ela não existia. Nessas circunstâncias, o silêncio parecia a expressão mais adequada de seus sentimentos mais profundos.

Até agora apresentei a relação de Camus com seu tempo e lugar em termos muito disjuntivos. Que ele não era um filósofo, outros haviam deixado claro. Que ele não era, no sentido estabelecido, um "intelectual público" era algo que ele mesmo tinha passado a saber. De sua inadequação a qualquer campo político e da atmosfera hiperpolitizada da França no pós-guerra, seus textos dão testemunho abundante. De seu anseio pelo território familiar de Argel e seu senso duradouro de estar fora de lugar em Paris, temos ampla evidência.[48] Essas — filósofo, intelectual engajado, parisiense — são todas as coisas que Camus não era. Mas ele era, apesar de suas reservas em relação à ideia, muito seguramente um moralista.

Isso requer uma explicação. Há uma longa história de *moralistes* na França, o que faz deles uma espécie de categoria distintiva na vida pública e nas letras francesas. O termo, que foi aplicado nos três últimos séculos a teólogos, filósofos, ensaístas, romancistas, políticos e ocasionalmente professores, não tem a subjacente conotação pejorativa e pedante em geral presente em seu uso em inglês, como em *moralizar* [*moralize*]. Um "moralista" na França tem sido tipicamente um homem cuja distância do mundo da influência ou do poder lhe permite refletir desinteressadamente sobre a condição humana, suas ironias e verdades, de tal modo a conferir a ele (em geral, postumamente) uma autoridade muito especial do tipo que costuma ser reservado em comunidades religiosas a homens proeminentes do clero. Em outro tempo e lugar, o termo secular empregado era *soothsayer* [vidente], cuja etimologia capta parte do significado: um moralista na França era alguém que dizia a verdade.*

---

* A palavra inglesa *soothsayer*, que significa vidente (ou clarividente, adivinho, profeta), é formada pela justaposição de *sooth*, forma arcaica de *truth* (verdade) e *sayer* (o que diz ou enuncia). (N T.)

Mas havia mais nisso do que simplesmente dizer a verdade. Raymond Aron, afinal de contas, dizia a verdade e era devidamente impopular, mas isso dificilmente fazia dele um moralista. Parece ter sido uma característica importante dos verdadeiros moralistas que eles não só faziam os outros se sentirem desconfortáveis, mas também causavam a si próprios uma inquietação pelo menos igual. O tipo de desconforto autocentrado que é audível nos textos de Rousseau, por exemplo, é o de um moralista. Ser um moralista era levar uma vida inquieta — que é precisamente o que distinguia um moralista de um intelectual, cuja angústia pública sobre assuntos de ética ou Estado normalmente acompanhava uma consciência privada tranquila e confiante.

É de algum modo apropriado que o principal intelectual da França, no uso local distintivo do termo, também tivesse entendido tão claramente — embora em retrospecto — o caráter de seu ex-amigo. Em seu obituário de Camus, Jean-Paul Sartre disse que "ele representava neste século, e contra a História, o herdeiro contemporâneo dessa longa linhagem de moralistas cuja obra constitui talvez o que é mais singular nas letras francesas". Muitos anos antes, Jean Paulhan havia escrito perceptivamente a François Mauriac sobre *O estrangeiro*, do qual era então moda dizer que ele exibia fortes influências americanas: "Pode-se dizer que a construção geral da história e a disposição de seus episódios nos põe na mente de *Cândido* ou *Jacques, o fatalista*. É exatamente o oposto de Hemingway."[49]

Como moralista, Camus pensou e escreveu na contramão de seu tempo de maneiras distintas, todas as quais ajudam a explicar sua dificuldade de encontrar um lar em seu século. Sua suspeita das ambições presunçosas do homem moderno, liberado dos constrangimentos da modéstia imposta pela fé, o levava a pensar nos esforços humanos em termos não de possibilidades, mas de limites. Há, em alguns de seus ensaios do final dos anos 1940, uma antecipação surpreendente do apelo por modéstia e humildade mais tarde associado às restrições morais de um homem como Václav Havel. A era do otimismo científico, as visões grandiosas do século XIX não eram, para Camus, um prelúdio para o progresso infinito, mas uma herança pesada a ser posta de lado por medo do dano maior que ainda poderia infligir igualmente a mentes e corpos.

A lição da primeira metade do século XX não era a lição otimista das infinitas capacidades da humanidade para avanço e melhoria coletivos, mas a evidência dos riscos acarretados por levar essa ambição prometeica a novos extremos. "Essas ideologias [socialismo e capitalismo], nascidas um século atrás, em um momento de motores a vapor e otimismo científico complacente, estão agora ultrapassadas; em sua forma atual, são incapazes de tratar dos problemas de uma era de átomos e relatividade."[50]

Camus não queria dizer com isso que os seres humanos devem reagir a sua situação com resignação, circunspecção ou mesmo moderação. Ele continuava a acreditar na necessidade (psicológica e social) de *révolte* contra o mal em suas múltiplas formas, mas a paixão contemporânea pela ideia de revolução, a mobilização coletiva de homens em torno de projetos conduzidos pela *raison*, o aterrorizava. O que passou a contar para Camus foi o que os escritores clássicos entendiam por *comedimento*, a preferência pela sabedoria prudente sobre o raciocínio desenfreado. Como escritor, Camus pensava em imagens e a partir da experiência direta, e vinculava toda a sua compreensão das possibilidades e dos limites humanos a um senso de lugar — em contraste com a preferência de seus contemporâneos intelectuais por entender a humanidade como restringida, se tanto, apenas pelo tempo e pela História.

Era isso, e não alguma predisposição ideológica ou doutrinária, que levava Camus a protestar contra a política de sua época. Em uma cultura tão resolutamente polarizada entre extremos de direita e esquerda, Camus era inassimilável. As consequências dessa polarização para a condição moral de seus compatriotas foram uma fonte de apreensão duradoura para Camus: "Durante os últimos vinte anos, especialmente, nós neste país detestamos tanto nossos adversários políticos locais que acabamos preferindo qualquer outra pessoa, mesmo ditadores estrangeiros." Nesse caso, o argumento é apresentado contra a esquerda filossoviética, embora ele não fosse menos pertinente como crítica à direita intelectual no entreguerras.

O verdadeiro alvo de Camus não era, claro, a esquerda, mas o extremismo político em si. Em *A peste,* a imagem duradoura é de homens de moderação e comedimento moral se revoltando não por um ideal, mas contra a intolerância e a intransigência. Em seus textos durante a Guerra Fria, ele se esforçou para alertar sobre os custos morais e políticos da retórica ideológica — "Começando com uma saudável e sábia desconfiança do abuso da liberdade pela sociedade burguesa, acabamos por nos tornar desconfiados da própria liberdade." Finalmente, desesperado ante a polarização intelectual e política sobre a Argélia, Camus concluía assim: "A direita deu à esquerda direitos exclusivos à moralidade e recebeu em troca um monopólio do patriotismo. A França perdeu duas vezes. Ela poderia ter usado alguns moralistas menos alegremente resignados aos problemas de seu país."[51]

Era central para a política de Camus, e para seus apelos ao comedimento em todas as coisas, sua consciência crescente da absoluta complexidade do mundo, ou, melhor, dos mundos em que os seres humanos devem viver. Seus argumentos em

O homem revoltado se baseavam em uma intuição já presente em seu primeiro grande romance e explicitada em *Sísifo*: não há uma verdade única, mas muitas, e nem todas elas nos são acessíveis. Como Meurseault em *O estrangeiro*, estamos vivendo e narrando uma história que nunca podemos compreender plenamente. Foi tanto isso quanto os apelos de Camus por justiça e vingança no pós-guerra que levaram Mauriac a ver nele uma sensibilidade (cristã?) fundamentalmente religiosa. Mas, para Mauriac, a compreensão perfeita existia em princípio; ela simplesmente não era concedida a meros homens. Camus, à deriva em um mundo sem Deus, não acreditava nesse tipo de coisa. Não havia, como poderíamos dizer hoje, nenhuma "metanarrativa". Devemos decidir o que é direito à medida que prosseguimos.

Foi esse pensamento, elaborado em seus primeiros textos, que fez com que muitos vissem em Camus um "existencialista" como Sartre, buscando posições morais em um mundo despojado de conhecimento absoluto. Mas, como *O homem revoltado* mostraria, fazia muito tempo que Camus vinha se deslocando para conclusões opostas às do círculo na *Les Temps modernes*. Admitir a necessidade, alinhar as próprias escolhas com as da História, no sentido usado por Carl Schmitt (ou por Hegel tal como interpretado por Alexandre Kojève) era uma solução reacionária, não radical, e que não era tornada nada mais atraente pela invocação da razão. Em um de seus primeiros ensaios no pós-guerra Camus observaria que o que distinguia um reacionário do *Ancien Régime* de um moderno (fosse ele de direita ou de esquerda) era que o primeiro afirmava que a razão não determinava nada, enquanto o último pensava que a razão determinava tudo.

Em vez da razão, Camus invocava a responsabilidade. De fato, seus textos dão testemunho de uma ética de responsabilidade deliberadamente apontada contra a ética de convicção que marcava e prejudicava seus contemporâneos — embora o conceito de responsabilidade de Camus diferisse nitidamente daquele implementado por Weber ou empregado por Aron. Em retrospecto, podemos ver que ele estava lutando na direção de uma noção totalmente estranha, e uma para a qual, na filosofia política e moral francesa daquele tempo, não havia meios fáceis de expressão: a ideia, tornada familiar para leitores ingleses através dos textos de Isaiah Berlin, de que vida e pensamento consistem em muitos tipos de verdade e que eles podem ser incomensuráveis. Foi essa a ideia em que Roland Barthes quase tropeçou em *A peste*, e que ele achava tão preocupante e politicamente incorreta.

Caracteristicamente, os pensamentos de Camus eram apresentados de forma mais eficaz quando ele os expressava em uma chave não convencional e não filosófica. No ensaio de 1938 "L'Été à Alger", ele observou: "Estou passando a ver que não existe nenhuma felicidade transcendente, nenhuma eternidade além da curva dos dias. As únicas verdades que me movem agora são as relativas; apenas bens insignificantes e essenciais têm valor verdadeiro. Para outras, os 'ideais', falta-me a alma necessária." O mesmo tom meio irônico pode ser ouvido em "Entre oui et non", um ensaio originalmente publicado em Argel, em 1937, como parte da coletânea *O avesso e o direito*, mas que era igualmente a voz do Camus maduro que o republicou em 1958, recebendo um silêncio ensurdecedor: "Assim, toda vez que eu pensava que havia compreendido o significado mais profundo do mundo, era sua própria simplicidade que me subjugava." Ele estava, portanto, correto em concluir, em 1959, que os críticos franceses de sua obra haviam deixado escapar seu "lado oculto, o cego, instintivo.

178 O MORALISTA RELUTANTE

Os críticos franceses estão interessados fundamentalmente em ideias".[52]

A consequência paradoxal da insistência de Camus na multiplicidade de verdades foi que ele se tornou um defensor isolado de valores absolutos e ética pública inegociável em uma época de relativismo moral e político. Ele desdenhava o relativismo histórico como o entendia — se ninguém jamais pode ter certeza de que está certo, ele perguntou a Merleau-Ponty, como você pode dizer, como faz, que Hitler era um criminoso? — e se colocava contra o erro de deduzir da inadequação da "moral burguesa" moderna a fraudulência de toda e qualquer medida moral.[53] Como resultado, ele se viu no papel cada vez mais desconfortável de assessor ético público.

Essa situação se tornou ainda mais difícil porque Camus, que fazia questão de rejeitar qualquer sistema hierárquico de valores ou autoridade, ideológicos ou religiosos, estava de fato tentando impor uma "visão a partir de lugar nenhum" — "Continuo a acreditar que não há nenhum significado superior para a vida. Mas algo tem de fato um significado — o homem, porque só ele se empenha por um".[54] Essa postura, tão fora de sintonia com o humor do momento, era claramente articulada por Tarrou em *A peste*: há e só pode haver *uma única* injunção moral inequívoca, o dever de lutar contra o mal. Estabelecer exatamente em que consiste o mal não é o problema, com o devido respeito aos muitos críticos de Camus — a "peste" em si é ao mesmo tempo obscura e óbvia. O problema real e o maior risco é que a pessoa pode se tornar ela própria uma portadora de peste. Ou, como Camus expressou em suas várias discussões dos processos de Moscou, da justiça "política" e da pena de morte: em um mundo absurdo apenas uma aproximação da justiça é possível — e ninguém mata por uma aproximação.

Para muitos leitores, os pronunciamentos de Camus soavam bastante santimoniais. Em 1949, Lionel Abel, escrevendo na *Partisan Review*, observou que "Os textos políticos de Camus, pelo que tenho visto, tornaram-se vazios, suaves e vagamente nobres. [...] Nos últimos tempos ele passou a identificar o moralmente desejável e o politicamente eficaz. [...] Camus só levanta a voz pelo que é claramente bom".[55] Abel estava certo, embora ele também estivesse ouvindo o que Olivier Todd chamou de parte espanhola de Camus, um ar constrangido de honra e retidão que podia aos poucos mudar para um tom de superioridade de que outros começavam a se ressentir. Camus estava ciente disso e protegia o lado dele mesmo que isso revelava.

Isso explica sua vulnerabilidade a certo tipo de crítica, contra o qual ele foi por muitos anos blindado na França por sua posição pública quase icônica. Com a publicação de *O homem revoltado*, e os debates que ela provocou com seus adversários, essa proteção definhou. Daí a força das investidas de Sartre. "Quem você pensa que é", ele escreveu na *Les Temps modernes* em agosto de 1952, "para expressar um desdém tão arrogante por seus críticos?" "Quem é você, para elevar-se assim?" Com que direito você se proclama promotor-chefe em nome do bem e do correto — "Quem o nomeou Acusador Público? A República das Pessoas Superiores?". Pegando Camus em seu ponto mais fraco — sua sensação atormentante de que ele estava falando para o vazio e de que seus argumentos e pronunciamentos públicos não tinham nenhum impacto —, Sartre concluiu, com um efeito devastador: "Você pronuncia a sentença e o mundo permanece impassível. Suas condenações se desintegram ao entrar em contato com a realidade e você é obrigado a começar de novo. Se você parasse, veria a si mesmo como é: você está portanto condenado a condenar, Sísifo."[56]

Camus teria sido um pouco menos exposto a esse tipo de ataque se tivesse mostrado maior disposição para o realismo político. Mas, para um homem que passou muitos anos escrevendo sobre política, e que durante algum tempo fez jus a certo grau de autoridade pública, ele era peculiarmente desconfortável com a própria ideia de poder. Foi sua suspeita do poder em todas as suas formas que o levou a sua crítica à revolução como um abuso do saudável impulso humano a se rebelar. Já em dezembro de 1944 ele havia sido sarcasticamente crítico da exigência pelo Governo Provisório de que os ex-resistentes e *maquis* armados entregassem suas armas, lamentando a "ruína" de uma revolução — e revelando uma incapacidade romântica de reconhecer não apenas as realidades políticas da hora, mas os próprios princípios do governo estável.[57] Suas críticas posteriores a Sartre e companhia pela incapacidade deles de raciocinar politicamente e sua obsessão com a "base material" de tudo poderia ter tido maior força se o próprio Camus não estivesse no mínimo igualmente exposto à acusação de analfabetismo político (e econômico).

O fato é que a própria visão de Camus de "homem em revolta", e na verdade de homem político *tout court*, dependia demais da rejeição a empreendimentos e resultados desagradáveis de todo tipo. Raymond Aron, em sua polêmica com a intelectualidade progressista, podia acusar seus adversários não só de confusão epistemológica mas também do defeito não menos revelador de incoerência política. Camus foi constrangido a operar em uma única chave, a da insuficiência ética, uma vez que seus próprios textos, quando se tratava de política prática, muitas vezes beiravam a incoerência. Em sua incursão final na discussão pública sobre a Argélia, o artigo do

L'Express de janeiro 1956 antes comentado, seu ponto de vista voluntariosamente irreal (e, da perspectiva de Aron, irresponsável) é desnudado: "Acredito firmemente na possibilidade de uma livre associação entre árabes e franceses na Argélia. Também acredito que tal associação de pessoas livres e iguais é a solução mais equitativa. Mas como chegar lá? Depois de pensar muito sobre os diferentes argumentos, a honestidade me compele a admitir dúvidas sobre todos eles."

Naturalmente, o próprio Camus não aceitava que sua recusa em reconhecer as exigências da tomada de decisão política o tornava impotente. Nas palavras de Olivier Todd, "Aron pensa sobre governantes, Camus se dirige a seus leitores". Um ano após seu apelo por uma trégua argelina Camus contribuiu com um prefácio comovente para um *livre blanc* sobre Imre Nagy e a Revolução Húngara de 1956, e a seguinte passagem dele pode talvez figurar como sua explicação definitiva dos propósitos e limites de uma posição moral em situações desesperadas: "Em face da tragédia húngara, fomos e somos de alguma forma impotentes. Mas não completamente. A recusa em aceitar um fato consumado, uma vigilância de coração e mente, a negação do espaço público a mentiras e mentirosos, o desejo de não se entregar à inocência mesmo depois de isso ter sido feito de forma exaustiva essas são as regras de uma possível ação. Inadequada, sem dúvida, mas necessária — a fim de arrostar essa outra necessidade, aquela chamada de 'histórica', de responder a ela, de enfrentá-la, de ocasionalmente neutralizá-la, e a longo prazo de superá-la e assim levar adiante, por menor que seja, a verdadeira história da humanidade."[58]

A Revolução Húngara de 1956, e o engajamento de Albert Camus na defesa de suas vítimas, é um lembrete útil de que

182   O MORALISTA RELUTANTE

Camus se movimentava também em outra comunidade; a da intelectualidade desalojada do século XX. É surpreendente pensar que alguns dos mais influentes escritores e pensadores europeus do século XX vinham das periferias geográficas de suas próprias culturas — de Vilna e Königsberg, de Danzig, Trieste, Alexandria e Dublin. Antes da Primeira Guerra Mundial, e em alguns casos depois, essas cidades nas margens externas da influência cultural alemã, polonesa, italiana, grega e britânica produziram algumas das figuras mais importantes dentro dessas culturas: Milosz, Grass, Joyce, Yeats, Wilde, Svevo, Kaváfis e Arendt, para citar apenas os mais conhecidos. Argel nunca pôde aspirar a uma fama similar — nenhum Kant jamais floresceu lá, e poucos optaram por pensar ou escrever lá —, mas ela também estava desconfortavelmente na periferia de um grande centro e passava aquela sensação de cosmopolitismo vulnerável para seus filhos mais sensíveis.

O que Camus também tinha em comum com Milosz, Grass, Arendt, bem como com Konrad Jelenski, Arthur Koestler, Manès Sperber e muitos outros que ele conheceu em Paris, era que eles também eram exilados — voluntários ou não; herdeiros das comunidades cosmopolitas desaparecidas do leste e do sul da Europa em que alemães, judeus, gregos, italianos, poloneses, franceses e outros tinham vivido durante anos em desarmonia produtiva. Arrancados de suas raízes na Primeira Guerra Mundial e aniquilados na Segunda Guerra Mundial e em seu rescaldo, esses homens e mulheres constituíam uma comunidade muito especial, transitória, essa moderna república de letras formada contra a vontade deles pelos "sobreviventes acidentais do dilúvio", como Arendt disse em uma dedicatória de 1947 a Karl Jaspers.

Paris era o local de encontro natural para essas pessoas — o único refúgio seguro entre 1933 e 1940, e o único interessante para a maioria delas depois de 1945. A Grã-Bretanha era segura, mas inóspita em mais de um sentido, e Nova York ainda era um mundo semiestrangeiro mesmo para aqueles, na maioria judeus, que para lá tinham ido e ali feito seu lar. Foi em Paris que Camus conheceu os exilados alemães e do Leste Europeu, bem como Ignazio Silone, Nicola Chiaromonte ou Denis de Rougemont, homens para quem o exílio voluntário ou ocasional em Paris tornava mais tolerável sua marginalidade política ou cultural em sua pátria, na Itália ou na Suíça.

A simpatia mútua entre Camus e a comunidade intelectual "estrangeira" na Paris dos anos 1950 é muito clara, e em notável contraste com a distância que muitas vezes o separou de seus colegas franceses. Foi Witold Gombrowicz (na distante Argentina) que pediu a Czeslaw Milosz que enviasse suas próprias obras a Camus como um ato de solidariedade após a publicação de *O homem revoltado*, e foi Hannah Arendt quem escreveu a ele em abril de 1952 uma carta calorosa e admiradora de elogio ao livro. Ele estava bem familiarizado com o círculo de escritores em torno da revista *Preuves*, mesmo que nem sempre compartilhasse sua política, e foi recebido calorosamente em revistas italianas como *Il Mondo* e *Tempo Presente*.

Camus foi um dos raros intelectuais franceses a saudar o "Outubro polonês" de 1956, e os europeus centrais, especialmente, devolveram o cumprimento, apreciando e compreendendo o significado de sua obra. Jeffrey Isaacs notou perceptivamente a influência de Kafka no pensamento de Camus: em *Estado de sítio,* o secretário a certa altura observa: "Nós começamos com a premissa de que você é culpado. Mas isso não é suficiente. Você mesmo deve aprender a sentir que é culpado." Milosz resumiu a afinidade em seu obituário: "Vejo agora o que foi que permitiu que o escritor Camus assumisse o desafio de uma época de fornos crematórios e campos de concentração: ele teve a coragem de apresentar os argumentos elementares."[59]

É preciso dizer que, ao passo que Camus se destaca de seus contemporâneos franceses em sua compreensão da verdade e dos dilemas de sua época, suas qualidades de honestidade e percepção parecem menos incomuns na companhia de Koestler, Arendt, Sperber, Silone, Milosz, Boris Souvarine (o biógrafo de Stalin), ou Orwell, que talvez deva ser contado em solidariedade espiritual com esse grupo. O que todos esses escritores tinham em comum era uma consciência, até mesmo uma obsessão, dos *crimes* do século XX. Nas palavras de Arendt, "o problema do mal será a questão fundamental da vida intelectual do pós-guerra na Europa — como a morte se tornou a questão fundamental depois da última guerra".[60]

Camus não deu uma contribuição notavelmente distintiva para a discussão dessa questão, mas isso é irrelevante. Ele participou dessa discussão, e grande parte de sua obra escrita, publicada e inédita, ficcional e não ficcional, deve ser vista sob essa ótica. Em contraste com a maioria dos outros escritores franceses que, mesmo que levantassem questões semelhantes, quase sempre o faziam com meio olho para um público social, político ou histórico, Camus (como Koestler e Orwell) falava apenas por, e muitas vezes para, ele próprio. Em um momento em que muitos escritores na França se empenhavam especialmente em fazer parte de um processo maior (a Revolução, o Progresso, as lutas de várias comunidades oprimidas no país e no exterior), em ser um dos ou identificar-se com os intelectuais orgânicos de Gramsci, Camus era um dos outsiders, a encarnação do intelectual "inorgânico".

Há outro escritor estrangeiro com quem é instrutivo comparar Albert Camus. Como ele, o romancista e ensaísta

O PESO DA RESPONSABILIDADE 185

inglês E. M. Forster também fazia questão de enfatizar valores pessoais e privados sobre aqueles apreciados pela comunidade. As sensibilidades estéticas deles dois estavam, é claro, amplamente em desacordo, assim como suas preocupações e seu material literário, mas Camus admirava muito a obra de Forster — em outubro de 1945, ele citou com aprovação a afirmação de Forster de que só uma obra de arte pode ser verdadeiramente harmônica; a sociedade promete harmonia, mas sempre em vão.

E é curioso notar uma aparente semelhança. Em *What I believe* [Em que acredito], Forster escreveu: "Odeio a ideia de causas, e se tivesse de escolher entre trair meu país e trair meu amigo, espero que tivesse a coragem de trair meu país." Por ocasião de uma conversa famosa com um inoportuno no momento de seu Prêmio Nobel, Camus defendeu seu silêncio sobre a Argélia e sua recusa a tomar partido assim: "Eu sempre condenei o terrorismo. Portanto, devo condenar um terrorismo que opera cegamente nas ruas de Argel, por exemplo, e que um dia pode atacar minha mãe ou minha família. Acredito em defender a justiça, mas primeiro vou defender minha mãe."[61]

Ambos os homens parecem estar dizendo que em qualquer sistema de valores deve-se colocar lealdade, amor, amizade acima do dever público ou de uma abstração. E no contexto das épocas deles (Forster estava escrevendo na atmosfera política carregada dos anos 1930, o discurso de Camus foi feito no auge da Guerra da Argélia) suas afirmações eram tanto incomuns quanto controversas. Mas a semelhança é apenas aparente, e as diferenças são um guia para o que era verdadeiramente distintivo em Camus. Ele não estava afirmando uma preferência geral por uma forma de lealdade em detrimento de outra, uma distinção que teria sido difícil levá-lo a reconhecer (ele via seu trabalho durante e depois da Resistência como um exemplo indivisível de amizade e de patriotismo).

Ele estava pura e simplesmente com raiva, lembrando a si mesmo e a seus ouvintes de sua aversão por abstrações — e revelando a um público surpreso um dos pontos de referência fundamentais em sua vida e em sua obra, sua relação defensiva com sua mãe e seu lar. Além disso, e nisto Camus é inequivocamente francês e Forster não menos tipicamente inglês, Camus justapunha uma unidade totalmente concreta e solipsista (mãe) a uma abstração ética universal (justiça); ao passo que para Forster as alternativas eram tanto menos precisas (país, amigo) quanto mais circunstanciais (trair, causas).

Para Camus, o problema maior não era como escolher entre moralidade e política, mas como forjar uma política de engajamento moral, na ausência da qual apenas o silêncio serviria. Dessa forma, e talvez apesar de si mesmo, ele era constrangido pelas circunstâncias e até mesmo por certas atitudes muito francesas. Uma delas era a grande dificuldade que ele tinha de romper com a "esquerda", em contraste com seus amigos entre os estrangeiros parisienses. Em sua carta de 1952 à revista *Les Temps modernes*, ele assegurou a seus leitores: "Se a verdade, no fim, me parecesse estar na direita, eu me juntaria a ela lá." Mas na prática ele conseguiu evitar a escolha.

Ao longo dos anos 1950, ele permaneceu próximo de *Révolution prolétarienne*, revista e grupo de sindicalistas sem vínculos, "socialistas puros" e ex-leninistas desiludidos mas ainda idealistas que representavam, na França, o último posto avançado do movimento anarcossindicalista do século XIX. Ele provavelmente continuava a acreditar no que havia escrito no *Combat* em outubro de 1944, que qualquer política que se distanciasse da classe trabalhadora estava condenada; e informou a um correspondente sindicalista (em particular) que, qualquer que fosse seu silêncio sobre assuntos públicos, isso não queria dizer que ele havia deixado de ter uma posição ou se retirado para um "mosteiro".[62]

Agarrando-se aos remanescentes de uma tradição radical defensável, Camus impunha a si mesmo um considerável grau de desconforto. Por um lado, ele condenava o marxismo, o "materialismo filosófico" que ele insistia em distinguir da herança de resto saudável do coletivismo libertário; como Simone Weil, ele punha muita fé na capacidade desalienada de trabalhadores reais — "Bakunin vive em mim". Por outro lado, ele prefaciou uma edição de 1953 de *Moscou sous Lénine*, de Alfred Rosmer, com o pensamento: "O difícil é ver uma revolução dar errado e ainda assim não perder a fé na necessidade dela. Esse é precisamente nosso dilema." Camus, portanto, endossava a visão de Rosmer — aceita na época de forma ampla e até muito recentemente, embora há muito tempo rejeitada por Aron, Souvarine e outros — de que tinha havido uma "boa" Revolução Russa (a de Lenin), seguida de uma ditadura soviética "má", a de Stalin.[63]

Albert Camus compreendia muito bem sua situação. Ele quase sempre se via dividido entre a forma que seus sentimentos assumiam em público e as muito diferentes e rudimentares insinuações que ele tinha deles em privado. Isso era tão verdadeiro sobre sua visão política quanto era sobre sua ética e suas opiniões literárias, e até suas relações pessoais. "Eu tentei durante anos viver de acordo com a moral de todos os outros. Tentei viver como todos os outros, ser como todos os outros. Eu dizia as coisas certas mesmo quando sentia e pensava de forma muito diferente. E o resultado é uma catástrofe. Agora eu vago nas ruínas, excluído, sozinho e aceitando meu destino, resignado a minhas peculiaridades e minhas fraquezas. Terei de reconstruir uma verdade — tendo vivido minha vida inteira em uma espécie de mentira."[64]

Em política, pelo menos, o dilema de Camus, como o de tantos outros franceses na França do pós-guerra, é que ele era instintivamente um social-democrata. Mas na França, na época e até recentemente, a social-democracia era a política que não ousava dizer seu nome. Para muitos dos contemporâneos de Camus, no Partido Socialista e fora dele, abandonar o marxismo e a promessa de uma *grand soir* revolucionária era não apenas desistir de um mito sedutor mas também abandonar aos comunistas o terreno bem lavrado da política radical na França; eles permaneceram presos nesse dilema até a desilusão que se seguiu à vitória presidencial de François Mitterrand em 1981. No caso de Camus, sua visão de mundo trágica e sua adesão instintiva às panaceias românticas de rebelião e pureza proletária barraram o caminho para a linguagem e a política social-democratas, embora muito do que Camus escreveu e praticamente tudo o que ele fez depois de 1946 sugira que ele teria se sentido muito mais *politicamente* à vontade em um ambiente social-democrata do norte da Europa do que jamais estivera na França.

Apesar de sua lucidez rara, então (num momento em que tantos viviam em nuvens líricas de ignorância intencional), Albert Camus era em certos sentidos um verdadeiro espelho da França. É convencional entre os estudiosos de Camus ver nele um homem que não conseguia conciliar suas necessidades pessoais, seus imperativos éticos e seu engajamento político. Ele portanto mudou, assim diz a história, de um radical apaixonado para um reformador moderado antes de se tornar a voz da "razão" e do desprendimento, uma posição quase indistinguível da retirada para a decepção e o silêncio privados. Mas há mais do

O PESO DA RESPONSABILIDADE 189

que isso, e Sartre, apesar de sua intenção maliciosa, chegou mais perto. "Sua personalidade, real e viva quando alimentada pelos acontecimentos, tornou-se uma miragem; em 1944 você era o futuro, em 1952 você é o passado, e o que lhe parece mais intoleravelmente injusto é que tudo isso aconteceu a você vindo de fora, enquanto você permanecia o mesmo."[65]

Pois o que Sartre disse de Camus era de fato verdade, e talvez mais ainda sobre a própria França, um país que havia passado da manhã autoconfiante da Libertação para o ressentimento taciturno dos anos intermediários da Quarta República, consciente de que o mundo estava mudando em torno dela e indignada com esse fato. Inicialmente segura de si e de seu país, a geração da Resistência havia ficado incerta e cínica em meados dos anos 1950. O silêncio de Camus sobre a Argélia foi equiparado pelo silêncio coletivo de seus contemporâneos intelectuais diante da transformação social e econômica sem precedentes que seu país estava prestes a sofrer. Eles ou não percebiam o que estava acontecendo ao seu redor, ou então viravam o rosto resolutamente contra isso, prestando atenção primeiro à promessa de revolução no Oriente e depois a seu eco no sul e mais longe. O pensamento dificilmente agradaria a alguma das partes envolvidas, mas a trajetória de Camus — da confiança, passando pela incerteza, ao silêncio — é uma metáfora demasiado sugestiva para o conjunto dos intelectuais franceses do século XX.

Hoje as coisas são muito diferentes. Com o desaparecimento da miragem marxista, e depois de duas décadas de investigação dolorosa e incompleta do passado recente da França, com Vichy sendo ainda uma ferida purulenta e os gigantes intelectuais do passado recente reduzidos a um entulho de citações embaraçosas, Camus, o Justo, permanece, nas palavras prescientes de um crítico, "a mais nobre testemunha de uma época bastante ignóbil". Em uma era de intelectuais da mídia que se autopromovem, enfeitando-se inexpressivamente diante do espelho admirador de seu público eletrônico, a honestidade patente de Camus, o que seu ex-professor chamou de "*ta pudeur instinctive*" [tua modéstia instintiva], tem o apelo de um artigo genuíno, uma obra-prima artesanal em um mundo de reproduções de plástico. Já era isso o que ele parecia a Julien Green em fevereiro de 1948: "Fiquei impressionado com seu rosto, tão humano e sensível. Há nesse homem uma integridade tão óbvia que impõe respeito quase de imediato; muito simplesmente, ele não é como os outros homens."[66]

Em *A queda*, Camus escreve sobre ser um "*prophète vide pour temps médiocres*" [profeta vazio para tempos medíocres]. Há pouca dúvida de que fazia muito tempo que ele havia passado a se ver, em seus momentos mais sombrios, como um profeta vazio, pregando para um público surdo e indiferente. Na frase de Arendt, embora não usada para descrevê-lo, Camus era de fato um "homem em tempos sombrios", em desacordo com seu tempo e seu lugar. Mas a tragédia de Camus, talvez, tenha sido o fato de ter vivido e escrito em um momento em que a França, mais do que nunca antes ou depois, era a França de Jean-Jacques Rousseau; herdeira das codificações de pensamento e lealdade que agora associamos ao Iluminismo francês.

Nessa França, Camus, apesar de toda a sua preocupação com a condição moderna e as ilusões da História, era um estrangeiro. Ele era sem dúvida francês em certos sentidos fundamentais, mas sua francesidade vinha de uma época anterior. Camus não falava para a França de Malraux, ou mesmo a de Zola. Ele tem pouco em comum com os grandes pensadores franceses do século XIX — diferentemente de Aron, ele não estava interessado em Tocqueville, por exemplo. Faltavam-lhe tanto o ceticismo de Voltaire quanto o desprendimento analítico de Montesquieu.

Em vez disso, ele remontava a um século anterior e uma tradição francesa diferente. Em seu zelo autoinquisitivo, sua *pudeur*, sua seriedade jansenista, ele lembra e recaptura — mais do que qualquer outra pessoa no nosso tempo — algo da paixão de Blaise Pascal — o Pascal que, escrevendo trezentos anos antes, observou: "E assim nós nunca vivemos, mas apenas esperamos viver; sempre partindo para ser felizes, é inevitável que nunca o sejamos." A combinação singular de otimismo e dúvida que torturava Camus era, é claro, familiar a Pascal — embora estivesse aberta para ele a opção de resolvê-la por um apelo à fé de uma maneira que seu sucessor moderno nunca poderia endossar inteiramente, apesar de todo o seu modo de pensar religioso.

Mas em seus próprios termos Camus também lançou um desafio, uma coda no século XX da aposta de Pascal, mais famosa. Em uma discussão com Sartre, Malraux, Koestler e Manès Sperber, que teve lugar na noite de 29 de outubro de 1946, Camus de repente dirigiu a seus quatro companheiros a seguinte questão: "Vocês não concordam", ele perguntou, "que todos nós somos responsáveis pela ausência de valores? E se nós, que viemos todos do nietzschianismo, do niilismo e do realismo histórico, e se nós anunciássemos publicamente que estávamos errados; que existem valores morais e que, doravante, faremos o que tem de ser feito para estabelecê-los e ilustrá-los. Vocês não acham que esse poderia ser o começo da esperança?"[67]

Cinquenta anos depois, muita coisa mudou. Mas, na França como em outros lugares, a aposta de Camus ainda está sobre a mesa — agora mais do que nunca. Em toda a sua incerteza e ambivalência, com suas limitações e sua reticência, Camus entendeu corretamente enquanto tantos outros se perderam por tanto tempo. Talvez Hannah Arendt estivesse correta todos aqueles anos atrás — Albert Camus, o outsider da vida inteira, era de fato o melhor homem na França.

TRÊS

O insider periférico
RAYMOND ARON E AS RECOMPENSAS DA RAZÃO

Quando Raymond Aron morreu, em 1983, havia alcançado um status único na vida pública francesa. Ele era quase universalmente admirado e respeitado; seus textos e suas opiniões tinham sido elevados a uma posição quase canônica em uma ampla faixa de opinião acadêmica, intelectual e pública. Como o único pensador francês proeminente de sua geração que havia assumido uma posição liberal permanente contra todas as tentações totalitárias da época, Aron representava não apenas um símbolo de continuidade com as tradições grandiosas do pensamento francês mas também um feixe de luz apontando para o futuro em um momento de confusão e dúvida dentro da comunidade intelectual. Enquanto alguns anos antes Aron havia sido, para a geração de 68, a encarnação vil e vilipendiada de tudo o que estava errado na elite influente francesa, por isso em 1983 ele era — na opinião de algumas das mesmas pessoas, agora despojadas de suas ilusões e seus ideais — a melhor esperança de um renascimento do pensamento liberal. Institutos e revistas surgiram para continuar seu trabalho e perseguir seus objetivos. Na pira funerária do radicalismo sartriano, uma nova geração de intelectuais franceses começou a erigir um monumento à razão aroniana.

Para qualquer um que recorde a hostilidade que Aron enfrentou no establishment acadêmico e intelectual francês ao longo de quase três décadas após o fim da Segunda Guerra Mundial, essa foi uma impressionante inversão do destino. Raymond Aron viveu apenas o suficiente para experimentar essa transformação — apressada pela publicação de suas *Memórias* no ano de sua morte —, o que lhe deu algum prazer e muito motivo para reflexão irônica. Tendo escolhido conscientemente os desconfortos da honestidade e da clareza em uma cultura política e intelectual marcada por confusão e má-fé, Aron nunca reclamou de sua exclusão da comunidade intelectual dominante. Mas, apesar de seu impacto amplamente reconhecido sobre gerações de estudantes, sua audiência respeitosa entre os leitores de sua coluna no *Le Figaro* e seus admiradores na comunidade de acadêmicos em quatro continentes, Aron foi basicamente excluído da companhia de seus pares na França. Viveu grande parte de sua vida adulta na periferia de seu lar natural.

Há, é claro, algo levemente contraintuitivo em descrever Raymond Aron como periférico. Ele era, em certo sentido, um insider consumado, um francês exemplar de sua geração e de sua linhagem. Nascido em 1905 (o mesmo ano em que nasceu Sartre), seguiu a carreira de um acadêmico extraordinariamente bem-sucedido, superando seus pares em todas as etapas. Frequentou as classes de elite do Lycée Condorcet, foi admitido na École Normale Supérieure em um momento em que ela ainda era a principal *grande école* do país, prestou o exame de *agrégation* nacional em filosofia em 1928 e foi premiado com o primeiro lugar. Preparou e defendeu uma tese de doutorado em filosofia e era universalmente considerado o filósofo mais promissor de sua geração quando a Segunda Guerra Mundial deu um fim temporário a sua carreira acadêmica.

Depois da guerra, ele adiou seu retorno à universidade por algum tempo, voltando suas atenções para o jornalismo

— ele escreveria cerca de 4 mil artigos editoriais para *Le Figaro* e outros jornais no decorrer das décadas do pós-guerra —, mas em 1954 foi nomeado para a cátedra na Sorbonne (embora em sociologia) para a qual havia muito tempo ele parecia destinado. Desde então, até sua eleição tardia para uma cátedra no Collège de France, em 1971, o progresso de Aron foi sempre bloqueado por uma aliança de facto de adversários de esquerda e de direita, mas foi mesmo assim eleito membro da Académie des Sciences Morales et Politiques em 1963, e lecionou em um seminário regular na École des Hautes Études en Sciences Sociales. Quando de sua morte, era amplamente respeitado, nas palavras de François Furet, "não apenas um grande professor, mas o maior professor na universidade francesa".[1]

É quase certo que de todos os elogios que lhe foram feitos esse é o que melhor corresponde aos talentos de Aron e a suas aspirações mais profundas. Sua disposição natural para pensar e escrever como acadêmico, juntamente com suas qualidades muitas vezes atestadas como professor, foi complementada pelo prazer que teve ao longo da vida na companhia de ideias e homens de ideias. Em suas memórias, escritas pouco antes de sua morte, ele refletiu sobre seus sentimentos ao entrar na École Normale pela primeira vez, sessenta anos antes: "Minha primeira impressão, ao entrar na rue d'Ulm, foi, confesso, correndo o risco de parecer ridículo, de deslumbramento. Ainda hoje, se me perguntassem: por quê?, eu responderia com toda sinceridade e inocência que nunca conheci tantos homens inteligentes reunidos em um espaço tão pequeno."[2]

Além disso, e ao lado de seus textos acadêmicos e seu ensino, Aron era um "insider" caracteristicamente francês em outro sentido. Seus contatos na École, seus anos com as Forças

196 O INSIDER PERIFÉRICO

Francesas Livres em Londres, onde passou a guerra, suas décadas de jornalismo político tinham-lhe fornecido uma ampla gama de contatos e amigos nas camadas superiores da vida pública francesa. Foram suas ligações invulgarmente boas no governo, na administração pública e em partes do mundo dos negócios, por exemplo, que deram aos textos editoriais de Aron sua autoridade especial.

Além da autoridade moral e da argumentação rigorosa convencionalmente associadas com as faixas superiores do jornalismo intelectual francês, os artigos de Aron tinham de credibilidade que derivava do evidente domínio de seu tema pelo autor. Aron sempre parecia saber do que estava falando, e sua autoridade nesse aspecto derivava em grande parte de sua estreita amizade com os homens que tomavam as decisões que ele analisava. Sem nunca ser um homem "no" establishment francês — Raymond Aron trabalhou apenas uma vez no governo, como *chef de cabinet* em um breve Ministério da Informação em 1946, sob a direção de André Malraux —, Aron foi muito próximo das elites políticas da França por muitos anos (como foi daquelas dos Estados Unidos, da Alemanha e da Grã-Bretanha em vários momentos). Portanto, ele escrevia de fora, mas com o senso de realidades e limites de um insider.

Há outra dimensão nas qualidades de Aron como um homem muito à vontade no e parte do mundo público francês de sua época. Pois, além de ser um mandarim acadêmico, um confidente de homens de poder e um jornalista proeminente, Raymond Aron também era um intelectual. Isso não necessariamente decorre de suas ambições ou realizações acadêmicas — muitos intelectuais franceses de seu tempo não eram acadêmicos nem professores, e relativamente poucos de seus colegas acadêmicos eram intelectuais no sentido na maioria das vezes entendido. Mas Raymond Aron inquestionavelmente era. Ele teve um ativo interesse de vida inteira em assuntos públicos além de sua esfera de competência profissional (embora, como veremos, ele fizesse questão de saber mais do que a maioria de seus colegas intelectuais antes de intervir no debate público), e levava muito a sério a responsabilidade dos intelectuais de se envolverem em debates públicos importantes. Mas, acima de tudo, chegou ao papel de intelectual público do mesmo ponto de partida que o de muitos outros ativistas franceses conhecidos — o do filósofo.

Para seus contemporâneos isso não era surpresa. Para Claude Lévi-Strauss, como para muitos outros, Aron foi e permaneceu acima de tudo o autor de *Introduction à la philosophie de l'histoire*, sua tese de doutorado sobre a natureza e os limites do conhecimento histórico, defendida pela primeira vez diante da reprovação de um público de filósofos e sociólogos da Sorbonne em março de 1938. A notável originalidade da argumentação de Aron e o impacto de seu rigor filosófico são abrandados para nós hoje. Ele estava construindo uma tese contra o positivismo histórico que era então dominante na universidade francesa, mas que hoje está há muito tempo extinto. Seu argumento era que o entendimento histórico não pode ser separado da posição e dos limites da pessoa que busca esse entendimento e que a consciência do lugar da pessoa no processo que ela tenta descrever e explicar tanto aprofunda quanto restringe o escopo de toda essa explicação. Despojada de seu rigor epistemológico e sua ilustração empírica, essa afirmação forma hoje o núcleo de grande parte do que passa por relativismo no jargão acadêmico moderno, e temos alguma dificuldade de ver quão original e mesmo corajosa ela foi na época.

198   O INSIDER PERIFÉRICO

Que Aron foi corajoso, até provocativo, em seu raciocínio fica muito claro se lembrarmos o contexto. A filosofia acadêmica na França na década de 1930 estava muito atrás daquela da Alemanha ou da Áustria. A história e as ciências
sociais eram praticadas com base em princípios desinibida-
mente realistas, na medida em que reconheciam alguma preocupação metodológica. O que Aron chamava de "dialética"
mal havia feito sentir sua presença dentro da universidade, e o
novo pensamento filosófico de Husserl e Heidegger, ou a revolução sociológica de Max Weber, com suas implicações para
todas as formas de investigação e ação política social, eram
praticamente ignorados. Mesmo Hegel era uma quantidade
em grande parte desconhecida, e aqueles jovens radicais que
de fato o estudavam, aos pés de Alexander Kojève, o faziam
com mais de meio olho em sua contribuição para o pensamento de Marx. Afirmar, como Aron fazia em sua tese, que a história era algo que construímos enquanto vivemos ("Cada um,
de acordo com a ideia que tem de si mesmo, escolhe seu passado"), era uma separação radical de tudo o que seus professores mais amavam.[3]

É claro que havia outros na França na época que também
estavam se livrando da camisa de força do positivismo acadêmico francês — Marc Bloch e Lucien Febvre, os fundadores e
editores dos *Annales*; ou Marcel Mauss, Maurice Halbwachs e
outros que estavam começando a moldar a escola nitidamente
francesa de antropologia cultural. Mas Aron era diferente, precisamente porque não estava abandonando antigas escolas de
pensamento, mas envolvendo-as e desmontando-as no próprio terreno delas. Ele não estava ignorando os objetivos de
qualquer boa ciência social, a necessidade de, "acima de tudo,
estabelecer as ligações necessárias por meio da observação de
regularidades". E tampouco estava sugerindo, nem por um

O PESO DA RESPONSABILIDADE 199

momento, em contraste com seu contemporâneo *normalien* Paul Nizan, que fatos e verdades eram de algum modo dependentes da classe ou do contexto.

Aron simplesmente queria argumentar, em um exercício cujo rigor analítico era em si algo incomum para sua época acadêmica, que há limites, limites epistemológicos, para a objetividade histórica; que chegamos mais perto dessa última, paradoxalmente, ao reconhecer esses limites; que esses limites surgem da posição *situada* do ator histórico; e que esse dilema não pode ser superado por algum tipo de prestidigitação filosófica, mas pelo reconhecimento desconfortável da necessária dualidade do passado: "Assim, um duplo conhecimento do passado seria possível, um lidando diretamente com a mente tal como é inscrita no mundo material, o outro com a consciência de uma pessoa ou grupo acessível por meio de tais objetivações; uma alternativa derivada não só da situação do historiador mas também da estrutura essencial da realidade."[4]

Aqui Aron estava conduzindo sua audiência para o delicado equilíbrio que moldaria seu pensamento pelo resto da vida. *Há* razão na história, assim como há conhecimento sobre o passado. Mas se há ou não razão *última* e conhecimento *absoluto* não vem ao caso, já que não podemos ter acesso a eles — nosso lugar dentro da história nos priva desse ponto arquimediano do qual poderíamos ver o todo. Um quarto de século depois, ele apresentaria essencialmente o mesmo argumento: "A elaboração teórica, a nosso ver, deve servir para aguçar a consciência da pluralidade de objetivos e metas, em vez de favorecer a tendência a interpretações monoconceituais, sempre arbitrárias e partidárias."[5]

Para os contemporâneos admiradores de Aron, sua tese e sua enérgica defesa dela diante de uma plateia de professores experientes céticos ensinaram três lições importantes. Em primeiro lugar, que há uma pluralidade de interpretações possíveis de homens e mulheres e suas obras, e que a decisão de privilegiar uma interpretação em relação às outras é e deve ser um ato de escolha. Em segundo lugar, e que decorre disso: nada é determinado — o passado e o presente são compostos de escolhas, e, embora essas escolhas tenham consequências, elas representam direções que poderiam em outras circunstâncias não ter sido tomadas. Em terceiro lugar, embora os seres humanos sejam livres para escolher como fazer seu mundo (e como interpretá-lo, o que também conta), os atos que eles praticam têm resultados reais, pelos quais eles devem, portanto, assumir a responsabilidade.

Tomadas em conjunto, essas conclusões justificavam a reação a Aron de seus contemporâneos e colegas: que ele havia elaborado, para sua geração, o esboço de uma filosofia da história propriamente *existencial*. Sartre não tinha dúvida. Quando, um pouco mais tarde, presenteou seu amigo de faculdade com um exemplar de sua nova obra, *O ser e o nada*, ele o descreveu como uma mera "introdução ontológica" à obra de Aron. E não estava enganado. Aron havia apresentado sua tese como uma tentativa de ir além da moralidade e da ideologia e determinar o "verdadeiro conteúdo das escolhas possíveis, limitadas pela própria realidade"; o projeto existencialista sartriano, se se pode escrever assim, consistiria em explicar a situação que Aron havia desnudado, e comportar-se em conformidade.

A imersão de Aron nas preocupações filosóficas de sua geração — assim como o papel crucial que ele desempenhou na introdução do raciocínio fenomenológico e existencialista a seus contemporâneos franceses, até então ignorantes de tais assuntos — foi largamente esquecida. Depois de 1945, à medida que Aron se tornou ativamente envolvido no jornalismo

O PESO DA RESPONSABILIDADE   201

político e nas ciências sociais acadêmicas, e ele e Sartre assumiram posições opostas na Guerra Fria, a crítica comum deles ao idealismo filosófico e ao positivismo histórico foi obscurecida por suas divergências. E no entanto foi Aron, mais até do que Sartre e os intelectuais seus colegas, que permaneceu fiel às exigências de seu raciocínio. Ao reconhecer que os seres humanos estão sempre *na* história e a fazem eles mesmos, escreveu ele, não temos de ceder ao relativismo ou ao niilismo, abandonando qualquer esperança de entender nosso mundo. "Pelo contrário, afirmamos assim o poder do homem que constrói a si próprio por meio da avaliação de seu lugar no mundo e da tomada de decisões. Só assim o indivíduo pode superar a relatividade através da incondicionalidade da decisão, e só assim ele pode tomar posse da história que carrega dentro de si e que se torna a sua própria."[6]

Há outro sentido em que Aron estava absolutamente de acordo com o mundo intelectual francês de sua época. Ele foi obcecado, durante grande parte da sua vida adulta, com o marxismo. Em contraste com a maioria dos intelectuais franceses, inclusive a maioria dos marxistas franceses, Aron era um leitor atento de Marx — e sua obsessão com o marxismo derivava em alguma medida de sua frustração com a ignorância e as incoerências do que passava por pensamento marxista nas mãos de franceses. Além disso, parte do interesse de Aron pelos textos de Marx tem de ser entendida através do vetor de sua preocupação com a União Soviética — novamente, algo que ele partilhava com seus adversários políticos. Mas permanece admirável em Aron o fato de ele ter voltado repetidas vezes ao tema de Karl Marx, tanto que em suas memórias ele faz uma pausa a certa altura para se perguntar se não gastou talvez tempo demais discutindo essa "religião secular". Alguns de seus melhores textos analíticos e todos os seus mais poderosos ensaios polêmicos tratam do marxismo e dos marxistas, e é tentador concordar com Aron em que seu interesse no combate ao erro de sua época equivalia a uma forma de "anticlericalismo" metamorfoseado.[7]

Não obstante, o interesse de Aron em Marx e seus seguidores era coerente com suas preocupações filosóficas anteriores. Sua crítica mais conhecida e mais influente dos delírios *marxisants* entre a intelectualidade de esquerda, *O ópio dos intelectuais*, é em certos aspectos um volume parceiro e sucessor de sua *Introduction à la philosophie de l'histoire*. E o próprio Marx interessava a Aron em parte por seu lugar na história do pensamento social moderno, em parte por suas observações afiadas sobre o capitalismo do século XIX, mas acima de tudo por seus *próprios* esforços malsucedidos de construir uma filosofia da história ao mesmo tempo "objetiva" e aberta à intervenção humana decisiva. Aron não podia deixar de admirar esse projeto prometeico, tanto mais porque ela havia conformado seus próprios textos iniciais, e sua empatia pelas ambições de Marx lhe proporcionava uma percepção das forças e das fraquezas do empreendimento marxista maior do que era o caso para a maioria dos pretensos marxistas entre seus colegas intelectuais. A ironia disso não escapou ao próprio Aron.

Se Aron compartilhava tantas das características marcantes do intelectual francês de sua época e era em muitos aspectos um líder em sua geração e reconhecido como tal, de que maneiras ele não era "um deles"? A resposta simples, é claro, era que depois de 1947 ele assumiu uma posição firme em apoio à Aliança Ocidental em um momento em que a maioria dos intelectuais franceses ou favorecia o bloco soviético ou sonhava com uma "terceira via" neutra. Mas, embora seja verdade que a Guerra Fria de fato moldou por trinta anos a configuração da vida intelectual pública na França como em outros lugares, não basta notar que Aron assumiu uma posição impopular e pagou o preço por ela dentro de sua comunidade natural.

A questão é: por que ele fez essa escolha? Aron era, segundo ele próprio, socialista; em 1945, ele ingressou no conselho editorial da *Les Temps modernes* reunindo-se a Sartre, Simone de Beauvoir e outros; suas inclinações filosóficas e seus gostos intelectuais não eram notavelmente divergentes dos de seus contemporâneos da esquerda intelectual, e as polêmicas de vida inteira que travou com eles sugerem que, apesar de ser o comentarista liberal mais conhecido na França (o que na prática o definia para a maioria de seu público como um conservador), ele continuou a ser fundamentalmente um membro da comunidade de esquerda. As razões para suas escolhas, as maneiras pelas quais ele se tornou o Raymond Aron conhecido de uma geração posterior devem ser buscadas não em suas opções políticas, mas no modo como ele chegou a elas. E é aqui que ele se distingue, em todos os sentidos e em uma variedade de chaves.

Para começar, Aron foi o intelectual francês mais cosmopolita de seu tempo. Já mencionei seu interesse pelo pensamento alemão, adquirido primeiro durante seu prolongado período de estudo na Alemanha durante os anos finais da República de Weimar, 1930-1933. Na verdade, até que ele se interessasse por Tocqueville e Montesquieu, nos anos 1950, a maioria das dívidas intelectuais de Aron era com pensadores alemães. Da leitura de Husserl, em particular, ele derivou a forma de sua filosofia da história. De Max Weber, sobre quem ele escreveu em alguns ensaios, desenvolveu sua visão complexa da relação entre entendimento e ação. Em desacordo com a variedade (durkheimiana) dominante da teoria social francesa, com seu preconceito em favor da identificação de leis e processos "científicos", Aron foi atraído pela meticulosa interrogação de Weber sobre a relação entre consciência e escolha, sua avaliação das *responsabilidades* do cientista social em relação tanto a seu tema quanto à sua *própria* época. Em *La Sociologie allemande contemporaine*, publicado pela primeira vez em 1936, ele apresentou os leitores franceses a uma tradição de raciocínio e crítica social radicalmente diferente daquela herdada de Comte e Durkheim e muito mais sintonizada, como parecia a Aron, com as necessidades e as dificuldades do momento.

A diferença crucial residia na famosa distinção de Weber entre convicção e responsabilidade. A tarefa do cientista social (ou intelectual) não podia ser restringida ao ofício de entender processos sociais, no passado ou no presente. Pelas razões que Weber dava, que não eram tão diferentes daquelas que Aron oferece em seus textos filosóficos, o intelectual deve sempre enfrentar a decisão de como agir em determinada situação — o entendimento não é suficiente. Mas era, pelo menos em princípio, possível escolher entre agir *na* história ou à luz da história — envolver-se nos debates e conflitos de seu tempo a partir de um sentimento de convicção ou de um senso de responsabilidade.

Em anos posteriores, Raymond Aron viria a questionar a apresentação por Weber dessa opção: a tentação de encontrar necessidade ou mesmo inevitabilidade em um dado momento histórico, algo a que Max Weber, como Carl Schmitt, estava sempre propenso, podia levar pessoas de convicção e responsabilidade a abdicar, em favor da História, de escolhas que deveriam ter sido deixadas para os seres humanos.[8] Mas o cálculo weberiano, o senso de que podemos nos comportar de modo coerente e responsável sem assumir compromissos partidários — ou então de que um engajamento partidário pode, em determinadas circunstâncias, ser a opção responsável — é responsável por muitos dos pronunciamentos públicos do próprio Aron, como ele reconheceu explicitamente ao aprovar o título de um livro de entrevistas que concedeu no fim da vida — *O espectador engajado.*

Depois da guerra, o centro de gravidade dos interesses de Aron se deslocou regularmente do pensamento alemão para os grandes comentadores sociais de uma tradição francesa anterior. Mas também aqui Aron estava em desacordo com seus contemporâneos, que eram tão despreocupados com Montesquieu ou Tocqueville quanto haviam sido com os grandes alemães (Marx era sempre a exceção).[9] O que parece ter levado Aron aos escritores do que ele chamou, seguindo Elie Halévy, de "escola inglesa de pensamento político francês", foi sua frustração com a grande escala de análise característica do pensamento alemão — já em 1936 ele observaria que mesmo o valor da "visão panorâmica" da história de Weber era incerto, por mais sedutora que ela fosse. O que distinguia Montesquieu e seus herdeiros, em contrapartida, era seu entendimento do *político* e sua disposição de conceder à política um lugar autônomo e importante na explicação social e histórica.[10]

Montesquieu, no entanto, apresentava uma dificuldade. Sua abordagem, que designava governos e instituições a diferentes meios sociais, geográficos e históricos, parecia correr o risco de abdicar do julgamento (moral). Se cada sociedade tem, e só pode ter, uma forma apropriada de governo ou liderança, de qual perspectiva pode o observador ou analista jamais esperar criticar ou condenar tais instituições "naturais"? Aron entendia por que a questão nessa formulação não teria incomodado Montesquieu, mas ela *o* incomodava. No entan-

206 O INSIDER PERIFÉRICO

to, em seu estudo em dois volumes de Clausewitz, um trabalho do qual ele era particularmente orgulhoso, Aron apresentava o argumento de que o que mais admirava no estrategista alemão do século XIX — sua capacidade de tratar cada problema ou escolha históricos em seu contexto singular — era distintamente próprio de Montesquieu em sua clareza e honestidade. "O pensamento de Clausewitz se assemelha ao de Montesquieu mais do que qualquer pessoa já sugeriu, muito mais do que ao de Kant ou ao de Hegel." O desafio era combinar uma avaliação da particularidade histórica — fosse na estratégia militar, fosse na descrição sociológica — com a exigência de explicação conceitual. O mundo moderno carecia muito da compreensão de Montesquieu do lugar de "*les lois et les moeurs*" na condição humana; a disposição contemporânea a simplificar, a atribuir "as desgraças de alguns às vantagens de outros", só servia, na visão de Aron, para dar ao nacionalismo uma consciência limpa.[11]

Em Tocqueville, Aron encontrou um espírito afim, um homem cuja compreensão das explicações sociais *e* políticas lhe dava uma plataforma a partir da qual ver mais fundo nas fontes históricas e contemporâneas dos problemas do seu tempo do que qualquer um de seus pares. Dos três teóricos sociais do século XIX que mais interessavam Aron, era Tocqueville quem tinha a visão que "mais se assemelha às sociedades da Europa Ocidental na década de 1960".[12] O relato de Tocqueville da instabilidade francesa desde o *Ancien Régime*, em que as elites se mostraram sempre incapazes de chegar a um acordo sobre as formas de vida política, e seus insights sobre a "satisfação queixosa" das sociedades modernas ajudaram a moldar o entendimento de Aron de sua própria época. Mas, e talvez isto seja mais importante, Aron não podia deixar de ver no isolamento de Tocqueville em meio às correntes ideológicas do século XIX uma antecipação das dificuldades do pensador liberal em uma época posterior: "Liberal demais para o lado de onde veio, não suficientemente entusiasta sobre novas ideias para os republicanos, ele não foi adotado nem pela direita nem pela esquerda, mas permaneceu suspeito para todos eles. Esse é o destino reservado na França à escola inglesa ou anglo-americana."[13]

Consequentemente, tanto de sua leitura no pensamento social francês quanto no alemão, Aron forjaria sua crítica distintiva das interpretações historicizadas em geral, e do marxismo em particular. Não derivava daí, ele argumentava, que porque um sistema político particular, ou mesmo um sistema de raciocínio, pudesse ser localizado em determinado contexto social ou momento histórico, se poderia inferir desse conhecimento qualquer juízo quanto a sua adequação ou seu valor em termos gerais. Mas, inversamente, também era equivocado tentar estimar o valor de diferentes sistemas políticos ou ideologias sem referência a sua verdade ou falsidade (um erro que ele atribuía a Karl Mannheim). Caso se quisesse entender a política e as ideias políticas, era necessário *tanto* situá-las em seu próprio contexto *quanto* medi-las por critérios de bem e mal, verdadeiro e falso, que não podiam ser derivados apenas desses contextos. Imune, em parte graças às suas simpatias weberianas, ao apelo de avaliações neokantianas abstratas de escolha política, Aron era incomum em sua rejeição igualmente rigorosa da falácia genética.

Os confrontos polêmicos de Aron com o marxismo de seus contemporâneos refletiam, portanto a complexidade e a amplitude de suas preocupações. Uma vez que ele via o projeto ideológico soviético como um dispositivo para salvar a Razão-na-História ao preço da própria razão, essa última era sua arma principal. Por que, ele perguntava, mesmo supondo que a história humana possui um propósito e um objetivo, o teste crucial desse objetivo ocorreria em meados do século XX, em um país curiosamente inadequado para tal "papel sublime"? E, de qualquer forma, quem nos autorizava a tirar essas conclusões definitivas? "Ou a História é o tribunal supremo, e não vai pronunciar a sentença até o dia do julgamento; ou a consciência (ou Deus) é o juiz da História, e o futuro não tem mais autoridade do que o presente." Nenhum observador — historiador, sociólogo ou quem quer que seja — pode esperar conhecer os *significados* de ações, instituições e leis. A história não é absurda, mas nenhum ser vivo pode compreender seu significado final.[14]

O perigo do raciocínio histórico holístico, na visão de Aron, está menos no dano que ele faz à mente das pessoas do que na ameaça que ele apresenta a seus corpos — "Ministros, comissários, teóricos e interrogadores [...] tentarão fazer dos homens o que eles seriam espontaneamente se a filosofia oficial fosse verdadeira."[15] Onde a astúcia da História falhar, os homens intervirão em seu nome. Pelas mesmas razões, o simples erro de categoria de confundir concorrência econômica ("luta de classes") com conflito político — o erro de identificar a luta pelos instrumentos de poder com a luta pelo poder em si — substitui o poder (que é um relacionamento humano) por determinantes dessa relação escolhidos arbitrariamente.

Essa fusão do social (ou econômico) com o político permite uma confusão de linguagem política que não só derrota seu próprio propósito — revelar o mundo a si mesmo —, mas contribui fatalmente para os próprios resultados políticos a que pretende se opor. O argumento político desse tipo é ao mesmo tempo arrogantemente ambicioso — uma vez que não consegue entender a qualidade parcial e historicamente deter-

O PESO DA RESPONSABILIDADE   209

minada de todo entendimento, inclusive o seu próprio — e perigosamente abreviado, em sua indisposição para envolver o mundo não como ele deve ser, mas como ele é.

Em anos posteriores, Aron viria a se perguntar se não havia desperdiçado suas energias em tais polêmicas, empregando uma artilharia epistemológica e empírica tão poderosa em debates "cujo valor científico me parece ralo. [...] Os homens, e especialmente os intelectuais, acreditam naquilo em que querem acreditar — eu também, talvez — e são, em última análise, impérvios a argumentos".[16] Mas é significativo que durante pelo menos vinte anos, de 1947 a 1968, o debate sobre o marxismo — ou, antes, o intercâmbio de polêmicas, já que nenhum debate jamais ocorria — parecesse a Raymond Aron merecer toda a sua atenção. Se não fosse por seu senso de que os erros do marxismo faziam parte de um conjunto de problemas maior, e mais interessante, na análise social e na explicação histórica, é improvável que ele tivesse se dedicado tão completamente a eles, ou escrito sobre eles com tanta intensidade moral e analítica.

A diferença entre Aron e muitos de seus contemporâneos, em ambos os lados da divisão política, era que para Aron essas questões de alta teoria se relacionavam diretamente com preocupações políticas reais, e, em sua opinião, urgentes. Desde seus anos de estudante na Alemanha, Aron esteve absorvido, talvez até obcecado, pela fragilidade dos sistemas políticos liberais e pela ameaça da anarquia e do despotismo. Isso marcou seus textos de um modo como nada em sua infância e sua juventude confortáveis poderia ter previsto, e o diferencia de quase todos os outros intelectuais franceses de sua geração. E explica a notável presciência de Aron durante os anos 1930, quando a maioria dos políticos e intelectuais franceses era tragicamente lenta para compreender o significado da revolução de Hitler, e a reação dele a quase todas as grandes crises na vida francesa do pós-guerra, do tumulto da Libertação aos acontecimentos de maio de 1968.

Escrevendo de Colônia, em 1931, Aron descreveu a Jean Guéhenno uma Alemanha "à beira do abismo" e expressou seu sentimento de desespero diante da *insouciance* francesa e o desânimo de tentar despertar o público para a consciência da crise. "Se você lê os jornais franceses e alemães, se você vive em ambos os países, é horrível. Para onde estamos indo?" Em 1933 ele havia desistido do esforço para convencer seus correspondentes ou leitores do perigo de uma revolução nazista já prestes a se consumar, e preferiu se concentrar na tarefa (igualmente desesperada de despertar um grau de realismo político nas decisões políticas francesas.

Em um artigo publicado naquele ano na *Esprit*, Aron pediu o fim das "aspirações idealistas" na política externa francesa e um reconhecimento de que, com a derrota de Weimar, a era de Versalhes tinha chegado ao fim. Desarmamento e negociação não podiam mais substituir a defesa: "Os franceses de esquerda usam uma linguagem sentimental (justiça, respeito) que os protege de duras realidades. Em seu desejo de reparar nossos erros se esquecem de que nossas políticas devem levar em conta não o passado, mas a Alemanha hoje. E não é nenhuma reparação de falhas passadas cometer novas na direção oposta. [...] Uma boa política é medida por sua eficácia, não por sua virtude."[17] Um sentimento tipicamente aroniano.

Ninguém estava prestando atenção, é claro, e mesmo os intelectuais antifascistas na França e em outros lugares prefeririam especular sobre a revolução em seu próprio país (ou na Espanha) a reconhecer a inevitabilidade de uma guerra próxima com a Alemanha. Raymond Aron, portanto, viveu a década de 1930 em frustração ansiosa, observando o lento desfibramento da sociedade civil e do sistema político na França como o havia observado pela primeira vez na Alemanha. Sua segunda experiência de desordem e colapso cívicos, na primavera de 1940, confirmou seu crescente entendimento do funcionamento — e da vulnerabilidade — das democracias e explica seu apoio (estritamente condicional) a De Gaulle nos primeiros anos da Quarta República. Daí em diante ele interpretou os acontecimentos e decidiu sua posição com referência constante a essas experiências formativas do início de sua vida adulta — mesmo sua atitude para com o regime de Vichy foi moldada por elas: até novembro de 1942 estava disposto a admitir que ele havia pelo menos contribuído para evitar conflitos civis entre os franceses.[18]

Portanto, nos anos do pós-guerra, Aron era um crítico vigoroso daqueles que buscavam uma solução "catastrófica" para as aflições sociais do pós-guerra na França (ou em qualquer outro lugar). Como ele reconheceu, esse gosto por soluções violentas, "definitivas", como se o caminho para a utopia *necessariamente* passasse pela destruição, havia em parte nascido da experiência da guerra. Mas ele se opunha energicamente a ele, e quando a França chegou o mais próximo que já esteve neste século de um verdadeiro conflito civil em tempo de paz, no momento das greves de 1948 lideradas pelos comunistas, Aron adotou uma posição dura: "A luta inevitável só será atenuada na medida em que o Estado tenha reforçado seus meios de ação. Simplesmente não é aceitável que nas minas e usinas elétricas da França as pessoas tenham mais medo dos comunistas do que de engenheiros, diretores e ministros juntos."[19]

Seu argumento a favor da independência da Argélia, como veremos, foi igualmente impulsionado por uma preocu-

212   O INSIDER PERIFÉRICO

pação com a estabilidade civil e a ordem francesas. Mas é na reação de Aron aos acontecimentos de 1968 que a relevância desse tema é mais óbvia. Apesar de sua simpatia geral à crítica dos estudantes ao ensino superior francês, e de sua crescente antipatia ao Estado gaullista autoritário e a suas políticas (tanto internas quanto externas), ele adotou uma linha absolutamente intransigente contra o movimento estudantil, seus apoiadores intelectuais e a perturbação pública que ele provocou. Como Edgar Morin e outros professores entusiastas do radicalismo estudantil, Aron via que a ordem das sociedades modernas é intrinsecamente frágil.

Diferentemente deles, Aron descobriu que isso era uma fonte de ansiedade. Uma vez que o carnaval se transforma em anarquia, ele escreveu, ele rapidamente se torna menos tolerável do que praticamente qualquer forma de ordem. Analogias com revoluções passadas eram entendidas equivocadamente, ele observou: "Expulsar um presidente eleito por sufrágio universal não é o mesmo que expulsar um rei." Mesmo a universidade, fossem quais fossem seus bem reconhecidos defeitos, dependia de certo grau de ordem: "A Universidade, qualquer universidade, exige um consenso espontâneo em torno do respeito à evidência e à disciplina não forçada. Destruir essa unidade social sem saber pelo que substituí-la, ou com o objetivo de destruir a própria sociedade, é niilismo estético; ou, melhor, é a erupção de bárbaros, inconscientes de sua barbárie."[20]

As críticas de Aron a intelectuais franceses, e a seus seguidores estudantes, era assim impulsionada tanto pelo que ele passara a ver como a irresponsabilidade política deles quanto pelos erros filosóficos ou morais que eles cometiam. Escrevendo em 1969, ele assimilou os "existencialistas" franceses aos "marxistas e paramarxistas da República de Weimar" e os considerou implicitamente responsáveis por qualquer crise política que eles ajudassem a causar — um argumento que ele havia apresentado explicitamente trinta anos antes, em um artigo que acusava os socialistas alemães e italianos de terem contribuído de diversas formas para seu próprio flagelo. Na introdução a *Les Désillusions du progrès* [As desilusões do progresso] também escrita em 1969, ele torna a ligação bastante explícita: "A violência, mesmo em nome de ideias diametralmente opostas às do fascismo entre as guerras, os riscos arrastando sociedades liberais para a mesma tragédia que a de trinta anos atrás. [...] Autoproclamados marxistas não comunistas ajudaram ativamente a derrubar a República de Weimar: alguns deles falam e agem como se sonhassem com repetir esse feito."[21]

A ligação no pensamento de Aron entre estabilidade política, ordem civil e liberdades públicas é, portanto, clara — e, como no caso de Tocqueville, ela era em essência um produto de experiência e observação, não de teoria. Isso nos ajuda a compreender seu modo de pensar sobre a liberdade em geral e a ameaça totalitária a ela. Diferentemente de comentaristas sociais nos Estados Unidos, por exemplo, Aron não era um defensor especialmente entusiasmado do termo *totalitário* como uma categoria geral que abrangia várias ameaças modernas à sociedade aberta. Seu desgosto pela grande teoria se estendia também à retórica anticomunista, e seus pensamentos sobre totalitarismo derivam, em primeiro lugar, de sua preocupação com seu oposto — a realidade parcial, sempre imperfeita, da liberdade, constrangida e ameaçada pela necessidade e pela história. Se os Estados Unidos deviam ser exaltados nos conflitos globais do momento, não era porque representavam uma ordem de vida superior ou mais logicamente satisfatória, mas porque eram a garantia, por mais defeituoso que fosse, das liberdades públicas.

214   O INSIDER PERIFÉRICO

A União Soviética, por outro lado, era marcada pelo próprio extremismo do seu sistema — a maneira como todos os seus defeitos particulares eram parte integrante de seu projeto geral. Isso a distinguia do autoritarismo de Franco, por exemplo: os campos de prisioneiros da Espanha eram uma arma de repressão, mas não faziam parte do próprio funcionamento de uma economia escravista à maneira dos campos da KGB ou da SS. Era essa mesma qualidade integrada que, paradoxalmente, tornava sistemas verdadeiramente totalitários tão atraentes para intelectuais utópicos, como Aron entendia: a dialética de uma "violência que supera a própria violência" era o que atraía alguém como Maurice Merleau-Ponty nos primeiros anos do pós-guerra. E justamente porque instituições imperfeitas, intermediárias, parciais eram o principal bastião da liberdade política, elas eram portanto mais vulneráveis à revolta contra a "alienação", à busca de soluções finais e lógicas para o que era na prática a condição humana.[22]

No pensamento de Aron, então, havia uma ligação íntima entre o mito revolucionário francês — esse desejo de "preencher a lacuna entre a intransigência moral e inteligência", como ele dizia — e a ameaça distintamente *total* à liberdade representada por um certo tipo de sociedade repressiva. Daí a notável capacidade de homens e mulheres extremamente inteligentes de negar a evidência de seus olhos; escrevendo em 1950, em um momento em que a atração de Stalin se estendia muito além dos limites daqueles partidos e países sob seu controle direto, Aron comentou: "A surpresa ridícula é que a esquerda europeia adotou um construtor de pirâmides como seu Deus." A falha estava na disposição de intelectuais a tomar palavras por coisas — "É preciso que a ingenuidade e a reserva dos cristãos da *Esprit* ou dos humanistas em Saint-

O PESO DA RESPONSABILIDADE   215

-Germain-des-Près sejam adotados pela fraseologia do marxismo stalinista."[23]

Mas revelar os fatos desagradáveis sobre o totalitarismo não era suficiente. Também havia algumas verdades desconfortáveis sobre as sociedades livres, que os intelectuais estavam igualmente dispostos a ignorar. Para a geração de Aron nos anos 1920 e 1930, o apelo muito difundido dos textos do filósofo Alain (Émile Chartier) residia no tratamento dado por ele a *toda* autoridade política como incipientemente, potencialmente tirânica. Aron rejeitava de maneira vigorosa as panaceias inocentes de Alain: "A doutrina de Alain só pode ser aplicada justamente onde faz mais mal do que bem. Onde ela é realmente necessária, contra as destruições do fanatismo, não restou ninguém que possa pô-la em prática."[24] Ainda assim, ele reconhecia uma verdade central no pensamento de Alain: que a adoração de todos os poderes — quaisquer poderes — e seu desejo de *ser* adorados está na raiz da tirania moderna.

Mas Aron raciocinava que é absurdo propor que a única tarefa do teórico da liberdade *em uma sociedade livre* está em opor-se à autoridade e restringi-la onde quer que ela possa tocá-lo. Pois resistir a e negar as moderadas reivindicações e capacidades de governo em uma sociedade livre é precisamente a maneira de abrir caminho para a variedade imoderada (Weimar, novamente). A lição do totalitarismo, em suma, era a importância da ordem e da autoridade sob a lei — não como um compromisso com a liberdade, nem como a condição de liberdades superiores vindouras; mas simplesmente como a melhor maneira de proteger aquelas já asseguradas.

Nos anos seguintes à Segunda Guerra Mundial era axiomático para Aron que a ameaça totalitária vinha da União Soviética, e não de um hipotético futuro renascimento do fascismo. Em suas próprias palavras: "Cada ação, na metade do século XX, pressupõe e envolve a adoção de uma atitude em relação ao empreendimento soviético. Esquivar-se disso é esquivar-se das implicações e limitações da existência histórica, por mais que se possa invocar a História." Mas ele sempre esteve perfeitamente consciente — de novo, em contraste com alguns de seus amigos e admiradores do outro lado do Atlântico — de que, embora *totalitário* pudesse ser uma descrição necessária do Estado de Stalin, dificilmente era suficiente. Havia diferenças reais entre comunismo e fascismo/nazismo: "Para aqueles que desejam 'salvar os conceitos', permanece uma diferença entre uma filosofia cuja lógica é monstruosa e uma que se presta a uma interpretação monstruosa."[25]

A preocupação de Aron com a liberdade — suas fontes, sua fragilidade, as ameaças a ela e as maneiras como estas podem ser entendidas e impedidas — tingia todas as suas outras preocupações, assim como seu modo de pensar filosófico e sua simpatia por certo estilo de explicação social moldavam suas respostas a essas preocupações. Seu próprio senso de responsabilidade — e seu preconceito de vida inteira contra propor questões para as quais ele não era qualificado a oferecer uma resposta — o levou ao estudo de alguns tópicos aos quais outros pensadores franceses de sua época deram pouca atenção. Já em 1937, ele explicitou suas razões: "Não é todo dia que um caso Dreyfus lhe permite invocar a verdade contra o erro. Se os intelectuais quiserem oferecer suas opiniões diariamente, precisarão de conhecimento de economia, diplomacia, política etc. Quer se trate de deflação e inflação, de aliança russa ou de entente cordiale, de contratos coletivos ou de salários, o que está em questão tem a ver menos com justiça do que com eficácia."[26]

Um dos resultados desse desejo de envolver o real era uma preocupação com a ideia de "sociedade industrial". Para a maioria dos outros pensadores franceses, de esquerda ou de direita, a sociedade era capitalista ou socialista, as formas de produção e de propriedade determinando todas as outras características. A União Soviética e o Ocidente eram sistemas categoricamente diferentes, e havia um acordo generalizado em todo o espectro político de que era um grave erro *político*, bem como um erro analítico, sugerir que os dois sistemas políticos antagônicos tinham em comum certos elementos modernos fundamentais.

Aron assumia uma posição bastante diferente. Ele lamentava a negligência de uma questão que havia preocupado autores do início do século XIX: "Qual é o significado, qual é a natureza de uma sociedade moldada pela ciência e pela indústria?" Diferentemente de vários teóricos da "sociedade industrial" nos Estados Unidos, ele não queria afirmar que o Oriente e o Ocidente eram de alguma forma convergentes, suas discordâncias ideológicas distintivas sendo lançadas na sombra por um impulso comum na direção dos objetivos sociais, gerenciais e racionalistas de uma economia industrial. Ele estava muito consciente da política — do contraste entre sociedades em que o Estado e a sociedade eram colapsados em uma coisa só e aquelas em que eles eram distintos — e muito bem informado sobre o lugar da ideologia no pensamento soviético para cometer esse erro elementar.

Esse erro simplesmente refletia o erro marxista de concluir, a partir de uma similaridade de forças de produção, uma identidade de instituições e crenças políticas. Mas já em

218   O INSIDER PERIFÉRICO

1936 Aron havia observado um aspecto do "experimento" soviético: enquanto a liberdade e a iniciativa privada haviam sido essenciais para as *origens* da produção industrial, esta poderia *agora* prosperar em condições de planejamento e propriedade pública de estilo soviético (embora ele também notasse que, na medida em que Oriente e Ocidente *estavam* convergindo em certos aspectos, isso minava reivindicações comunistas baseadas na necessária incomensurabilidade dos dois sistemas econômicos).[27]

Em anos posteriores, Aron modificaria essa posição, concluindo que desenvolvimentos técnicos poderiam no máximo atenuar certas diferenças formais entre regimes políticos. No entanto, essas mudanças técnicas eram um fato do mundo moderno, e Aron descartava causticamente aqueles críticos franceses que imaginavam, de modo ingênuo, que os traços racionalistas e economicistas de todas as sociedades modernas (ocidentais) eram algo gratuitamente impingido aos europeus pelos Estados Unidos por objetivos próprios. Na sua visão, os problemas da modernidade não podiam ser considerados das velhas e simples maneiras: propriedade privada versus propriedade pública, exploração capitalista versus igualdade social, anarquia de mercado versus distribuição planejada. Consequentemente, esses temas da doutrina socialista e da polêmica esquerda-direita tinham em grande parte perdido o significado. A paralisia do Estado francês — o que Aron em 1954 chamou de "doença francesa" — estava no cerne da estagnação política e econômica francesa e não poderia ser entendida nem tratada nos termos de um debate partidário antiquado sobre a impropriedade ou não da modernização industrial.[28]

Com o objetivo de entrar na discussão sobre a natureza e as perspectivas da sociedade industrial, Aron aprendeu econo-

O PESO DA RESPONSABILIDADE   219

mia sozinho. Com a finalidade de se tornar um comentarista influente de assuntos de política externa ele se familiarizou com a linguagem e os argumentos da estratégia nuclear e das relações internacionais. Ele quase certamente tinha muito pouco respeito por "relações internacionais" como disciplina, e suas incursões nessa área — notadamente *Paix et guerre entre les nations* [Paz e guerra entre as nações] — não foram uma fonte de grande satisfação para ele. Mas uma combinação de realismo frio e informação abundante lhe serviu bem — por trinta anos Aron comentou regularmente quase todos os aspectos da política externa francesa e dos assuntos internacionais, e suas opiniões e projeções se sustentam melhor hoje do que as de qualquer outra pessoa, na França ou no exterior.

Raymond Aron foi um dos primeiros em sua geração a compreender a verdade sobre a política pós-Segunda Guerra Mundial: que os conflitos internos e os externos agora estavam entrelaçados e a distinção tradicional entre política externa e política interna havia portanto desaparecido: "A verdade é que em nossos tempos, para indivíduos como para nações, a escolha que determina tudo mais é global, de fato uma escolha geográfica. Estamos no universo de países livres ou então naquele de terras postas sob severo domínio soviético. A partir de agora todos na França terão de declarar sua escolha."[29] No final dos anos 1940, Aron traçou uma explicação "de duas vias" da estratégia internacional soviética que se tornaria sabedoria convencional nos anos 1970, mas era original e provocativa em seu tempo. De acordo com sua análise, havia uma continuidade fundamental de metas soviéticas, mas estas só podiam ser buscadas ou pela tática de alianças — como na época da Frente Popular, ou, por um breve momento, após a derrota de Hitler —, ou então por atitudes de confronto em momentos apropriados e em locais vulneráveis.

220   O INSIDER PERIFÉRICO

A implicação, que o Estado de Stalin era dirigido por homens que pensavam em termos não apenas de objetivos ideológicos mas de governo cínico, não era de fato ofensiva aos próprios comunistas — embora eles dificilmente pudessem admitir isso. Mas era profundamente danosa para as ilusões intelectuais de companheiros de viagem da esquerda neutralista, como Claude Bourdet ou Jean-Marie Domenach; a facilidade com que Aron estourava as bolhas das fantasias internacionalistas deles e sua capacidade de relacionar as práticas domésticas dos comunistas franceses a uma estratégia soviética mais ampla ofendeu profundamente as sensibilidades de tais homens e contribuiu poderosamente para a inimizade de vida inteira deles para com Aron.[30]

É difícil lembrar hoje o clima maniqueísta daqueles primeiros anos da Guerra Fria. Para a intelectualidade de esquerda *bien pensant*, qualquer um que não simpatizasse com os comunistas franceses e a União Soviética, que não estivesse disposto a lhes dar o benefício de todas as dúvidas, a atribuir a eles todas as boas intenções, devia ser um agente consciente dos Estados Unidos, um defensor ativo do confronto e mesmo da guerra. Na verdade Aron era surpreendentemente moderado, não diferente de George Kennan em anos posteriores. Ele tinha a opinião de que a União Soviética nunca levaria deliberadamente o mundo para a beira da guerra, preferindo atingir seus objetivos por meio de pressão sutil — daí os estilos alternados de concessão e confronto.

Por essa razão, Aron, como o secretário de Relações Exteriores britânico do pós-guerra Ernest Bevin, via a construção da Aliança Ocidental como um movimento político, até psicológico, e não militar — destinado a tranquilizar a Europa Ocidental e assim torná-la menos vulnerável à pressão comunista em casa e no exterior. Nessas circunstâncias, como Aron disse em um famoso artigo em setembro de 1947, a paz podia ser impossível, mas a guerra era improvável.[31]

O realismo frio de Aron nesses assuntos lhe permitiu ver além das ilusões e das esperanças e decepções ziguezagueantes da década pós-Stalin, quando políticos e comentaristas ocidentais examinavam cada gesto de líderes soviéticos em busca de alguma evidência de détente ou de uma nova abordagem. Aos olhos de Aron, o inescrutável sr. Molotov era uma profilaxia útil contra um retorno às ilusões do entreguerras de "Genebra" — a ideia de que "a paz depende das palavras e da coragem dos homens e do equilíbrio de forças". Escrevendo em 1956, depois dos levantes na Polônia mas antes da repressão à revolução húngara, Aron lembrou a seus leitores que "se os soviéticos se sentissem verdadeiramente ameaçados, eles voltariam à rigidez de anos anteriores. [...] Não vamos confundir nossos sonhos com a quase realidade". E, quando Khrushchev de fato voltou por algum tempo ao estilo e aos métodos da política externa stalinista, Aron usou a ocasião para apontar quão pouca influência as ações ocidentais realmente tinham sobre o comportamento soviético: quando convinha à liderança soviética acabar com a Guerra da Coreia, assinar o Tratado de Paz austríaco ou se reconciliar com Tito, eles iam em frente e faziam isso; mas só então, não antes.[32]

Os insights de Aron derivavam em parte de sua compreensão da natureza ideológica e política do comunismo, mas pelo menos igualmente de seu entendimento, mais antiquado, das relações interestatais. Em suas palavras: "A divisão da humanidade em Estados soberanos precedeu o capitalismo e vai sobreviver a ele." Havia limites para o que mesmo as grandes potências podiam fazer, mas havia igualmente limites para o que podia ser feito para impedi-las de fazer o que quisessem — daí sua atitude levemente cética em relação às Nações Unidas e outras agências internacionais. Essa visão fundamentalmente trágica — a crença de que não pode haver fim para os conflitos entre Estados e de que o melhor que se poderia esperar era uma constante vigilância para limitar os riscos e os danos de confrontos — punha Aron em desacordo com a sensibilidade dominante de sua época: a visão, defendida por muitos em ambos os lados, de que o objetivo das relações internacionais era de alguma forma pôr fim a todas as guerras; fosse por meio do impasse nuclear, da negociação de um "acordo de paz" definitivo ou de uma vitória final de um lado ou do outro. Aron era muito consciente da situação incomum e da história da Europa para ser atraído por tais esperanças ilusórias: "Os europeus gostariam de escapar de sua história, uma história 'grandiosa' escrita em letras de sangue. Mas outros, centenas de milhões, estão lidando com ela pela primeira vez, ou voltando a ela."[33]

Apesar de compartilhar algumas das críticas de De Gaulle à política externa e econômica americana, e de reagir com as sensibilidades feridas de um francês a ataques a seu país nas Nações Unidas, Aron relutava em apoiar os objetivos gaullistas mais amplos de autonomia e independência nuclear. Isso ocorria em parte porque ele considerava qualquer enfraquecimento da Aliança Ocidental um presente para a União Soviética; mas sua principal objeção aos sonhos gaullistas de grandeza nuclear estava em outro lugar. Raymond Aron viu muito cedo, pelo menos duas décadas antes da maioria dos estrategistas militares profissionais, os limites para os usos diplomáticos e militares de armamento nuclear. Em 1957, dez anos antes da retirada britânica do leste de Suez, ele salientou que a crescente dependência dos militares britânicos de armas atômicas e seus gastos reduzidos na variedade convencional minaria sua liberdade de manobra militar e portanto diplomática sem contribuir em nada para melhorar sua segurança. Dois anos depois, ele apresentou o argumento idêntico sobre a *force de frappe* francesa — as armas nucleares francesas só faziam sentido no contexto hipotético de um conflito entre a Otan e a União Soviética, ao passo que para os verdadeiros problemas da França na África ou no Oriente Médio elas não teriam absolutamente nenhuma utilidade.[34]

Apesar de sua ênfase no principal conflito — com a URSS —, Aron estava portanto alerta para as mudanças já em curso no mundo do pós-guerra desde o final dos anos 1950. Mesmo em 1954, ele havia advertido contra apostar todo o orçamento e todos os cálculos militares de um país em uma única arma; as guerras do futuro provavelmente seriam muito diferentes e requereriam um tipo muito diferente de arsenal. Além disso, essas guerras locais não precisavam levar a conflitos internacionais em escala nuclear — ao contrário, já que, se o "guarda-chuva" nuclear garantia alguma coisa, era o espaço para maiores e menores potências se envolverem em conflitos locais ou parciais sem pôr a "paz" em risco. A lógica da política de poder continuava operando, e com ela a necessidade de pensar militarmente em uma variedade de chaves, e não apenas na da devastação nuclear. "Não se aumenta o risco de guerra total ao aceitar as obrigações de guerras locais."[35]

O senso de Aron dos limites e das realidades da política internacional contribuiu para sua atitude em relação à questão de uma nova "Europa". Ao contrário de Jean Monnet e seus acólitos nos ministérios do Planejamento franceses, Aron não era a princípio, um entusiasta incondicional da unidade política da Europa continental. O futuro da Europa Ocidental do pós-guerra, em sua opinião, dependia da reconstrução econômica e da defesa coletiva, nenhuma das quais poderia ser alcançada exceto em estreita associação com os Estados Unidos

224   O INSIDER PERIFÉRICO

e a Grã-Bretanha. De início ele chegou a ser simpático aos desejos britânicos de manter uma distância saudável de projetos políticos europeus — "o exemplo dos parlamentos francês e italiano dificilmente inspira uma confiança incondicional" —, embora nos anos 1960 a situação alterada o levasse a criticar severamente os britânicos por não se adaptarem a um mundo transformado: "Não fiquem meio século atrás. Aceitem que o Velho Continente está buscando seu futuro além dos nacionalismos."[36]

Mas, apesar de seus instintos o preservarem da ilusão de uma única economia europeia — Aron sempre entendeu que a comunidade *econômica* representava um arranjo feliz de estratégias econômicas nacionais fortuitamente compatíveis —, a mesma compreensão das realidades do pós-guerra levou Aron à conclusão de que a era dos Estados-nações europeus independentes acabara para sempre: "Sem negar os obstáculos a ser superados, a ideia de uma Europa unida representa, em nosso século, a última esperança de antigas nações que não têm os imensos espaços da Eurásia e da América."[37] Ele portanto navegava calmamente entre os perigos gêmeos da ilusão nacional gaullista e do desdém esquerdista por uma Europa "capitalista".

Mas a "união cada vez mais estreita" dos pais fundadores da comunidade europeia tinha pouco apelo para Aron, e não apenas porque ele era cético em relação às chances de eles forjarem uma única entidade econômica europeia. Ele também avaliava desde uma fase inicial algo que só agora começou a ficar claro para a liderança política e administrativa da metade ocidental do continente: que sem uma política externa europeia, e um exército europeu para impô-la, o continente carecia dos elementos fundamentais de qualquer entidade soberana e permaneceria à mercê de seus interesses separados. Até que essa situação mudasse, crises políticas e militares internacionais continuariam a ser tratadas não por uma "Assembleia Europeia" presente ou futura, mas pelas potências diretamente envolvidas — uma observação tão pertinente hoje quanto quando Aron a fez pela primeira vez, no contexto de uma crise inicial na liderança da Otan, em 1959.[38]

Mas o principal interesse de Aron no projeto da Europa era na verdade compartilhado por pelo menos alguns estrategistas políticos franceses e outros europeus: a necessidade de abordar e resolver a "questão alemã". Escrevendo na *Combat* em fevereiro de 1947, num momento em que intelectuais e políticos na França ainda defendiam uma variedade de soluções para o dilema alemão, da partição múltipla à neutralidade unificada, Aron argumentou que a única esperança para um futuro europeu seguro estava na reconstituição de um Estado alemão estável *dentro* de um cenário europeu ocidental. Ele voltaria repetidas vezes a esse tema: nunca mais a Alemanha estaria tão *disponível*, tão aberta a uma solução internacional e fraca demais para se opor a ela. Agora, ele escreveu em janeiro de 1949, é o momento de agir — "nunca houve circunstâncias tão propícias para pôr fim a um conflito secular".[39]

Pelas mesmas razões, Aron foi um defensor comprometido do rearmamento da Alemanha Ocidental quando a questão surgiu, no início dos anos 1950. Como tantas outras coisas no estilo de raciocínio de Aron, essa conclusão foi alcançada não em princípio, mas como reconhecimento de uma realidade, se bem que indesejável: "É lamentável que as circunstâncias nos obriguem a armar a Alemanha. Seria ainda mais lamentável se essas armas tivessem de vir dos 'pacifistas' no Kremlin."[40]

O objetivo estratégico dominante era primeiro inventar um Estado alemão democrático, depois amarrá-lo e a seus cidadãos à Aliança Ocidental, e então dar a ele os meios para desempenhar seu papel na defesa dessa aliança. Esse resultado não era de forma alguma garantido, nem mesmo provável, nos anos imediatamente seguintes à guerra e foi combatido em cada estágio na França por uma aliança profana de comunistas, pacifistas, nacionalistas e gaullistas. O próprio Aron reconhecia a ironia e a impopularidade de um Estado alemão remilitarizado apenas uma década depois da derrota de Hitler — exatamente como ele advertira já em 1956, em um ensaio em coautoria com Daniel Lerner, sobre os riscos de falar pomposamente de "unidade europeia" como se a outra metade da Europa (e a Alemanha) simplesmente não existissem. Mas em nenhum dos casos ele cometeu o erro de confundir seus desejos (ou suas emoções) com a dura realidade.

Ao longo dos textos de Raymond Aron, sejam filosóficos, "científicos sociais" ou políticos, há uma constante: a do realismo. A tarefa do comentarista é abordar o mundo como ele é e oferecer respostas dignas de crédito aos problemas que ele apresenta. Como ele escreveu sobre Max Weber: "Ele estava preparado a qualquer momento para responder à pergunta que desconcerta todos os nossos políticos amadores: 'O que você faria se fosse um ministro do gabinete?'" Intelectuais que se limitavam a descrever — ou admoestar — o mundo estavam condenados: "Se alguém não tem nada a dizer sobre política a não ser para explicar o que outras pessoas estão fazendo, seria melhor não escrever nada sobre ela." Esse entendimento distintivo dos deveres do intelectual punha Aron muito apartado de seus colegas escritores, para quem a ideia de intelectual público era inseparável da ostentação irresponsável. Mesmo quando concordava com seus objetivos, Aron preferia não colocar seu nome em declarações intelectuais coletivas — ele se recusou a ingressar no Comitê de Intelectuais Antifascistas na década de 1930 em razão do que considerava suas ilusões pacifistas, e tomou distância dos defensores da neutralidade na década seguinte, não porque pensasse que a neutralidade era em si um objetivo indesejável, mas porque defendê-la para a França em 1949 era negar os fatos da vida política internacional: "A fórmula da neutralidade, mesmo da neutralidade armada, é típica da recusa a encarar a realidade, do desejo de fuga que caracteriza grande parte da intelectualidade ocidental."[41] Homens como Claude Bourdet ou Maurice Duverger eram irresponsáveis, incapazes de transcender em sua imaginação a diferença entre escrever um artigo e governar um país.

Era em grande medida para combater tais ilusões, para desnudar a irrealidade do engajamento político intelectual, que Aron recorria a uma lógica rigorosa em seus argumentos. Isso podia ser desconcertante mesmo para seus amigos. Apesar de seu compromisso inequívoco com as Forças Francesas Livres (ele passou os anos da guerra em Londres escrevendo para o jornal delas), Aron tinha grande cuidado em suas análises de apresentar Vichy como eminentemente um erro de julgamento político. O erro pétainista tinha sido supor que Vichy podia se beneficiar de seu lugar na Europa de Hitler — um equívoco perigoso e no fim trágico, mas que precisava ser entendido no contexto dos acontecimentos de 1940. A questão era reconhecer os fatos, por mais desconfortáveis ou inconvenientes — "o analista não cria a história que ele interpreta".[42]

Essa consciência da qualidade perturbadora e confusa da realidade era moldada em parte pelo senso de Aron da distância que havia entre seu mundo e aquele dos grandes observadores sociais de uma época anterior. Auguste Comte, ele observou, podia organizar o mundo de acordo com as regras claras de um positivismo universalmente aplicável. Tocqueville podia empregar em suas observações sociais uma teoria das virtudes e dos defeitos da democracia no que ele entendia ser sua encarnação universal (americana). Marx podia aplicar a panaceia universal do socialismo como uma solução futura, e portanto uma explicação prospectiva para as contradições de seu mundo. Mas o comentarista da metade do século XX não tem essas certezas. O mundo moderno é complexo demais para ser reduzido a uma fórmula, uma condenação ou uma solução: "A sociedade moderna [...] é uma sociedade democrática a ser observada sem transportes de entusiasmo ou indignação."[43]

Não obstante, em nenhum momento Aron jamais concluiu dessa observação que o comentarista tem pouca escolha além de aceitar o veredito da história. Na verdade, estava implícito em sua crítica a Karl Mannheim, seus pensamentos posteriores sobre Max Weber e seu enfrentamento polêmico de todo o projeto marxista que o fatalismo — consistisse ele em "assumir a visão de longo prazo", atribuir à História um significado transcendental ou atribuir a uma classe ou nação um papel privilegiado no desenrolar desse significado — era um erro epistemológico que só poderia causar desastre político. O perigo de justificar falsos realistas (ou idealistas) estava sempre presente em todas essas formas de historicismo.

Aron tampouco era um "realista" no sentido que as pessoas entendem quando falam de "realpolitik" — a prática de fazer julgamentos políticos derivados exclusivamente de um cálculo de possibilidades e resultados com base na experiência do passado. Ele não tinha tempo para esse tipo de "realismo teórico" que levava, na prática, a decisões *irrealistas* como a de Chamberlain em Munique. Sua objeção a esse estilo de pensamento se devia em parte às conclusões frequentemente equivocadas a que ele chegava, mas acima de tudo a sua rigidez, com o resultado de que o que começa como cálculo empírico quase sempre acaba como dogma excessivamente restringido por regras: "Na minha opinião a pseudocerteza, baseada na relação entre as apostas e os riscos, em algum cálculo racional atribuído a um provável agressor, não tem mais valor que o dogmatismo da Linha Maginot."[44]

O que significa, então, falar de Raymond Aron como um realista? Em termos propriamente filosóficos ele decerto era realista. Mas isso não era o que ele próprio queria dizer quando se descrevia como um realista. Ele queria dizer, antes, que levava em conta, em seus esforços para entender o mundo, tudo o que considerava real nele — e só o que considerava real. Como ele havia explicado em 1938, na defesa de sua dissertação de filosofia: "Meu livro propõe que renunciemos às abstrações do moralismo e da ideologia e procuremos, em vez disso, o verdadeiro conteúdo das escolhas possíveis, limitadas como elas são pela própria realidade."

Mas, e este é o aspecto importante, a realidade de Aron abrangia não só interesses e poder, mas também ideias. Como Clausewitz, ele dava por certo que *Glaubensache* — crenças de todos os tipos — constituem um fato sobre a sociedade. Os seres humanos têm crenças e são movidos por elas de várias maneiras, e isso é tão parte da realidade quanto a disposição de armamentos ou as formas de produção. O "realismo", na visão de Aron, era simplesmente irrealista se ignorasse os julgamentos morais que os cidadãos fazem sobre os governos, ou os interesses morais reais e imaginários de todos os atores em uma sociedade. É por essa razão que o realismo de Raymond Aron era tão melhor para explicar e predizer acontecimentos em seu tempo do que os comentários e prognósticos desencantados e "realistas" de sovietologistas e outros que compartilhavam suas preocupações mas não sua amplitude de entendimento.

Mas a mesma sensibilidade às variedades da motivação humana que tornava o realismo de Aron tão diferente do ceticismo astuto de alguns de seus colegas também o punha firmemente contra qualquer inclinação ao que ele desdenhosamente descartava como "moralizante". Em um de seus primeiros textos, o artigo de janeiro de 1934 argumentando contra a objeção de consciência que primeiro o trouxe à atenção de Elie Halévy, entre outros, Aron explicitou a distinção que influenciaria suas análises políticas ao longo da vida: "O ministro que condena a guerra e se prepara para ela não pode ser acusado de hipocrisia. É simplesmente uma questão de distinção entre ética pessoal e política real." O argumento é repetido em um manuscrito por muito tempo inédito do fim dos anos 1930, no qual Aron cita Pareto: "Quem olha para os fatos objetivamente e quem não fecha os olhos de maneira deliberada para a luz é ainda assim obrigado a reconhecer que não é fingindo-se de moralistas nervosos que os governantes trazem prosperidade para seus povos."[45]

Essa extrusão cuidadosa da dimensão moralizante de todos os seus textos analíticos deu a Aron a reputação de um escritor frio, não comovido por sentimentos (o seu próprio ou o de outros) e confinado no domínio do que François Mauriac uma vez chamou sua "clareza indiferente". Não há dúvida de que Aron fazia questão de ser claro e racional acima de tudo — *"ce vertige de lucidité"* [essa vertigem de lucidez], como Alfred Fabre-Luce a descreveu — e não via nenhuma virtude em apelar para os sentimentos ou as sensibilidades de um leitor ou de uma audiência. Isso não significava que ele não tinha sentimentos. Longe disso — mas as tragédias privadas de sua vida (uma filha morreu de leucemia quando tinha 6 anos, outra

O PESO DA RESPONSABILIDADE   231

nasceu deficiente) haviam lhe ensinado a isolar suas emoções de sua razão, para melhor preservar essa última. Como ele se descreveu quando foi admitido na Académie des Sciences Morales et Politiques, ele era um "homem sem partido, cujas opiniões ofendem primeiro um lado e depois outro, um homem que é ainda mais insuportável porque leva sua moderação ao excesso e esconde *suas paixões sob seus argumentos*".[46]

Homens assim sempre estiveram em desvantagem na França. "Os representantes do espírito crítico na França são desacreditados pela acusação de frieza. Presume-se que eles careçam de imaginação, esperança e generosidade, como se a inteligência só pudesse prosperar à custa da atrofia das sensibilidades."[47] No caso de Aron, as consequências podem ser vistas talvez mais claramente em sua contribuição para o agoniante debate francês sobre a Argélia.

Raymond Aron não era em princípio contra colônias francesas. Ele se ressentia da omissão americana e britânica de ajudar as forças francesas em conflito no Vietnã e compartilhava a opinião, generalizada na classe política de seu tempo, de que a identidade da França estava intimamente ligada a suas posses e sua influência no mundo; a França tem o dever, ele escreveu em *Le Figaro* em outubro de 1955, de tentar manter o Norte da África "na esfera da civilização moderna". Mas, sem nenhuma experiência pessoal do Norte da África em geral, e da Argélia em particular, ele não sentia nenhuma ligação emocional particular com o Magrebe e passou a ver o envolvimento de seu país ali como caro e inútil. A rebelião na Argélia tornou tristemente claro que a França só poderia manter o controle do país por meio da aplicação de uma força considerável.

Consequentemente, como Aron argumentou em dois panfletos incisivos publicados em 1957 e 1958, havia chegado o momento de dar aos argelinos sua independência. Ele baseou essa conclusão em três fundamentos caracteristicamente aronianos. Melhorar a condição da população nativa da Argélia para um nível compatível com a condição de membros iguais da nação francesa, e proporcionar a ela direitos políticos e representação iguais, como proposto pelos defensores liberais do status quo, seria insustentavelmente caro (e portanto impopular entre os cidadãos contribuintes). Também acarretaria um grau de presença argelina na vida política francesa — projetando para a frente as taxas de crescimento muito maiores da população árabe — que provavelmente seria inaceitável para os franceses metropolitanos. Em suma, os franceses estavam se iludindo, sem falar de enganando os árabes, quando prometiam igualdade e representação igualitária no futuro — tendo-a recusado firmemente no passado.

Em segundo lugar, embora fosse verdade que os argelinos árabes ficariam muito melhor se permanecessem sob domínio francês, esse não era um fator que se poderia esperar que eles levassem em conta. "É uma negação da experiência do nosso século supor que os homens sacrificarão suas paixões a seus interesses." Embora não tivesse nenhum interesse na causa nacionalista como tal, Aron foi capaz de compreender seu poder de movimentar milhões, e a temeridade de se opor a ela. E não via nenhum sentido em debater se realmente *havia* ou não uma "nação argelina", com reivindicações de autogoverno e coisas semelhantes, como se a afirmação feita por alguns de que "argelinidade" era uma invenção moderna de alguma forma prejudicasse a causa da independência. "Pouco importa se esse nacionalismo é a expressão de um uma nação real ou imaginária. O nacionalismo é uma paixão, determinada a criar a entidade que ela invoca."

Em terceiro lugar, uma vez que ficara claro que a única solução mutuamente aceitável para o imbróglio argelino era uma separação dos caminhos — e para Aron isso era óbvio em 1957 —, não fazia absolutamente nenhum sentido esperar. "A multiplicação de pretensos Estados soberanos, que carecem dos recursos intelectuais, econômicos e administrativos necessários para o exercício da soberania, não é intrinsecamente desejável. Não sou fanático pelo 'abandono de soberania'. Mas me oponho mais a guerras coloniais do que ao abandono da soberania, porque as primeiras de qualquer maneira produzem o último — nas piores condições possíveis."

Note-se que aqui Aron não está invocando a inevitabilidade histórica, muito menos uma teoria do progresso necessário. A Guerra da Argélia não precisava ter acontecido. Os interesses de seus participantes não eram beneficiados pelos resultados que eles buscavam. E, mesmo que o resultado estivesse em certo sentido predeterminado, ainda que apenas pela negligência colonial francesa, isso não o tornava "correto". Mas os franceses não tinham conseguido segurar o Norte da África, e havia chegado o momento de reconhecer isso e tirar a única conclusão possível. Homens razoáveis podiam discordar sobre isso — como Aron escreveu em um contexto diferente, "Confrontados com este trágico dilema, homens de igual patriotismo podem fazer escolhas totalmente opostas".[48] Mas, exatamente por essa razão, o patriotismo não podia ser invocado em nenhum dos lados — embora o interesse prático da França pudesse ser, como Aron procurou demonstrar.

Raymond Aron portanto apoiou a independência da Argélia, como a maioria esmagadora dos outros intelectuais franceses. Mas seus argumentos eram totalmente diferentes dos deles. Ele não procurou mostrar a legitimidade da reivindicação árabe à independência. Não estava interessado, para esses fins, na dívida moral que os franceses haviam herdado de seu passado colonial e que só poderia ser liquidada pelo abandono do poder colonial. Ele nunca invocou o curso da história ou a mudança "natural" para um mundo pós-colonial. E, acima de tudo, não se referiu à questão emotiva das práticas militares e policiais francesas na Argélia, ao uso de tortura para extrair confissões de suspeitos de terrorismo e ao preço que estava sendo pago por esses crimes na alma da República francesa. A tragédia argelina, para Aron, não estava no dilema moral apresentado a indivíduos apanhados na "guerra suja", mas na ausência de uma terceira alternativa satisfatória a um conflito contínuo ou uma independência "catastrófica". "A ação política é uma resposta às circunstâncias, não uma dissertação teórica nem a expressão de sentimentos."

Aron foi acusado na época de ter precisamente negligenciado a dimensão "moral" da crise argelina da França, de, em sua preocupação gélida com a lógica, não compreender o verdadeiro âmago da tragédia. Sua resposta, quando essa acusação lhe foi feita novamente muitos anos depois, é reveladora. Por que ele não acrescentou sua voz à daqueles que estavam se manifestando contra o uso da tortura? "Mas o que eu teria conseguido proclamando minha oposição à tortura? Nunca conheci ninguém que seja a favor da tortura." E, em termos mais gerais, por que ele não invocou critérios morais em sua argumentação em favor da independência da Argélia? Outros já estavam fazendo isso, e qualquer um que estivesse aberto a esse tipo de argumento provavelmente já estava convencido. "O importante era convencer aqueles que estavam defendendo a posição oposta."[49]

Não pode haver dúvida de que esses eram os motivos de Aron, e eles são tão coerentes e tão racionais como sempre. Mas o cuidado que Aron tomou de evitar *qualquer* aparência de paixão ou sentimento em um momento de debate público extremamente emotivo levanta a suspeita de que, além das recompensas de influência e respeito que ele obteve como resultado desse raciocínio cuidadosamente desobrigado, ele teve talvez uma satisfação excessiva no desapego indiferente por si só. Como ele observou com admiração sobre Clausewitz: "*Sine ira et studio*: ele não aprova nem condena, apenas registra." Mas essa não é uma postura totalmente compatível com a responsabilidade política, e, como Aron observou em suas memórias a propósito de seu apoio à política americana no Vietnã, não podemos nos restringir ao papel de "observador das loucuras e dos desastres da humanidade". Havia, portanto, um desconforto autoinfligido na abordagem ultrarracional de Aron de debates especialmente acalorados: ele se privava do prazer de ceder a seus próprios sentimentos humanos. Como ele disse, novamente no contexto de seu estudo de Clausewitz: "Quem quer que reflita hoje sobre guerras e estratégia deve erguer uma barreira entre sua inteligência e sua compaixão." Mas Aron forçou seus leitores a admirá-lo, a despeito deles próprios, pelo poder absoluto de seu raciocínio: "Democratas e liberais, se o entenderem corretamente, podem pelo menos aprender com ele rigor conceitual."[50]

Quaisquer que sejam seus custos, esse rigor conceitual tornava Aron, para seus admiradores, pelo menos, a "âncora ética e lógica no pensamento francês contemporâneo".[51] Sua capacidade singular de ver claramente os desenvolvimentos de seu tempo, e interpretá-los com precisão, o distingue de seus colegas intelectuais. Em quase todas as questões de importância para seus ex-colegas de esquerda, Aron compreendeu as apostas mais cedo, e melhor. Foi notavelmente presciente não só da ascensão do fascismo mas também de seu resultado provável: em 1939, ele observou que o regime de Mussolini podia muito bem dar lugar a uma restauração política legal ou conservadora, ao passo que a revolução nazista não podia.

No início da década de 1960 Aron previu corretamente que o apoio francês a Israel, então muito marcado, seria substituído por um esforço inevitável de reconciliação com ex-colônias em todo o Mediterrâneo. Em 1956 ele já havia antecipado, trinta anos antes da maioria dos outros comentaristas, os problemas que a União Soviética enfrentaria em suas posses "coloniais" na Ásia Central, pagando o preço por ter encorajado o anticolonialismo em outros lugares; e em 1969 ele previu as futuras explosões na Polônia, comentando sobre o afastamento de pessoas e instituições do regime, num momento em que o controle do comunismo sobre aquele país parecia inabalável ainda por muito tempo.[52]

Mesmo a postura "reacionária" de Aron em 1968, em um recuo horrorizado diante da turbulência cívica desproporcional provocada pelo "psicodrama" da revolta estudantil, foi acompanhada por sua dissidência da resposta conservadora convencional. Ele não tinha paciência para aqueles que condenavam a "sociedade de consumo" enquanto a pobreza ainda perseguia grande parte do globo; "mas aqueles que estão obcecados por taxas de crescimento ou níveis de prosperidade não são menos irritantes". O regime gaullista agora estava pagando o preço por seu autoritarismo presunçoso, Aron concluiu: ele precisava do choque trazido por "um reservatório de violência e indignação de massa". Aron combinava a compreensão da frustração francesa com a ineficiência e o abuso de poder nas instituições de ensino e nos locais de trabalho com a rejeição cética do ilusório humor "revolucionário" do momento.[53] Em retrospecto, essa parece uma avaliação razoável, e no conjunto, justa, dos acontecimentos, embora ela lhe tenha granjeado poucos amigos na época.

O que ele talvez não tenha compreendido totalmente foi o humor característico da "geração de 68", com o resultado de que sua rejeição da imitação autoindulgente do estilo revolucionário por seus membros o levou a subestimar o impacto de longo prazo sobre a vida pública e a cultura francesa dos acontecimentos daquele ano. Mas aqui também a resposta dele parece, se não totalmente perceptiva, pelo menos de alguma forma adequada. Havia algo embaraçoso e ocasionalmente grotesco no entusiasmo com que muitos outros professores seniores deixavam crescer o cabelo, renovavam suas opiniões, apimentavam sua linguagem e se esforçavam demagogicamente em superar seus próprios alunos em fervor iconoclasta. O que Aron perdeu em apoio ele ganhou em respeito e dignidade; essa também é uma maneira de estar certo.

Aron não estava, é claro, sempre correto e não era sempre coerente, até mesmo no seu entender. Durante os anos 1950 ele por vezes adotou um tom alarmista inadequado, normalmente em seu jornalismo. Em fevereiro de 1955, ele parece ter ficado desnecessariamente preocupado com a possibilidade de Adenauer não conseguir manter não apenas a República Federal mas até mesmo os próprios democratas cristãos livres das tentações do neutralismo. Sua antipatia raivosa por Nasser ("o Führer egípcio") o levou no momento da crise de Suez a fazer analogias implausíveis e enganosas com Munique, e a entender de maneira totalmente equivocada os interesses e as intenções americanas ("Forçado a escolher, Washington não optará pelo Egito de Nasser contra a Grã-Bretanha e a França" — o que, claro, foi exatamente o que Eisenhower fez). Ele chegou mesmo a arriscar previsões loucas e sem fundamento de desastre no caso de vitória de Nasser: "Se o pan-islamismo empurrar os britânicos para fora do Oriente Próximo e os franceses

238   O INSIDER PERIFÉRICO

para fora do Norte da África, não vai demorar muito para que os americanos sejam expulsos da Europa."[54]

Como essa última observação sugere, esses erros que Aron fazia em sua avaliação da situação política nos anos do pós-guerra normalmente derivavam de sua dominadora preocupação com a União Soviética e a ameaça que ela apresentava. Tendo sido um dos primeiros a entender, em 1945, o papel que seria desempenhado pela URSS após a derrota de Hitler, Aron foi ocasionalmente vítima da avaliação da própria União Soviética de suas perspectivas. Em 1975, ele podia escrever que "a superioridade da república americana sobre a União Soviética pertence ao passado". Mas ele também entendia o risco de distorção que corria nessa atenção inabalável à ameaça soviética — no final dos anos 1960, em uma passagem levemente autocrítica, ele reconheceu como era fácil esquecer que os Estados Unidos, em seu medo do comunismo global, também sustentam regimes indefensáveis. Pode ser, como André Maurois observou certa vez e Aron de certa forma admitiu, que ele pudesse ter chegado muito mais perto de ser o Montesquieu de nossos tempos se tivesse se distanciado um pouco mais do curso dos acontecimentos.[55]

Aspirasse ele ou não a se igualar com Montesquieu (ou Tocqueville), não há dúvida de que Aron, especialmente em seus últimos anos, foi movido pela sensação de que não havia cumprido sua promessa. A pista para isso está em sua resposta a um jornalista que lhe perguntou, alguns anos antes de sua morte, de qual de seus livros ele mais gostava. Ele omitiu todos os seus textos ocasionais, seu jornalismo do pós-guerra, seus ensaios polêmicos e suas muitas incursões na teoria sociológica, na ciência política e nas relações internacionais. O que ele mais admirava em sua escrita, pensava ele, eram três livros: *Introduction à la philosophie de l'histoire*, *Histoire et dialectique de la violence* (sua alentada análise de resposta a *Critique de la raison dialectique*, de Sartre) e *Penser la guerre: Clausewitz*. Talvez também seu *Essai sur les libertés*.

Essa é uma lista muito reveladora. Ela mostra que mesmo no final de sua carreira Aron se via como o que tinha sido desde o início — um filósofo. E claramente se arrependia de não ter escrito a grande obra de filosofia que se esperava dele. Em vez disso, a história havia intervindo. Como ele escreveu de Colônia para Guéhenno em maio de 1931: "Acredito que em outro tempo eu teria sido tentado a vagar entre os dilemas da metafísica; mas, como toda a minha geração, eu tenho uma sensação de instabilidade e ansiedade que deixa pouco espaço para atividades de lazer." Em vez disso, Aron gastou seu tempo e sua energia em uma dúzia de campos diferentes, nenhum deles totalmente digno de seus talentos. Não está claro se o livro que ele teria escrito seria uma sequência de sua dissertação ou um comentário extenso sobre o marxismo, "o livro [...] sobre o qual estive pensando por quase quarenta anos". Em ambos os casos ele teria completado um todo. Quanto às obras que ele *havia* escrito: "Tudo isso não forma nenhuma unidade, é imperfeito e inacabado; mas quem quer aprender tudo não pode perseguir plenamente nenhum dos assuntos em que se envolve."[56]

O estudo em dois volumes de Clausewitz, quaisquer que sejam suas virtudes como relato revisionista do teórico militar alemão do século XIX, é interessante (e talvez fosse apreciado por seu autor) porque é um relato tão revelador das sensibilidades do próprio Aron. Ele se identificava muito com a solidão e a independência de espírito de Clausewitz: "De opiniões conservadoras, ele era tomado por um estraga-prazeres, um chato, tal era sua insistência em se aferrar a uma opinião se ele a achasse correta." E Clausewitz também foi consumido no

240 O INSIDER PERIFÉRICO

fim por uma sensação de não ter atendido a seus próprios padrões exigentes — "Quanto a meus sentimentos mais íntimos: se eu não registrei um grande corpo de proezas, estou pelo menos livre de qualquer fardo de culpa".[57]

No entanto, de todas as autocríticas de Aron, a mais reveladora é a que pode provar ser a mais desconcertante para a posteridade. E ela é seu complexo de vida inteira de inadequação vis-à-vis Jean-Paul Sartre. Não é que Raymond Aron se sentisse de alguma forma inferior a Sartre como filósofo — na verdade, ele era um dos poucos homens de sua geração que podia enfrentar Sartre nesse campo e combatê-lo em seus próprios termos (como Sartre sabia muito bem e havia reconhecido em dias anteriores, mais amigáveis). Aron tampouco tinha muito respeito pelas incursões de Sartre em discussões políticas ou sociais nas décadas do pós-guerra, como ele mostrou em sua devastadora destruição polêmica dos vários esforços complicados de seu velho amigo para casar raciocínio "existencialista" com análise marxista.

Mas a questão é exatamente essa. Aron passou uma enorme quantidade de tempo lendo e respondendo a publicações de Sartre, tratando-as com seriedade absoluta. Ele permaneceu, desde a ruptura entre eles, em 1947, até a reconciliação formal, pouco antes da morte de Sartre, o melhor e mais simpático leitor e crítico de Sartre. Este, ao contrário, ignorava regiamente os textos de Aron depois de 1947, distorcia seu conteúdo e significado nas raras ocasiões em que se referia a eles e se recusava a qualquer conversa ou discussão.

O comportamento de Aron é facilmente explicado. Ele admirava e achava que encontrava em Sartre exatamente o que, segundo ele mesmo, faltava em seu trabalho. Sartre era ambicioso, um criador de sistemas, um pensador "original" que podia escrever peças de teatro e romances com a mesma

O PESO DA RESPONSABILIDADE   241

facilidade com que produzia tomos de vários volumes de epistemologia aplicada. Aron, ao contrário, era impulsionado pelo medo do erro, dizendo e escrevendo apenas o que sabia ser verdadeiro e que poderia apoiar com lógica e evidência. Faltava-lhe — ou ele achava que faltava — a centelha de originalidade criativa que assumia riscos, a qual o teria libertado para escrever seu grande livro. Ele tinha muita consciência de que a produção filosófica de Sartre era um fracasso (tipicamente, ele não se sentia competente para julgar a ficção e o teatro de Sartre), mas era um fracasso *grandioso*.

Os textos do próprio Aron, a seus olhos, eram em geral um sucesso. Mas era um sucesso *parcial*, e ele invejava em Sartre a *grandeza* de suas capacidades e suas ambições. Esse sentimento de inadequação de vida inteira — cuja plena extensão só foi revelada com a publicação de suas memórias pouco antes de ele morrer, e mesmo assim só em um tom atenuado — é, como tanta coisa em Aron, admirável. Ele era honesto demais e autocrítico demais para conter a admiração por um adversário político ou negar um companheirismo intelectual anterior. Mas, longe de lhe trazer amigos, essa postura distintivamente *moral*, em uma comunidade intelectual caracterizada pela rivalidade pessoal e pela má-fé, simplesmente o isolou ainda mais daqueles para quem ele era instintivamente atraído.

Que Aron foi uma figura solitária na vida intelectual francesa durante a maior parte de sua vida adulta, até que, bem no final, ele se tornou um objeto de adulação e respeito acríticos, é algo que está fora de questão. Mas não se deve exagerar seu isolamento. De acordo com Branko Lazitch, "É um eufemismo dizer que ele não era bem-vindo no establishment intelectual parisiense. Ele foi banido da comunidade",[58] e é verdade que o anticomunismo intransigente de Aron o tornou indesejável em círculos intelectuais e acadêmicos *bien-pensants* de 1947 até o início dos anos 1970. Mas havia outros mundos, e nestes ele era bem recebido e muito respeitado. Ele foi um dos membros fundadores do Congresso pela Liberdade Cultural, em 1950, um colaborador frequente de *Preuves* e outros periódicos respeitados e um participante regular e muito considerado em encontros acadêmicos e intelectuais no exterior, onde acumulou muitas honras e elogios.

Além disso, Aron provavelmente sentia prazer em provocar a animosidade e o ressentimento de seus antigos companheiros entre a intelectualidade francesa de esquerda. Como Clausewitz, ele sentia pouco mais que "desprezo" pelas "idiotices superiores de filósofos e da opinião pública". Sua rejeição arrogante do populismo demagógico de seus colegas professores em 1968 capta algo disso: "Os intelectuais — os verdadeiros, os grandes, e mesmo os não tão grandes e os não tão verdadeiros — continuarão a me desprezar por não jogar o jogo, por não perseguir a popularidade bajulando os jovens e fazendo concessões a ideias da moda." Se Aron estava sozinho — em dezembro de 1967, ele descreveu um livro que acabara de escrever como "o testemunho de um homem solitário" —, essa condição não lhe era inteiramente desagradável.[59]

Havia outros benefícios para o isolamento intelectual. Como François Furet observou, a evitação por Aron de engajamentos de todos os tipos serviu como um "sistema de proteção mental", permitindo a ele escolher cuidadosamente entre suas afinidades e seus estilos de argumentação sem ser escravo de nenhum deles. Ele era um político liberal que escrevia em um jornal diário conservador; um liberal econômico que abominava a construção de sistemas hayekiana (embora admirasse a coragem não conformista do austríaco); um crítico do establishment que revelava um desgosto profundo por todas as formas de desordem e confusão, tanto mental como social; um anticomunista que encontrava pouco a admirar ou imitar no "modelo" americano — "a economia dos Estados Unidos não me parece um modelo nem para a humanidade nem para o Ocidente" — e assim por diante.

Dessa posição elevada desconfortável mas impecável, acima de uma variedade de cercas, ele negava a si mesmo o prazer fácil de se submeter à história ou ao princípio. Quando se tratava de decidir sobre instituições públicas de primeira ordem, como formas de sufrágio ou níveis de tributação, Aron apontava as falhas de *todas* as formas de dogmatismo e chegou perto de uma versão da razão pragmática — "Não é um princípio geral que decide tais questões, mas sim os valores acordados da comunidade".[60]

No entanto, isolamento é isolamento, e Aron pagou um preço. Ele foi regularmente difamado por seus ex-amigos e pelos seguidores destes durante mais de um quarto de século. Seus instintos intelectuais e acadêmicos o atraíam a buscar o envolvimento com uma comunidade que se recusava a ouvir ou responder. Foi preciso uma considerável coragem moral — e também física, em várias ocasiões — para se rebelar contra modas intelectuais e correntes políticas e negar a si mesmo os prazeres da comunhão com seus pares naturais. Como Maquiavel, ele tinha a coragem de seguir a lógica de suas ideias — com algumas consequências semelhantes no grau em que elas eram distorcidas nas mãos de seus inimigos.

Seu amigo Manès Sperber notou a independência de espírito incomum de Aron e sua capacidade de permanecer firme em face das "provocações dos poderosos", e foi também Sperber quem fez uma observação geral sobre a independência intelectual que se aplica com força especial a Aron: "Cada pessoa determina por sua própria autoridade o preço que pode pagar, ou se recusar a pagar, por sua vida, e do mesmo modo cada um decide qual *sacrificium intellectus* pode fazer pela preservação da valiosa concórdia com seus amigos". Aron determinou muito cedo em sua vida que no seu caso o sacrifício intelectual não seria pago. Na expressão reveladora que ele empregou em 1950 para descrever a posição pública de David Rousset contra os campos de concentração de Stalin, Aron "se rebelou" contra a confusão e a concessão intelectual, e assim permaneceu.[61]

Há, porém, uma dimensão da vida e do pensamento de Aron em que um grau de confusão de fato reinava e em que, como ele próprio admitiu, ele fez concessões das quais mais tarde se arrependeria. Raymond Aron era judeu. Como a maioria dos judeus franceses de sua geração e origem (sua família veio originalmente da Lorena), ele era completamente assimilado; a seu próprio ver, ele era um francês de origem judaica sem nenhum dos traços objetivos ou subjetivos de pertencimento a uma comunidade judaica distinta. Mas isso não significava que Aron não tivesse consciência de sua condição de judeu, ou que ela não desempenhasse nenhum papel em suas ações públicas.

Pelo contrário: em seus esforços para despertar a consciência pública sobre a ameaça alemã na década de 1930, ele deliberadamente minimizou o aspecto antissemita do nazismo. Em um artigo publicado em setembro 1933, Aron até "reconheceu" a parcela de responsabilidade dos judeus alemães por sua situação corrente — "Com certeza, os judeus foram imprudentes. Eles eram visíveis demais." Aqui, como em outras ocasiões, Aron estava consciente de sua situação, escrevendo como judeu num momento em que o antissemitismo estava em ascensão na vida pública francesa. Muitos anos depois, ele atribuiria a isso seu envolvimento limitado em assuntos públicos franceses antes da guerra: "Eu era judeu, eu era suspeito."[62]

Durante os anos da guerra em Londres, a crítica igualmente cautelosa de Aron ao regime de Vichy, que nunca lidou com a questão do seu tratamento aos judeus, é surpreendente para as sensibilidades de hoje. Parte disso pode ser atribuída a sua geração, para a qual os crimes de Vichy foram sempre em primeiro lugar políticos e não morais. Mas não há dúvida de que Aron viveu 1940, como ele escreveu mais tarde, "tanto como francês quanto como judeu" (embora na época tenham sido provavelmente suas sensibilidades como francês que sofreram o maior dano). No exílio, porém, ele tomou a "precaução emocional" de pensar o mínimo possível sobre o que os franceses estavam fazendo aos judeus, e seus textos na imprensa das Forças Francesas Livres não revelavam nenhum interesse no assunto (embora nisso ele não fosse diferente de seus companheiros gaullistas e outros resistentes). Mesmo depois da guerra ele mostrou apenas um interesse ocasional no tema dos judeus, dirigindo-se à B'nai B'rith em 1951 na primeira pessoa do plural — "nós judeus" —, mas escrevendo muito raramente sobre Israel, e nunca sobre a Shoah.[63]

Essa "repressão", como Aron mais tarde passaria a vê-la, era naturalmente característica dos judeus assimilados em todos os lugares na sequência de Auschwitz. Mas para Aron, como para muitos judeus franceses, tudo mudou em 27 de novembro de 1967. Naquele dia, o presidente De Gaulle concedeu uma entrevista coletiva sobre a questão do Oriente Médio, destinada em parte a recuperar nos países árabes a audiência e os amigos da França, antipatizada pelo que eles viam como a contribuição militar da França para o sucesso de Israel na Guerra dos Seis Dias em meados daquele ano. No decorrer de uma declaração preparada, De Gaulle descreveu os judeus como "um povo de elite, autoconfiante e dominador [*sûr de lui et dominateur*]". A partir desse momento, e até o final de sua vida, Aron tentaria pesarosamente lidar com sua condição de judeu, relutante a suprimi-la em face do preconceito, incapaz de assumi-la plenamente. Essa luta privada era em grande medida mascarada da vista do público, em parte porque Aron sempre guardava para si seus problemas privados, em parte porque ela era recoberta por disputas públicas mais visíveis — sobre os acontecimentos de maio de 1968, sobre o Programa Comum da Esquerda nas eleições de 1973 e assim por diante. Mas sua proeminência no pensamento de Aron está fora de questão.

A raiva de Aron pela linguagem de De Gaulle foi descrita por um biógrafo como uma compensação pela frustração — e talvez a culpa — de seus anos em Londres, seu longo silêncio sobre Vichy. Talvez. Mas não pode haver dúvida de que, nas palavras do próprio Aron, "uma eclosão de judaísmo explodiu dentro de minha consciência francesa". E ela começou a invadir o pensamento político de Aron, como se retroativamente. Ele se tornou cada vez mais preocupado com os anos da guerra — "De certa forma, os acontecimentos da guerra se enterraram cada vez mais fundo dentro de mim. Eles significam mais para mim agora [1981] do que em 1945 ou 1946. É um paradoxo, mas é assim." Ele começou a usar exemplos judaicos em seus textos teóricos — em um artigo de 1969, ele ilustrou o conceito de "liberdade negativa" por referência ao direito de frequentar ou não frequentar o templo. Ele pensou em chamar suas planejadas memórias de *Souvenirs d'un Français juif* [lembranças de um francês judeu]. E começou a refletir de modo crítico sobre sua intolerância anterior a judeus que afirmavam ser plenamente judaicos embora rejeitassem tanto a religião quanto o sionismo.[64]

Sobre Israel ele havia sempre mostrado um grau de ambivalência, mesmo antes do discurso de De Gaulle. Em 1955, ele confessou ter uma simpatia natural pela "causa" de Israel: "Meus sentimentos não são neutros e vou defendê-los de bom grado." Mas, inteiramente de acordo com seu caráter, ele apontou que poderia, por isso mesmo, entender também a posição árabe: "Não vejo nenhuma razão para que um árabe não fosse irresistivelmente atraído para a posição oposta." No ano seguinte, depois de sua primeira visita a Israel, Aron expressou admiração calorosa pelo exército e por seus "pioneiros combatentes" e se declarou convencido de que um Israel autoconfiante cresceria e prosperaria.[65]

Mas é curioso notar que, na sequência de 1967, a compreensão analítica de Aron sobre todo o complexo de questões acarretado por sua identidade judaica ficou menos firme, e não apenas, como ele admitiu após a Guerra dos Seis Dias, porque seu julgamento das perspectivas militares de Israel naquela guerra tinha sido obscurecido pelos temores que ele tinha pelo futuro do país. Assim, os ensaios na coletânea de 1968 *De Gaulle, Israel et les juifs* são estranhamente soltos e inconclusivos, como se o autor não tivesse sido capaz de levar seus argumentos a uma resolução nítida. No decorrer da década de 1970 a questão da relação de Aron com Israel como judeu francês surge em lugares improváveis — na conclusão de seu estudo de Clausewitz, no qual ele vagueia inseguro pelo terreno das reivindicações israelenses e palestinas, ou antes nesse mesmo livro, em que a própria odisseia de Clausewitz, de Jena a Waterloo, é implausivelmente comparada à dos judeus no navio *Exodus*, levado de porto a porto "em busca de uma terra onde eles pudessem exercer os direitos de homens tornando-se mais uma vez cidadãos". Em vários ensaios e palestras ele inclui o problema da identidade judaica — ela é étnica, religiosa, histórica, cultural, nacional? — e o leitor fica surpreendido e decepcionado ao descobrir que Raymond Aron não tem nada mais interessante ou lúcido a dizer sobre esses tópicos polêmicos do que qualquer outro comentarista.

Finalmente, em 1983, Aron deu uma entrevista para a revista franco-judaica *L'Arche* em que a certa altura lhe foi perguntado por que ele, um judeu francês não praticante assimilado, se sentia incapaz de romper suas ligações com o judaísmo e Israel, em particular em vista de suas críticas à política de Israel nos últimos anos. Sua resposta pode representar um marco, um guia para os limites exteriores do racionalismo aroniano: "Em última análise, eu não sei. Sei que não desejo fazer esse rompimento. Talvez por lealdade a minhas raízes e a meus antepassados. Talvez pelo que eu chamaria de medo de arrancar essas raízes de seu solo. *Mas isso tudo é abstrato: é apenas a justificativa para uma escolha existencial. Não posso dizer mais.*"[66]

Raymond Aron escreveu e atuou na contramão da França de seu tempo de tantas maneiras que é preciso um esforço de imaginação para ver nele o homem que ele realmente era: um patriota em defesa da França e um pensador totalmente francês. Seu patriotismo é palpável — ele certa vez descreveu suas duas paixões na política como a França e a liberdade, e é claro que em sentidos importantes as duas eram para ele uma coisa só. Em mais de uma ocasião nos anos 1950 seus sentimentos como francês foram audivelmente magoados com as críticas internacionais a seu país — em um comentário irritado sobre ataques do "Terceiro Mundo" nas Nações Unidas, ele escreveu: "Nós estamos fartos de ser repreendidos por governos que não aplicam e não têm intenção de aplicar as ideias que obti-

O PESO DA RESPONSABILIDADE   249

veram de nós e em cujo nome eles nos condenam."[67] Esse sentimento nacional ofendido ocasionalmente dava o tom a seus julgamentos, como vimos na época de Suez.

Foi a identificação de Aron com a França e seus interesses que o aproximou do general De Gaulle, embora ele nunca fosse um gaullista (Jean-Louis Crémieux-Brilhac o descreve como "o único antigaullista não passional em Londres durante a guerra"). Nos anos imediatamente seguintes à guerra, ele apoiou o general, reconhecendo nele um homem que tinha, nas palavras de Aron, todas as qualidades e todos os defeitos do Príncipe de Maquiavel, e novamente ofereceu seu apoio cuidadoso novamente quando De Gaulle retornou como resultado da crise da Argélia de 1958. Durante os anos 1950 ele chegou a compartilhar os pontos de vista de De Gaulle sobre a hipocrisia da política americana em relação ao Terceiro Mundo: "Os americanos não têm a consciência pesada quando as companhias de petróleo pagam a senhores feudais milhões de dólares para apoiar regimes sórdidos; mas se sentiriam mal se sua influência ou seu dinheiro ajudassem os norte-africanos (franceses e muçulmanos) a construir juntos uma comunidade moldada pelo espírito da civilização ocidental."[68]

Mas a relação deles foi sempre difícil. Aron considerava a abordagem gaullista da política externa, das armas nucleares e da Aliança Atlântica arrogante, contraditória e às vezes irresponsável. Sua leitura da beligerância de De Gaulle, que não fazia nada para melhorar a segurança da França, mas tudo para isolá-la de seus amigos, é interessante: o general, ele pensava, não levava metade do que ele próprio dizia muito a sério, preferindo extrair algum prazer da confusão que semeava. Ele assistia de uma altura olímpica enquanto seus seguidores e seus críticos dragavam sua retórica e seus textos em busca de pistas para suas convicções mais profundas, enquanto eles não eram na prática nada mais que os "instrumentos temporários de seus atos". Aron achava esse tipo de comportamento irresponsável, a pior combinação possível de autocracia e autoindulgência e que não prenunciava nenhum bem para o país.

De Gaulle, que escrevia regularmente a Aron para elogiá-lo sobre suas publicações, não era menos cáustico em troca. Sua reação à publicação de *Le Grand Débat*, ensaio de 1963 de Aron sobre os problemas da Aliança Ocidental, é tipicamente gaullista mas ainda assim perspicaz: "Eu li *Le Grand Débat*, como costumo ler você, aqui e ali, sobre o mesmo assunto. Parece-me que, se você volta a ele incessantemente e com tanta verve, talvez seja porque a linha que adotou não satisfaz totalmente mesmo a você. No fim tudo: 'Europa', 'Comunidade Atlântica', 'Otan', 'Armamentos' etc. se resume a uma única controvérsia: deve a França ser a França, sim ou não? Essa já era a questão nos dias da Resistência. Você sabe como eu escolhi, e eu sei que os teólogos nunca podem estar em repouso."[69]

Aron permaneceu um crítico firme das ilusões internacionais gaullistas muito tempo depois da partida do general — em abril de 1981, ele lembrou aos leitores de *L'Express* que a atitude francesa em relação à URSS, nascida de fantasias sobre o desempenho de um papel entre as "duas hegemonias" e independente delas era obra de De Gaulle. Era ele quem devia assumir a responsabilidade de legar aos seus sucessores a ilusão de que a França tinha um lugar especial nos corações e nas políticas de líderes soviéticos. A questão aqui não era tanto o impacto da França em assuntos internacionais — que Aron corretamente considerava insignificante —, mas sim a omissão generalizada dos franceses de olhar com clareza para a verdadeira condição e as capacidades de seu país.

O PESO DA RESPONSABILIDADE   251

De fato, desde seu primeiro artigo no pós-guerra, na *Les Temps modernes* em outubro de 1945, intitulado "As desilusões da liberdade", passando por seu jornalismo diário dos anos 1950 e 1960 e até seus anos finais, Aron insistiu que o primeiro dever dos franceses era entender o que havia acontecido a seu país e o que agora tinha de ser feito. A França, ele explicava, era um país de segunda ordem — na escala mundial, em 1949, ela era o que a Bélgica havia sido na Europa em décadas anteriores. O que ela precisava, acima de tudo, era deixar de lado os mitos autocentrados — sobre o papel da França durante a guerra, sobre suas perspectivas no pós-guerra — e corrigir as deficiências práticas e gritantes: em seu aparelho de governo, sua infraestrutura econômica, sua cultura política. Era absurdo ao ponto da tragédia, ele escreveu em 1947, que "no Ano Três da Era Atômica" os debates políticos do país ainda estivessem concentrados em uma briga do século XIX sobre o lugar da religião na educação.[70] A qualidade anacrônica da linguagem política francesa era um tema que o preocuparia durante as três décadas seguintes.

Era a atenção cuidadosa de Aron aos problemas práticos de seu país — e sua frustração com a deficiência de intelectuais e políticos em vê-los e levá-los a sério — que contribuía para o tom áspero de seus enfrentamentos com seus contemporâneos. Eram a ignorância e a *irresponsabilidade* deles que ele achava tão irritantes, e em contraste tão grande (no caso dos intelectuais) com as afirmações que eles faziam em seu próprio benefício. Mais que qualquer outra coisa, eles eram totalmente provincianos — e seu desinteresse pela realidade da França, sua preferência por se envolver com problemas universais e utopias estrangeiras, paradoxalmente confirmava isso.

Os pensadores franceses, Aron observou em 1955, subscrevem com entusiasmo as grandes ideias de ontem — Sartre especialmente estando "sempre um ponto de virada atrás". A lealdade dos escritores, pensadores e professores franceses às suas ideias só era igualada por sua completa indiferença à realidade. E outsiders tinham razão para desconfiar da vida intelectual francesa — o isolamento autocentrado dos pensadores franceses era tal que eles nunca consideravam nada importante ou essencial a menos que o debate em questão estivesse sendo conduzido nos termos *deles* e sobre assuntos de interesse para *eles*.

Mas essa crítica esconde um paradoxo. Há um tom distintamente *francês* na condenação por Aron de seus colegas franceses, e ela não deixa de ter uma nota elitista. Aron sabia que era não apenas mais bem informado e mais envolvido com o mundo real do que a maioria dos intelectuais franceses, mas também mais talentoso e mais inteligente. Ele escreve em várias ocasiões sobre *"nos agrégés-théologiens"* (de modo muito semelhante a como Camus escreve sobre as mesmas pessoas como *"nos juges pénitents"*), e tinha um desprezo permanente pela superficialidade de muitos intelectuais, notadamente os da era estruturalista e pós-estruturalista: "Nossos filósofos parisienses preferem um esboço grosseiro a uma obra acabada, apreciam meros rascunhos se estes forem suficientemente obscurantistas. [...] Só o oculto é verdadeiramente científico, balbucia a tribo de filosofadores parisienses — nenhum dos quais jamais praticou nenhuma ciência."

Na França, Aron concluía, uma certa "cultura geral" é valorizada em grande parte porque permite que alguém disserte agradavelmente sobre coisas das quais nada sabe. A despeito de sua própria crítica do efeito esclerosante do sistema francês de seleção e exame, Aron, que era um dos produtos mais brilhantes desse mesmo sistema, não podia deixar de suspeitar dos objetivos acomodados da educação superior de massa. Em

O PESO DA RESPONSABILIDADE   253

1968, ele chegou à conclusão tipicamente aroniana de que, se a "universidade vai preparar as pessoas para nada, então que ela seja reservada a uma minoria. Aberta à massa, ela vai ter de fazer mais do que treinar as pessoas para ler Virgílio, *com a ajuda de um dicionário, além disso*".[71]

Em vista do grande apelo de Raymond Aron para o mundo acadêmico não francês, e da facilidade e familiaridade com que ele se movia em círculos intelectuais anglo-americanos e alemães, vale a pena enfatizar que sua relação polêmica com seus colegas intelectuais franceses, bem como seus textos propriamente acadêmicos, revelam que ele é um pensador caracteristicamente *francês*. Sua estreita familiaridade com a tradição filosófica alemã que dominou tanto o pensamento francês recente não desarmava seu ceticismo muito francês: "A língua alemã é excepcionalmente flexível em filosofia, e como resultado disso tendemos a julgar os filósofos alemães mais profundos do que realmente são." Ele tampouco teria se situado nas tradições britânica ou americana. O positivismo lógico ele menosprezava como "tão provinciano quanto, talvez mais provinciano que, [a filosofia de] Saint-German-des-Près e a intelectualidade francesa de esquerda".

Aron decididamente não era um empirista, apesar de toda a sua preocupação com fatos, e era instintivamente avesso ao minimalismo cético da filosofia analítica moderna de língua inglesa. Como argumentou em 1938, "A história é sempre feita e estudada em relação com uma filosofia, sem o que estaríamos diante de uma pluralidade incoerente", uma posição da qual ele nunca se afastou muito. Trinta anos depois, o mesmo a priori epistemológico o levou a concluir: "É mero jogo de palavras e um abuso de falsas analogias apresentar todas as aspirações humanas na linguagem dos direitos e liberdades."[72]

254   O INSIDER PERIFÉRICO

Vale a pena fazer uma pausa para refletir sobre essa última observação. Um terço de século depois, uma nova geração de pensadores políticos franceses está só agora começando a lidar com a filosofia política liberal americana moderna e a reconhecer seus limites, a redução de muito da aspiração e da experiência humanas a um debate louvável mas restritivo sobre direitos. Quando Aron fez seu comentário, em 1965, ele estava reconhecendo a falha central do pensamento político francês moderno, sua persistente omissão de envolver a questão dos direitos como um problema ético e político, embora advertindo contra a miragem de uma solução importada fácil e abrangente. Aron era seguramente um liberal, mas em um sentido distintamente francês do século XVIII; em certos sentidos importantes a tradição liberal britânica e seus descendentes contemporâneos permaneciam bastante estranhos para ele.

Essa herança de uma tradição anterior perdida de raciocínio político francês é acima de tudo o que distingue Aron e estabelece seu direito à atenção da posteridade. O romantismo radical de Sartre e seus seguidores era paradoxalmente conservador. Não apresentando nenhuma ameaça aos modos de pensar de seu público, e não mostrando nenhum interesse em investigar o espaço entre mudar "tudo" e não fazer nada, ele era na essência convencional. Era, portanto, *irresponsável* exatamente da maneira contra a qual o próprio Sartre já havia advertido, ao passo que Aron levava totalmente a sério o significado original do engajamento, ao qual ele acrescentava uma preocupação distinta com coerência e consistência.

Os intelectuais franceses, ele observou certa vez, não buscam nem entender o mundo nem transformá-lo, mas *denunciá-lo*. Ao fazer isso não só abdicam da responsabilidade por suas próprias circunstâncias, mas compreendem equivocadamente a natureza da condição humana. Nossa luta "nunca é uma luta entre o bem e o mal, mas entre o preferível e o detestável". Essa afirmação, que havia se tornado um truísmo comum entre uma nova geração de autores franceses mas corre o risco de ser rapidamente esquecida, foi corajosa e verdadeiramente "contracultural" no tempo e no lugar em que Aron a fez. Como a coruja de Minerva, Aron trouxe sabedoria para a comunidade intelectual francesa em seus anos de crepúsculo; mas a valorização tardia de sua obra e seu longo isolamento obscureceram a escala heroica de sua contribuição para a vida pública francesa. Aron não era moralista. Mas toda a sua carreira constituiu uma aposta na Razão contra a História, e, na medida em que ele venceu, com o tempo será reconhecido como o maior dissidente intelectual de sua época e o homem que lançou as bases para uma nova partida no debate público francês.

NOTAS

Introdução

1. Ver Pierre Nora (org.), *Les Lieux de mémoire*, 7 vols. (Paris: Gallimard, 1984-92).
2. Esse tópico está esboçado em meu livro anterior, *Past Imperfect* (Berkeley e Los Angeles: University of California Press, 1992 [ed. bras.: *Passado imperfeito*, trad. Luciana Persice Nogueira, Rio de Janeiro: Objetiva, 2007], mas só em relação a um grupo de escritores cuja "irresponsibilidade" (nesse sentido) era minha preocupação ali. Os autores de que trato no presente livro levavam a noção de responsabilidade totalmente mais a sério, e é por isso que são tão interessantes.
3. Muitos intelectuais tinham bom motivo para ignorar, ou reescrever, a história de seus próprios compromissos em dias anteriores. É claro que essa está longe de ser uma exclusividade francesa — é o que testemunha a história problemática (e até recentemente basicamente desconhecida) de escritores na Romênia do entreguerras, em sua maioria admiradores e defensores dos tipos mais desagradáveis de nacionalismo fanático e antissemita. Isso não importaria tanto se alguns deles — mais notadamente Cioran e Eliade — não tivessem sido tão bem-sucedidos em apresentar-se ao Ocidente depois da guerra em uma luz muito diferente.
4. Aqueles intelectuais franceses que não têm nada interessante a dizer sobre essas questões agora tipicamente o dizem aos — e pelos — americanos.

Capítulo 1

1. Stephen Schuker, "Origins of the 'Jewish Problem' in the Later Third Republic", em Frances Malino e Bernard Wasserstein (orgs.) *The Jews in*

258 NOTAS

Modern France (Hanover, N.H.: University Press of New England, 1985), p. 135-81.

2. Para o comentário sobre o ensaio escolar de Blum, ver Joel Colton, *Léon Blum: Humanist in Politics* (Nova York: Knopf, 1966; reedição Durham, N.C.: Duke University Press, 1987), p. 8.

3. Fernand Gregh, *Souvenirs*, vol. 1: *L'Age d'or* (Paris: Grasset, 1947), p. 114; Léon Blum, "Souvenirs sur l'affaire", em *Oeuvres*, vol. 4, parte 2 (1937-40) (Paris: Albin Michel, 1965), p. 559.

4. "L'Idéal socialiste", *Revue de Paris*, 1º de maio, 1924, em *Oeuvres*, vol. 3, parte 1 (1914-28) (Paris: Albin Michel, 1972), p. 348.

5. "Les Congrès Ouvriers et Socialistes Français" (1901), em *Oeuvres*, vol. 1 (1891-1905) (Paris: Albin Michel, 1954), p. 391-493; "Stendhal et le beylisme", prefácio à 2.ed., 1930, em *Oeuvres*, vol. 2 (1905-14) (Paris: Albin Michel, 1962), p. 464.

6. "Mémoires", em *Oeuvres*, vol. 5 (1940-45) (Paris: Albin Michel, 1955), p. 62.

7. André Gide, *Journal 1887-1925* (Paris: Gallimard, 1996), 24 de janeiro, 1914, p. 763; para os comentários de Blum sobre escritores franceses, ver "Nouvelles conversations de Goethe avec Eckermann", 26 de novembro, 1897, em *Oeuvres*, 1:226; para a resenha de Blum do livro de Austen, ver ibid., p. 65.

8. Ver Pierre Vidal-Naquet, *Mémoires. La brisure et l'attente, 1930-1955* (Paris: Seuil/La Découverte, 1995), p. 33.

9. Ver, p. ex., as observações de Blum por ocasião do Jubileu de Hugo, em 1935: "um poeta cujos únicos iguais são Dante e Shakespeare", *Le Populaire*, 24 de maio, 1935, em *Oeuvres* 4, parte 2, p. 475.

10. Ver resenha de Blum de Paul e Victor Marguerite, "*La Commune*", em *La Revue blanche*, republicado em *Oeuvres*, 1, p. 166-68; sobre as responsabilidades pedagógicas da República, ver *Le Populaire*, 21 de junho, 1922.

11. Citado por Vincent Auriol no diário de sua presidência, *Mon septennat 1947-1954* (Paris: Gallimard, 1970), entrada para 21 de novembro, 1947.

12. *Oeuvres*, 1, p. 89.

13. "L'Idéal socialiste"; e "Pour être socialiste" (1919), em *Oeuvres*, 3, parte 1, p. 22-42.

14. "Nouvelles conversations de Goethe", 13 de julho, 1900, 1:320-21.

15. Elie Halévy, carta a Charles Andler, 24 de agosto, 1929, em Halévy, *Correspondance 1891-1937* (Paris: Editions de Fallois, 1996), p. 697.

16. "Souvenirs sur l'affaire", p. 518.

O PESO DA RESPONSABILIDADE 259

17. Sobre o tema dos judeus alsacianos secularizados, ver Annie Kriegel, "Un Phénomène de haine fratricide: Léon Blum vu par les Communistes", em *Le Pain et les roses. Jalons pour une histoire des socialismes* (Paris: Presses Universitaires de France, 1968), p. 235-55, em particular p. 253.

18. Marc Bloch, *Strange Defeat*, trad. Gerard Hopkins (Nova York: Norton, 1968), p. 178, originalmente publicado como *Etrange défaite* (Paris: Editions Franc-Tireur, 1946); Blum é citado por Pierre Birnbaum em *Les Fous de la République. Histoire politique des juifs d'état de Gambetta à Vichy* (Paris: Fayard, 1992), p. 209.

19. Halévy, *Correspondance 1891-1937*, p. 733.

20. "Souvenirs sur l'affaire", p. 557; para a oferta do grande rabino, ver comentários de André Blumel em *Léon Blum chef de gouvernement, 1936-1937* (Paris: Armand Colin, 1967), p. 46; ver também Pierre Birnbaum, *Un Mythe politique: La "République juive"* (Paris: Fayard, 1988), p. 275.

21. Citado em Birnbaum, *Les Fous de la République,* p. 117.

22. "Hommage *à* Weizmann", 1º de fevereiro, 1950, em *Oeuvres,* vol. 6, parte 2 (1947-1950) (Paris: Albin Michel, 1963), p. 442.

23. Ver *Le Populaire*, 5 de agosto, 1923.

24. Jean Paulhan a René Etiemble, 9 de março, 1938, em Paulhan, *Choix de lettres 1937-1945* (Paris: Gallimard, 1992), p. 47.

25. Ver fala de Blum no congresso da SFIO em Marselha, 12 de julho, 1937, em *Oeuvres*, 4, parte 2, p. 42-64, citação da p. 55.

26. "Les Congrès Ouvriers et Socialistes Français"; "Idée d'une biographie de Jaurès", discurso feito em Paris, 31 de julho, 1917, em *Oeuvres*, 3, parte 1, p. 3-21.

27. *Le Populaire*, 19 de dezembro, 1929.

28. Fala no congresso da SFIO em Marselha, 12 de julho, 1937, em *Oeuvres*, 4, parte 2, p. 42-64, citação da p. 48.

29. "Pour être socialiste", p. 23.

30. *Revue blanche*, 1º de janeiro, 1900.

31. *Le Populaire*, 14 de agosto, 1933.

32. *Le Populaire*, 9 de julho, 1948; 13-14 de abril, 1948.

33. "Déposition devant la Commission Parlementaire d'Enquête", em *Oeuvres,* 4, parte 2, p. 357-417.

34. *Le Populaire*, 1º de julho, 1935.

35. Ver "Radicalisme et socialisme", em *Oeuvres*, 3, parte 1, p. 440-50; "Bolchevisme et socialisme", em *Oeuvres*, 3, parte 1, p. 451-60. Esses panfletos foram originalmente publicados como uma série de artigos de janeiro a março de 1927. Mas note-se a condenação anterior por Blum justa-

260 NOTAS

mente desse tipo de metodologia "científica" em Zola: "Zola é inclinado a absorver tudo o que é vivo e complexo na noção única de ciência. Ele pensa que só a ciência encarna o progresso humano e que só ela está preparando um futuro de justiça e bondade. [...] Uma ideia antiga, essa, antes excessivamente apressada e agora muito datada, a qual, como eu disse antes, constituía a base do otimismo de Renan" ("Nouvelles Conversations de Goethe", 19 de maio, 1900, 1, p. 304).

36. "L'Idéal socialiste"; *Le Populaire*, 2 de agosto, 1922.

37. Charles de Gaulle, *Lettres, notes et carnets, juin '51-mai '58* (Paris: Plon, 1985), entrevista com Georges Duhamel, outubro de 1954, p. 219; "A l'echelle humaine" (1941, publ. orig. em 1945), *Oeuvres*, 5, p. 409-95 (ver p. 454-55).

38. Gide, *Journal 1887-1925*, 5 de janeiro, 1907, p. 547.

39. A ênfase é minha. Ver editoriais de Blum em *Le Populaire* ao longo da década de 1930 e de novo de 1945 até sua morte.

40. Ver em especial uma série de artigos em *Le Populaire* de novembro de 1930 a fevereiro de 1931 intitulada "Les Problèmes de la paix", publicados em 1931 e republicados em *Oeuvres*, vol. 3, parte 2 (1928-1934) (Paris: Albin Michel, 1972), p. 139-237.

41. Dos Fonds Blum, na Fondation Nationale de Sciences Politiques, citado em Jean Lacouture, *Léon Blum* (Paris: Seuil, 1977), p. 497.

42. Ver Édouard Daladier, *Journal de captivité 1940-1945* (Paris: Calmann-Lévy, 1991), entradas para 2 e 19 de agosto, 1942.

43. Em 7 de junho, 1938, fala ao congresso da SFIO em Royan, em *Oeuvres*, 4, parte 2:134-66.

44. *Le Populaire*, 29 de fevereiro, 1948.

45. Jules Moch, *Une si longue vie* (Paris: Laffont, 1976), p. 149.

46. Lacouture, *Léon Blum*, p. 396, 583.

47. "Nouvelles conversations de Goethe", 1º de agosto, 1897, 1:204.

48. Gide, *Journal 1887-1925*, janeiro de 1890, p. 115; Vincent Auriol, "In memoriam", em Blum, *Oeuvres*, 1:ix-xiii.

49. Ver Joseph Paul-Boncour, *Entre deux guerres* (Paris: Plon, 1945), p. 71-72, também citado em Lacouture, *Léon Blum*, p. 202; Moch, *Une si longue vie*, p. 57.

50. Gide, *Journal 1887-1925*, 5 de janeiro, 1907, p. 547.

51. Ver *Le Populaire*, 19 de julho, 1928; carta aos franceses em Londres, datada de maio de 1942 e contrabandeada por Édouard Froment, em *Oeuvres*, 5, p. 349-61.

52. Ver Annie Kriegel e Stéphane Courtois, *Eugen Fried. Le grand secret du PCF* (Paris: Seuil, 1997).

O PESO DA RESPONSABILIDADE · 261

53. Fala ao congresso da SFIO em Tours, 27 de dezembro, 1920, em *Oeuvres,* 3, parte 1, p. 137-60, citado da p. 155.

54. Ver *Le Populaire* de 26 e 27 de setembro, 1939; 4 de outubro, 1939.

55. Ver Jean-Louis Crémieux-Brilhac, *La France libre* (Paris: Gallimard, 1996), em que Blum é citado na p. 512.

56. Ver Blum, "La Réforme gouvernementale" (1919), em *Oeuvres,* 3, parte 1, p. 507-75; também *Le Populaire* de 20 de outubro, 1934.

57. Ver Blum, "Note au parti", datada de 1º de março, 1943, em *Oeuvres,* 5, p. 392-93.

58. Crémieux-Brilhac, *La France libre,* p. 511.

59. *Le Populaire,* 4 de outubro, 1947; 31 de dezembro, 1947.

60. Fala na Chambre des Députés, 17 de março, 1938, em *Oeuvres,* 4, parte 2, p. 80-90.

61. Em 7 de junho, 1938, fala ao congresso da SFIO em Royan, em *Oeuvres,* 4, parte 2, p. 134-66. Ver também *Le Populaire,* 2 de novembro, 1938.

62. Charles de Gaulle, *Mémoires de guerre,* vol. 1: *L'Appel* (Paris: Plon, 1955), p. 25.

63. Blum, "Carta a Londres", 15 de agosto, 1942, contrabandeada por Daniel Mayer, e "Capitaine Rolland", em *Oeuvres,* 5, p. 357-61.

64. Citado por Lacouture, *Léon Blum,* p. 511.

65. Gide, *Journal 1887-1925,* 24 de janeiro, 1914, p. 662-63.

66. "Nouvelles conversations de Goethe", 3 de março, 1899, 1, p. 259; palestra no aniversário do assassinato de Jaurès, 31 de julho, 1917, em *Oeuvres,* 3, parte 1, p. 57.

67. A menos que haja outra indicação, as citações nos parágrafos a seguir são do inovador estudo de Pierre Birnbaum sobre o antissemitismo político na França do século XX, *Un Mythe politique.* Sou profundamente grato ao professor Birnbaum pela permissão para me basear em seu trabalho neste ensaio.

68. *Le Populaire,* 19 de novembro, 1938; Moch, *Une Si Longue Vie,* p. 69; Lacouture, *Léon Blum,* p. 411.

69. Blum, "Mémoires", em particular p. 84-101.

70. Blum, "Mémoires", p. 55, 61.

71. Para o pedido de De Gaulle e a resposta de Blum, ver Lacouture, *Léon Blum,* p. 525; para a pesquisa de 1946 da IFOP, ver Michael Marrus, "Are the French Antisemitic? Evidence in the 1980s", em Malino e Wasserstein, *Jews in Modern France,* p. 224-42.

72. Ver *L'Humanité,* 14 de fevereiro, 8 de dezembro, 1928; Birnbaum, *Un Mythe politique,* p. 214.

262   NOTAS

73. Ver Maurice Thorez, "Léon Blum tel qu'il est", *Oeuvres*, vol. 5, livro 8, citado *in extenso* em Kriegel, "Un Phénomène de haine fratricide".

74. Jacques Duclos na Sessão 8 da primeira reunião do Cominform em Sklarska Poreba, Polônia, 26 de setembro, 1947, em *The Cominform: Minutes of the Three Confer*ences, *1947/48/49* (Milão: Annali Feltrinelli, 1994), p. 271.

75. Faure é citado em Hector Ghilini, *A la barre de Riom* (Paris: Jean-Renard, 1942), p. 125. Ver Birnbaum, *Un Mythe politique*, p. 291.

76. "A l'échelle humaine", em particular p. 484; Manès Sperber, *Until My Eyes Are Closed with Shards* (Nova York: Holmes and Meier, 1994), p. 103.

77. Ver *Le Populaire*, 24 de dezembro,1927; discurso no Vélodrome d'Hiver, 16 de outubro, 1947, em *Oeuvres*, 6, parte 2, p. 103; *Le Populaire*, 29 de março, 1950.

78. Ver Annie Kriegel, *Ce que j'ai cru comprendre* (Paris: Laffont, 1991), p. 690. Sobre o relacionamento de Blum com a SFIO depois de seu retorno da prisão e seus esforços para mudá-la e modernizá-la, Kriegel escreve: "Admirado, respeitado, venerado, Blum era ouvido religiosamente. Mas não era escutado" (p. 342). Para *Do matrimônio*, ver *Oeuvres*, 2:21.

79. *Oeuvres*, 1, p. 79.

Capítulo 2

1. Arendt citada em Jeffrey C. Isaac, *Arendt, Camus, and Modern Rebellion* (New Haven: Yale University Press, 1992), p. 17.

2. Ver Raymond Aron, *Mémoires* (Paris: Julliard, 1983), p. 208; Paul Villaneix, *Le Premier Camus* (Paris: Gallimard, 1973), p. 10-11.

3. Ver "L'Enigme" (1950), em Albert Camus, *Essais*, ed. Roger Quilliot (Paris: Gallimard, 1965), p. 859-67; "Dernière interview d'Albert Camus", 20 de dezembro, 1959, *Essais*, p. 1.925.

4. Jean Daniel, *L'Ere des ruptures* (Paris: Grasset, 1979), p. 29-30.

5. "Entretien sur la révolte", *Gazette des Lettres*, 15 de fevereiro, 1952, republicado em Camus, *Actuelles II* (Paris: Gallimard, 1953), p. 51-68.

6. *The Myth of Sisyphus*, trad. Justin O'Brien (Nova York: Vintage, 1991), p.28; originalmente publicado como *Le Mythe de Sisyphe* (Paris: Gallimard, 1942). Ed. em português: *O mito de Sísifo*, Rio de Janeiro, Record, 2008. Bestbolso, 2010.

7. "L'Enigme", p. 158; artigo de Camus em *Combat*, 8 de setembro, 1945. Olivier Todd, seu biógrafo, observa judiciosamente que Camus estava ten-

O PESO DA RESPONSABILIDADE   263

tando dizer quase demais com a noção de "absurdo": "Ele a emprega varia-
damente no sentido de contraditório, falso, irrazoável. Seu raciocínio parece apressado, frouxo, excessivamente enfático. Buscando sem sucesso um
grau de clareza, ele reflete a inquietação dos anos da metade do século".
Olivier Todd, *Albert Camus. Une vie* (Paris: Gallimard, 1996), p. 297. Ed.
em português: *Albert Camus: uma vida*. Rio de Janeiro: Record, 1998.

8. Camus em *Alger Républicain*, 20 de outubro, 1938.

9. Citado por Herbert Lottman em *Albert Camus: A Biography* (Nova York:
    Doubleday, 1979), p. 456.

10. Ver "Appel pour une trève civile en Algérie", discurso proferido em Argel,
    22 de janeiro, 1956, republ. em *Actuelles III: Chroniques algériennes
    1939-1958* (Paris: Gallimard, 1958), p. 170

11. "L'Artiste et son temps", republ. em Camus, *Discours de Suède* (Paris:
    Gallimard, 1958), p. 29; Todd, *Albert Camus*, 761.

12. Ver Czeslaw Milosz, "L'Interlocuteur fraternel", em *Preuves,* janeiro de
    1960, p. 16.

13. Camus, *Carnets III* (Paris: Gallimard, 1989), p. 62: "Temps modernes.
    Ils admettent le péché et refusent la grâce. Soif du martyre." Entrada para
    algum momento em 1952.

14. *Actuelles II*, p. 184; "Révolte et servitude", carta ao diretor de *Les Temps
    modernes*, 30 de junho, 1952, republ. em *Actuelles II*, p. 85-124.

15. Ver "Entretien sur la révolte", p. 51-64. Segundo Olivier Todd, Camus
    contou a Mamaine Koestler que o capítulo sobre arte e revolução em
    L'Homme révolté era seu favorito especial" (*Albert Camus*, p. 557, 762).

16. Jean-Paul Sartre, prefácio a *Les Damnés de la terre*, de Frantz Fanon (Paris:
    Maspéro, 1961); ver carta de Camus a Francine Camus de 5 de setembro
    de 1952, citado por Todd, *Albert Camus*, p. 573.

17. Citado em Todd, *Albert Camus*, p. 56.

18. Discurso proferido em 12 de dezembro de 1957, em *Discours de suède,*
    p.20; "Noces à Tipasa", publicado pela primeira vez em 1939, em *Essais,*
    p. 54-60.

19. Jean Paulhan a Raymond Guérin, 6 de janeiro, 1943, em Paulhan, *Choix
    de lettres, 1937-1945* (Paris: Gallimard, 1992), p. 298. Para o contraste
    entre Argel e Le Havre, ver carta de Camus a René Lalou, datada de 8 de
    novembro de 1949 e citada em Todd, *Albert Camus*, p. 492.

20. Carta de 22 de fevereiro de 1940, citada em Todd, *Albert Camus,* p. 245.

21. Mesmo antes da guerra, Camus previu a vinda da autoabnegação das
    classes cultas: "Aqueles que falam de modo inconsequente da inutilidade
    do ensino são exatamente os que mais lucraram com ele." Ver reportagem

264   NOTAS

de Camus da Kabylie, "Misère de la Kabylie", publicada pela primeira vez em *Alger Républicain* em junho de 1939 e republicado em *Actuelles III* (Paris: Gallimard, 1958), p. 31-91, especialmente p. 64.

22. Todd, *Albert Camus*, p. 659.

23. "Réponse à Albert Camus", *Les Temps modernes,* 82, agosto de 1952, republ. em *Situations IV* (Paris: Gallimard, 1964), p. 90-126.

24. Raymond Queneau, *Journaux 1914-1945* (Paris: Gallimard, 1996), p. 1.990.

25. O comentário a Paulhan em 1944 foi relatado por Roger Grenier e é citado por Todd, *Albert Camus*, p. 371.

26. Para as observações privadas de Camus, dirigidas a seus cadernos inéditos, ver *Carnets III,* p. 50.

27. Ver *Carnets III*, entrada para 14 de dezembro, 1954, p. 147.

28. "L'Enigme", p. 859-67. Ver também "Révolte et conformisme" (novembro de 1951), em *Actuelles II*, p. 43-49, e "Homage à André Gide", publicado pela primeira vez em *Nouvelle Revue Française,* novembro de 1951, e republicado em *Albert Camus, Lyrical and Critical Essays*, trad. Ellen Conroy Kennedy (Nova York: Vintage Books, 1970), p. 248-54.

29. *Alger Republicain,* 23 de maio, 1939.

30. Arendt é citada por Isaacs, *Arendt, Camus*, p. 34. Para Peyrefitte, ver *Camus et la politique*, ed. Jean-Yves Guérin (Paris: Harmattan, 1986), onde ele é citado por Guérin na p. 22.

31. Ver, p.ex., Susan Dunn, *The Deaths of Louis XIV: Regicide and the French Political Imagination* (Princeton, N.J.: Princeton University Press, 1994), notadamente cap. 6, "Camus and Louis XVI: a Modern Elegy for the Martyred King", onde ela censura Camus por retratar o fascismo [*sic*] "em termos de uma peste não ideológica e não humana" (p. 150).

32. Ver *Combat*, 23 e 24 de agosto, 1944.

33. Ver *Combat*, 19 de setembro, 1944. Sobre a reputação de Camus durante a guerra, ver, p.ex., Jean Paulhan a François Mauriac em 12 de abril de 1943: "Ele é alguém que é bravo e confiável" (Paulhan, *Choix de lettres, 1937-1945*), p. 304.

34. *Combat*, 25 de outubro, 1944.

35. Maître Reboul, *commissaire du gouvernement*, citado por Jacques Isorni em *Le Procès Robert Brasillach* (Paris: Flammarion, 1946), p. 137, 159. A referência, é claro, era a *La Trahison des clercs*, de Julien Benda.

36. A carta de Camus é republicada em Jacqueline Baldran e Claude Buchurberg, *Brasillach ou la celebration du mepris* (Paris: A. J. Presse, 1988), p. 6-7.

37. Para Camus, ver, p.ex., *Combat*, 20 de outubro, 1944, 11 de janeiro, 1945, 30 de agosto, 1945, e *Actuelles: chroniques 1944-1948* (Paris: Galli-

O PESO DA RESPONSABILIDADE   265

mard, 1950) (doravante *Actuelles I*), p. 212-13. Para Mauriac ver *Le Figaro*, 19, 22-23 e 26 de outubro, 1944, 4 de janeiro, 1945; também François Mauriac, *Journal IV* (Paris: Grasset, 1950), entrada para 30 de maio, 1945, e *Journal V* (Paris, 1953), entrada para 9-10 de fevereiro, 1947.

38. *Combat*, 7 de outubro, 1944.

39. Ver "Le Pain et la liberté" (1953), republ. em *Actuelles II*, p. 157-73. Note-se, porém, que a ocasião para a observação de Camus foi uma palestra dada para a Bourse du Travail em Saint-Etienne.

40. Entrevista em *Défense de l'homme*, julho de 1949, em *Actuelles I*, p. 233.

41. Para "mistificação" ver "Le Pain et la liberté"; ver também *L'Express*, 8 de outubro, 1955.

42. *Carnets, janvier 1942-mars 1951* (Paris: Gallimard, 1964), p. 315.

43. Ibid., p. 267.

44. "L'Algérie déchirée", em *Actuelles III*, p. 143.

45. Citado em Todd, *Albert Camus*, p. 615. Ver também "Petit Guide pour des villes sans passé", publicado pela primeira vez em *L'Été* (Paris: Gallimard, 1954), republ. em *Essais*, p. 845-51.

46. Prefácio a *Actuelles III*, p. 12.

47. Ver "Lettre à un militant Algérien" (outubro de 1955), em *Actuelles III*, p. 128.

48. Mas note-se uma carta a Jean Paulhan, datada de 2 de agosto de 1953, em que ele escreve: "Cá entre nós, posso lhe dizer que a literatura norte-africana está começando a me entediar, quase tanto quanto o Absurdo" (citado por Todd, *Albert Camus*, p. 528).

49. Jean-Paul Sartre, "Albert Camus", *France-Observateur*, 7 de janeiro, 1960, republ. em *Situations IV*, p. 126-29; Jean Paulhan a François Mauriac, 21 de abril, 1943, em Paulhan, *Choix de lettres, 1937-1945*, p. 304.

50. "Réponse à Emmanuel d'Astier de la Vigerie", *Caliban*, 16, 1948, republ. em *Actuelles I*, p. 183-98.

51. *Actuelles II*, p. 163; *Actuelles III*, prefácio, p. 19.

52. Citado por Todd, *Albert Camus*, p. 12. Para "Entre oui et non" e "L'Été à Alger", ver *Essais*, p. 23-31, 67-79.

53. Para o comentário sobre Merleau-Ponty, ver *Carnets, janvier 1942-mars 1951*, p. 212; note-se também esta observação de *L'Homme révolté*, republicada em *Essais*, p. 653: "Para ser criativa, a revolução precisa de regras morais ou metafísicas, para compensar o delírio da história. Sua desconfiança da moralidade formal e mistificatória da sociedade burguesa é certamente justificada; mas o erro foi estender essa desconfiança a todo tipo de afirmação moral."

266 NOTAS

54. *Lettres à un ami allemand* (Paris: Gallimard, 1948), quarta carta (julho de 1944), p. 74.

55. Citado em Lottman, *Albert Camus*, p. 452.

56. "Réponse à Albert Camus".

57. Ver *Combat*, 17 de dezembro, 1944.

58. Citado extensamente em Pierre Grémion, *Intelligence de l'anticommunisme. Le Congrès pour la Liberté de la Culture à Paris, 1950-1975* (Paris: Fayard, 1995), p. 268; Todd, *Albert Camus*, p. 386.

59. Milosz, "L'Interlocuteur fraternel"; Isaacs, *Arendt, Camus*, p. 33, 57. Mas note-se também que Molière chegou lá primeiro: "Ils commencent ici par faire prendre un homme et puis ils lui font un procès" [Aqui eles enforcam um homem primeiro e depois o julgam], *Monsieur de Pourceaugnac*, ato 3, cena 2.

60. Hannah Arendt, "Nightmare and Flight", *Partisan Review* 12, n. 2 (1945), republ. em *Essays in Understanding*, ed. Jerome Kohn (Nova York: Harcourt, Brace, 1994), p. 133.

61. Tal como relatado em *Le Monde*, 14 de dezembro, 1957, e republicado em Todd, *Albert Camus*, p. 700.

62. Ver o editorial dele em *Combat*, 1º de outubro, 1944; carta a *Les Temps modernes*, 30 de junho, 1952, republ. em *Actuelles II*, p. 85-124. Ver também Todd, *Albert Camus*, p. 677.

63. Ver carta de Camus de maio de 1952 ao jornal *Libertaire*, republicada como "Révolte et romantisme", em *Actuelles II*, p. 77-85; prefácio a *Moscou sous Lénine*, 1953, republicado em *Actuelles II*, p. 147-57.

64. *Carnets III*, abril de 1959, p. 266.

65. "Réponse à Albert Camus", p. 121.

66. Ver Pierre de Boisdeffre, "Camus et son destin", em *Camus* (Paris: Hachette, 1964), p. 265-79; Louis Germain a Albert Camus, 30 de abril, 1959, publicada como anexo a *Le premier homme* (Paris: Gallimard, 1994), p. 328-31; Julien Green, *Journal*, 20 de fevereiro, 1948, citado em Todd, *Albert Camus*, p. 419-20.

67. *Carnets, janvier 1942-mars 1951*, p. 186.

Capítulo 3

1. François Furet, "Raymond Aron 1905-1983: histoire et politique", *Commentaire* 28-29 (1985): 52.

2. Raymond Aron, *Mémoires: 50 ans de réflexion politique* (Paris: Julliard, 1983), p. 31. Ed. em português: *Memórias*. Rio de Janeiro: Nova Fronteira, 1986.

O PESO DA RESPONSABILIDADE 267

3. Raymond Aron, *Introduction* à *la philosophie de l'histoire. Essai sur les limites de l'objectivité historique* (1938; republ. Paris: Gallimard, 1986), p. 70.

4. Aron, *Introduction*, p. 91.

5. Aron, "A propos de la théorie politique", *Révue française de science politique* 12, n. 1 (1962), republ. em *Études politiques* (Paris: Gallimard, 1972), p. 168. Ed. em português: *Estudos políticos*. Brasília: Editora da UnB, 1985.

6. *Introduction*, p. 420-21.

7. Ver "Un philosophe libéral dans l'histoire" (1973), em Aron, *Essais sur la condition juive contemporaine* (Paris: Editions de Fallois, 1989), p. 222.

8. Ver Aron, "Max Weber et la politique de puissance" (1964), em *Machiavel et les tyrannies modernes* (Paris: Éditions de Fallois, 1993), p. 226.

9. Aron afirmava nunca haver deparado com o nome Tocqueville durante seus estudos, nem na École Normale nem na Sorbonne! Ver Aron, *Le Spectateur engagé* (Paris: Julliard, 1981), p. 27. Ed. em português: *O espectador engajado*. Rio de Janeiro: Nova Fronteira, 1982.

10. Ver Aron, *German Sociology,* trad. Mary Bottomore e Thomas Bottomore (Free Press, Nova York, 1964), p. 51; originalmente publicado em 1936 como *La Sociologie allemande contemporaine*. Ao comentar em outro lugar as reflexões superficiais de André Malraux e outros sobre a sociedade pós-industrial, o fim de uma civilização etc., Aron observou: "Essas vastas perspectivas panorâmicas me aterrorizam. Eu declaro ignorância." Ver Aron, *La Révolution introuvable* (Paris: Fayard, 1968), p. 46.

11. Ver Aron, *Pensar a guerra: Clasewitz*. Brasília: Editora da UnB, 1986., 1:98. Ver também Aron, "Réveil du nationalisme?", *Le Figaro,* 24 de fevereiro, 1964.

12. Aron, *Les Etapes de la pensée sociologique* (Paris: Gallimard, 1967), p. 229. Ed. em português: *As etapas do pensamento sociológico*. São Paulo: Martins Editora, 2008. Note-se, porém, que Aron apressou-se a acrescentar que nos anos 1930 era a explicação de Marx da condição humana que soava a mais verdadeira.

13. Ibid., p. 18.

14. Aron, *D'Une sainte famille à l'autre. Essuis sur les marxismes imaginaires* (Paris: Gallimard, 1969), p. 20; Ed. em português: *De uma sagrada família a outra*. Rio de Janeiro: Civilização Brasileira, 1970. *The Opium of the Intellectuals*, trad. Terence Kilmartin (Lanham, Md.: University Press of America, 1957), p. 133, 137, originalmente publicado como *L'Opium des intellectuels*, em 1955.

268   NOTAS

15. Aron, "Macht, power, puissance: prose démocratique ou poésie démoniaque?" (1964), em *Études politiques*, p. 179.
16. *La Révolution introuvable*, p. 132.
17. Aron em *Esprit*, fevereiro de 1933, p. 735-43. Ver também Marie-Christine Granjon, "L'Allemagne de Raymond Aron et de Jean-Paul Sartre", em *Entre Locarno et Vichy: Les relations culturelles franco-allemandes dans les années 1930*, ed. H-M. Bock, R. Mayer-Kalkus e M. Trebitsch, 2 vols. (Paris: CNRS, 1993), notadamente 2, p. 468-77; e Nicole Racine, "La Revue *Europe* et l'Allemagne, 1929-1936", em Bock, Mayer-Kalkus e Trebitsch, p. 631-58.
18. Ver, p.ex., *Le Spectateur engagé*, p. 88.
19. "La Cité déchirée: L'État et les Communistes", *Le Figaro*, 11 de abril, 1948.
20. Ver *La Révolution introuvable*, p. 13, 35.
21. Aron, *Les Désillusions du progrès* (Paris: Calmann-Lévy, 1969), p. xviiixix. Ver também *D'Une sainte famille à l'autre*, p. 43; e "Le Socialisme et la guerre" (1939), em *Machiavel et les tyrannies modernes*, p. 309-31.
22. Ver Aron, "Messianisme et sagesse", *Liberté de l'esprit*, dezembro de 1949, p. 159-62.
23. Ver "Fidélité des apostats" (1950), em Aron, *Polémiques* (Gallimard, Paris: 1955), p. 81; "Les Deux Allemagnes", *Le Figaro*, 25 de agosto, 1948.
24. "Remarques sur la pensée politique d'Alain", *Revue de Métaphysique et Morale*, abril-junho 1952, republ. em *Commentaire* 28-29 (1985): 411.
25. *Opium of the Intellectuals*, p. 55; *Clausewitz*, 2:218.
26. Aron, "Réflexions sur les problèmes économiques français", *Revue de métaphysique et moral*, novembro de 1937, p. 793-822, citação da p. 794.
27. Ver, p.ex., "Marxisme et contre-marxisme", *Le Figaro*, 5 de outubro, 1959. Ver também *German Sociology*, p. 127.
28. Aron, "La société industrielle et les dialogues politiques de l'Occident", em *Colloques de Rheinfelden* (Paris: Calmann-Lévy, 1960), p. 13; também "1788 ou le malade imaginaire?", *Le Figaro*, 19 de outubro, 1954.
29. "La Fin des illusions", *Le Figaro*, 5 de julho, 1947.
30. Ver "La Fin des illusions"; e "Les alternances de la paix belliqueuse", *Le Figaro*, 26 de fevereiro, 1948.
31. "Stupide résignation", *Le Figaro*, 21-22 de setembro, 1947.
32. "Conférence sans surprise", *Le Figaro*, 27 de julho, 1955; "Après Poznan détente sans reniement", *Le Figaro*, 3 de julho, 1956; "Reprise de la guerre froide", *Le Figaro*, 28 de junho, 1958.
33. *D'Une sainte famille à l'autre*, p. 13; *Clausewitz*, 2, p. 283. Pouco depois, Aron pesarosamente observa que "o que falta a professores honoráveis é um senso da história e do trágico" (*Clausewitz*, 2, p. 285).

O PESO DA RESPONSABILIDADE 269

34. "Après Eden, Lord Salisbury: La crise du Parti Conservateur", *Le Figaro*, 4 de abril, 1957; "L'accession au club atomique", *Le Figaro*, 14 de agosto, 1959.

35. "Neutralité ou engagement", apresentação ao Congresso pela Liberdade Cultural em Berlim, julho de 1950, republ. em *Polémiques*, p. 199-217.

36. "L'Echec des négotiations franco-brittaniques sur l'assemblée européenne", *Le Figaro*, 26 de janeiro, 1949; "Lettre à un ami Anglais", *Le Figaro*, 7 de abril, 1960.

37. "Peut-on gouverner sans les Communistes?", *Le Figaro*, 29-30 de junho, 1947.

38. "Peut-on gouverner sans les communistes?"; "Force de frappe européenne?", *Le Figaro*, 10 de dezembro, 1959. Ver também "Universalité de l'idée de nation et contestation" (1976), em *Essais sur la condition juive contemporaine*, p. 231-51.

39. "L'Echec des négotiations".

40. "Quelques faits et quelques mots", *Le Figaro,* 27 de dezembro, 1954.

41. *German Sociology*, p. 86; ver também *Commentaire* 28-29 (1985): 394, 402. Note-se também a observação nas memórias de Aron: "Durante meio século restringi minhas críticas ao propor esta questão — 'o que eu faria no lugar deles?'" (*Mémoires*, p. 632).

42. Para um exemplo do desnorteamento de seus colegas durante a guerra ante a indiferença fria de Aron, ver as observações de Daniel Cordier em *Commentaire* 28-29 (1985): 24-27; *Clausewitz*, 1:53.

43. *Etapes de la pensée sociologique*, p. 296.

44. *Clausewitz*, 2: 179.

45. Aron, "De l'objection de conscience" (janeiro de 1934), republ. em *Commentaire* 28-29 (1985): 292; Elie Halévy, *Correspondance 1891-1937* (Paris: Éditions de Fallois, 1996), p. 775; Aron, "La Comparaison de Machiavel et Pareto", em *Machiavel et les tyrannies modernes*, p. 101.

46. Citado em Nicolas Baverez, *Raymond Aron* (Paris: Flammarion, 1993), p.338; a ênfase é minha.

47. Ver a introdução de Bernard de Fallois a Emmanuel Bed, *Essais* (Paris: Julliard, 1985), p. 13.

48. Ver "L'unité française en péril", *Le Figaro*, 15 de outubro, 1955. A referência é a junho de 1940. Para as opiniões de Aron sobre a Argélia, ver *La Tragédie algérienne* (Paris: Plon, 1957); e especialmente *L'Algérie et la République* (Paris: Plon, 1958).

49. *Le Spectateur engagé*, p. 193, 210.

50. Ver *Clausewitz*, 2: 12, 267-68.

51. Serge-Cristophe Kolm, *Commentaire* 28-29 (1985): 101.

270   NOTAS

52. Ver "Machiavélisme et tyrannies", em *Machiavel et les tyrannies modernes*, p. 139; "1955, année de la clarification", *Le Figaro*, 7-8 de janeiro, 1956; "Les juifs et l'État d'Israel", *Figaro littéraire*, 24 de fevereiro, 1962, republ. em *Essais sur la condition juive contemporaine*; *Les désillusions du progrès*, p. 178.

53. Ver *Les Désillusions du progrès*, p. 340, e *La Révolution introuvable*, p.106. Aron havia previsto a demanda vindoura por *autogestion* no prefácio a seu *La Lutte de Classes: nouvelles leçons sur les sociétés industrielles* (Paris: Gallimard, 1964).

54. Ver "L'Europe en péril: les responsabilités de la France", *Le Figaro*, 3 de fevereiro, 1955; "L'unité Atlantique: Enjeu de la crise de Suez", *Le Figaro*, 8 de agosto, 1956; "La demonstration nécessaire", *Le Figaro*, 13 de setembro, 1956; "La force n'est qu'un moyen", *Le Figaro*, 2 de novembro, 1956.

55. Ver *Clausewitz*, 2, p. 284; *Les désillusions du progrès*, p. 304.

56. Ver *Le spectateur engagé*, p. 10-11, 300. Sobre seu envolvimento de vida inteira com Marx, Aron tinha isto a dizer: "Como os amigos de minha juventude, eu nunca separava filosofia de política, nem pensamento de compromisso; mas dedicava muito mais tempo que eles ao estudo de mecanismos econômicos e sociais. Nesse sentido, creio que eu era mais fiel a Marx do que eles" (*D'une sainte famille* à *l'autre*, 11).

57. *Clausewitz*, 1, p. 71; citado por Aron em *Clausewitz*, 1, p. 44.

58. Branko Lazitch em *Commentaire* 28-29 (1985), p. 48.

59. Ver *La Révolution introuvable*, p. 135, e *Essais sur la condition juive contemporaine*, p. 42.

60. *Essai sur les libertés* (Paris: Calmann-Lévy, 1965), p. 128.

61. Ver Manès Sperber, *Until My Eyes Are Closed with Shards* (Nova York: Holmes and Meier, 1994), p. 137, 234.

62. Ver Aron, "La Révolution Nationale en Allemagne", *Europe*, 15 de setembro, 1933; *Le Spectateur engagé*, p. 49.

63. Ver *Clausewitz*, 2, p. 227 (onde a identidade dividida de Aron ganha uma nota de rodapé); *Le Spectateur engagé*, p. 85, 101; *Essais sur la condition juive contemporaine*, p. 29.

64. Ver Baverez, *Raymond Aron*, p. 185; *Mémoires*, p. 500; *Le spectateur engagé*, p. 106; "Liberté, Libérale ou Libertaire?" (1969), republ. em *Études politiques*, p. 235-74, citação da p. 237; *De Gaulle, Israel et les Juifs* (1968), republ. em *Essais sur la condition juive contemporaine*, p. 35-183, citação da p. 171.

O PESO DA RESPONSABILIDADE 271

65. Ver, p.ex., "Millénarisme ou sagesse?", em *Polémiques*, p. 63 n. 1; e "Visite en Israel", *Le Figaro*, 12 de junho, 1956.

66. "Un interrogateur permanent", *L'Arche*, setembro-outubro de 1983, republ. em *Essais sur la condition juive contemporaine*, p. 267-80, citação da p. 272; a ênfase é minha.

67. "Le scandale de l'O.N.U.", *Le Figaro*, 4 de outubro, 1955.

68. "L'unité française en péril". Ver também Jean-Louis Crémieux-Brilhac, *La France Libre* (Paris: Gallimard, 1996), p. 192, 389.

69. Charles de Gaulle, *Lettres, notes et carnets janvier 1961-décembre 1963* (Paris: Plon, 1986), carta a Raymond Aron, 9 de dezembro, 1963, p.400.

70. *Les Temps Modernes* 1, n. 1, agosto de 1945; "Stupide résignation".

71. *La Révolution introuvable*, p. 77; a ênfase é minha. Ver também ibid., p.122; e *D'une sainte famille à l'autre*, p. 172-75.

72. Ver *Le Spectateur engagé*, p. 38; *Opium of the Intellectuals*, p. xiv; *Introduction*, p. 452 e anexos; *Etudes sur la liberté*, p. 224.

LEITURA ADICIONAL

Para quem tiver interesse em aprender mais sobre os três homens discutidos neste livro, estes ensaios não são substitutos para uma biografia completa. Houve vários estudos dedicados a Léon Blum, embora a maioria deles esteja agora bastante ultrapassada. O melhor trabalho em inglês foi por muito tempo o de Joel Colton, *Léon Blum: A Humanist in Politics*, publicado primeiramente em 1966 e relançado em 1987. A biografia de Blum feita por Colton ainda é um livro importante. Mas dá uma ênfase talvez desproporcional aos anos da Frente Popular, que, por mais importantes que tenham sido, representaram apenas uma pequena parte da carreira pública de Blum. Colton também minimiza a importância da judaicidade de Blum e dá pouca atenção à torrente de ódio antissemita a que ele foi submetido por muitos anos.

Léon Blum, de Jean Lacouture, publicado em Paris em 1977, é mais equilibrado nesses aspectos, embora seja menos compreensivo do que o livro de Colton com alguns dos dilemas políticos de Blum e as escolhas que ele fez. Infelizmente, ele não está disponível em inglês. O recente livro de Ilan Greilsammer, *Blum*, também disponível apenas em francês, é de longe o mais informativo sobre a vida privada de Blum e sobre sua personalidade e sensibilidade; mas o resultado é um desequilíbrio que transmite a imagem bastante enganosa de um

274   LEITURA ADICIONAL

esteta boêmio acidentalmente e um tanto desconfortavelmente depositado no centro das atenções políticas. Nas palavras de James Joll, cujo ensaio de 1960 sobre ele ainda é inestimável, Blum foi acima de tudo um intelectual *na política* (James Joll, *Intellectuals in Politics: Three Biographical Essays: Blum, Marinetti, Rathenau* [Londres, 1960]).

Albert Camus foi bem e amplamente coberto por estudiosos de sua vida e sua obra. Até recentemente, as melhores introduções a ele em inglês eram as de Patrick McCarthy (*Camus: A Critical Study of His Life and Work* [Londres, 1982]) e Herbert R. Lottman (*Albert Camus: A Biography* [Nova York, 1979]). Enquanto McCarthy trata criticamente da ficção e das peças de teatro de Camus, o livro de Lottman é uma narrativa franca da vida do escritor. Como seus outros estudos sobre a França nesse período (*The Purge, The Left Bank*), ele é de leitura fácil e muito bem informado. Mas a recente volumosa biografia de Olivier Todd (*Albert Camus. Une vie* [Paris, 1996] Ed. em português: *Albert Camus: uma vida*, Rio de Janeiro: Record, 1998.) supera esses e todos os outros estudos gerais sobre Camus, embora não pretenda ser uma obra de crítica literária. Infelizmente, a versão em inglês (Nova York, 1997) é muito abreviada e condensada para ser de interesse comparável.

Raymond Aron morreu em 1983 e ainda não foi tema de uma biografia plenamente satisfatória, embora *Raymond Aron*, de Nicolas Baverez (Paris, 1993 — não disponível em inglês), seja uma introdução inteligente e sensível ao homem e à sua obra. Parte da dificuldade está na gama de disciplinas e interesses cobertos pela imensa obra de Aron, embora, quando Ariane Chebel d'Appollonia publicar seu estudo sobre o pensamento de Aron, essa dimensão da carreira dele terá sido bem coberta. Mas outro problema decorre da dificuldade de penetrar a carapaça intelectual cuidadosamente construída de Aron para ver o homem dentro dela. Sua vida privada foi muito menos romanticamente exótica do que a de Camus e sofreu menos mudanças dramáticas do que a de Blum, apesar de ele ter sofrido maiores perdas humanas do que qualquer um deles. Mas seria um desafio desanimador tentar escrever uma biografia plenamente desenvolvida do homem. Ele teve grande cuidado em suas *Mémoires* (1983) de organizar a narrativa de sua vida firme e exclusivamente em torno de sua produção intelectual e seus compromissos públicos, e é provável que esse seja o modo como vamos continuar a vê-lo.

Fiz o melhor que pude no curso destes ensaios, ao traduzir passagens da obra de Blum, Camus ou Aron, para permanecer fiel ao estilo deles; mas não há substituto para lê-los em sua própria língua. Todos os três eram estilistas magistrais, cada um à sua maneira e cada um, também, em uma tradição francesa distintiva. Blum e Aron escreviam prosa analítica e expositiva primorosa, embora a de Blum fosse modulada com uma dose de compromisso moral e emocional, enquanto Aron tinha a precisão fria e formal da filosofia francesa clássica antes de seu flerte infeliz e duradouro com o pensamento alemão pós-romântico. Sobre as qualidades literárias de Camus, minha avaliação seria presunçosa e redundante. Mas talvez valha a pena registrar que, como ensaísta e diarista, Camus era cáustico, espirituoso e muitas vezes engraçado, em especial quando evitava a tentação de filosofar. Por certo, ele não podia se equiparar a Aron em poder de fogo intelectual, nem desafiar a supremacia polêmica impiedosa de Sartre. Mas nem Aron nem Sartre tinham a sensibilidade abrangente de Camus a seu tempo e os problemas dele.

Uma ampla seleção de textos de Blum está reunida em suas *Oeuvres* em oito volumes. Estes contêm sua crítica literária e de teatro inicial, seus ensaios políticos e sociais, alguns de seus principais discursos dentro e fora da Chambre, e uma

276 LEITURA ADICIONAL

seleção representativa de seus editoriais de jornal, bem como as obras publicadas e inéditas dos anos da guerra. Mas eles não incluem o conjunto de anotações e manuscritos inéditos de Blum, e as coleções de seu jornalismo diário são muito incompletas.

Os textos de não ficção de Camus publicados são mais acessíveis na edição Pléiade de seus *Essais*. A estes devem ser acrescentados os três volumes de seus cadernos, os *Carnets*. Mas a linha divisória entre ficção e não ficção na obra de Camus é na melhor das hipóteses uma conveniência; os contos, os famosos primeiros romances (*O estrangeiro, A peste*), as peças didáticas e a última obra completa publicada em vida (*A queda*) estavam intimamente relacionados aos temas de seu jornalismo, seus ensaios e livros, e devem ser lidos em justaposição a estes. Em alguns casos, como *A queda*, eles representavam a busca de uma atuação polêmica por meio da ficção. E com *O primeiro homem*, publicado muito depois de sua morte, Camus reuniu ficção e autobiografia de um modo que representava para ele um ponto de partida novo e que poderia ter sinalizado um Camus muito diferente, em estilo literário e em preocupações, se ele tivesse vivido para completá-lo.

Não existe uma coleção única dos textos de Aron, que estão espalhados por quase cinquenta livros publicados. No entanto, as *Memórias* representam um guia útil, se bem que às vezes excessivamente refinado, para os textos de seu autor. Lá, e em uma ou duas outras ocasiões, Aron deixa claro exatamente como classifica sua produção, e os leitores podem achar útil seguir sua orientação em primeira instância. Em todo caso, as *Memórias* devem ser tratadas por si sós como uma fonte primária indispensável. Os estudos do pensamento sociológico (*Etapas do pensamento sociológico*); a discussão em dois volumes de Clausewitz (*Pensar a guerra, Clausewitz*); o inigualável

O PESO DA RESPONSABILIDADE   277

ensaio polêmico sobre intelectuais companheiros de viagem (*L'Opium des intellectuels*); a fria demolição analítica da obra magna de Sartre (*Histoire et dialectique de la violence*); e sua dissertação de doutorado sobre a filosofia da história (*Introduction à la philosophie de l'histoire. Essai sur les limites de l'objectivité historique*) ilustram as extraordinárias abrangência e profundidade de Aron, como fazem os numerosos ensaios reunidos em várias coleções e os artigos editoriais publicados em *Le Figaro* ao longo dos anos 1947-1977 (dos quais os de 1947-65 foram reunidos em dois volumes publicados).

ÍNDICE

Abbas, Ferhat, 167
Abel, Lionel, 179
acadêmicos, alinhamentos polêmicos e doutrinários em, 32
Action française:
  ataques antissemitas a Blum na, 110, 115
  críticas de Benda à, 22
Actuelles III (Camus), 145
Adenauer, Konrad, 237
Alain (Émile Chartier), 65, 215
A L'échelle humaine (Blum), 91, 100, 103, 120
Alemanha:
  Adenauer, 237
  Aron sobre a unificação da, 225
  Aron sobre o rearmamento da Alemanha Ocidental, 225
  Aron sobre os judeus alemães e o nazismo, 244-45
  Au service de l'Allemagne, de Barrès, 58, 123-24
  influências alemãs de Aron, 203-4
  questões do passado comum na, 15
  ver também Hitler, Adolf; Pacto Molotov-Ribbentrop; Munique, acordo de
anarcossindicalista, movimento, 186
Annales (periódico), 198
antifascismo, 27, 227
antissemitismo, 34, 66-68, 107, 108-18, 244

Aragon, Louis, 118
Arendt, Hannah:
  Camus prevendo a "banalidade do mal", 150
  como exilada, 182
  como intelectual desalojada, 182
  crimes do século XX como obsessão de, 184
  e Camus sobre o terror, 135
  sobre Camus, 125
  sobre figuras difíceis, 44-45
  sobre o engajamento político da geração de Camus, 148-49
  sobre *O homem revoltado*, 183
Argélia:
  Aron sobre a independência da, 211-12, 231-35
  Camus sobre a crise na, 36-37, 133, 149, 164-71, 180-81, 185
  origem argelina de Camus, 34, 164
armas nucleares, 222-23
Aron, Raymond, 193-255
  clareza de, 229-31
  como anticomunista, 38, 43-44, 241-42
  como cosmopolita, 203
  como enunciador da verdade, mas não moralista, 173
  como figura difícil, 44-45
  como insider e outsider cultural, 33, 195-96
  como intelectual, 196-97

280 ÍNDICE

como jornalista, 194-95
como liberal, 193, 242, 254
como o filósofo mais promissor de
sua geração, 34, 194
como patriota, 248
como pensador francês, 252-53
como realista, 226-30
como socialista, 203
crítica pública de Camus comparada
à de, 180-81
De Gaulle, Israel et les juifs, 247
e as elites políticas, 196
e o antissemitismo, 244
educação de Camus comparada à de,
141
educação de, 194-95
Essai sur les libertés, 239
exclusão da vida intelectual, 193-94,
203, 241-42
Histoire et dialectique de la violence,
238-39
independência da mente de, 243
influências alemãs sobre, 203-4
*Introduction à la philosophie de
l'histoire*, 197-200, 202, 238
judaicidade de, 33-34, 244-48
La Tragédie algérienne, 169
Le Grand Débat, 250
Les Désillusions du progrès (Aron),
213
a liberdade como preocupação de,
216, 248
Memórias, 194
não cumprindo sua promessa, 238
não envolvimento em assuntos
políticos, 37
Paix et guerre entre les nations, 219
Pensar a guerra: Clausewitz, 205-6,
239-40, 247
a rejeição da moralização por, 230
sentimento de inadequação em
relação a Sartre, 240
sobra a atitude de Blum em relação

ao comunismo, 40
sobre a complexidade da sociedade
moderna, 228
sobre a doença francesa, 218
sobre a École Normale Supérieure,
195
sobre a estratégia de duas vias da
União Soviética, 219-20
sobre a filosofia da história de Sartre,
200-1
sobre a filosofia de Camus em *O
homem revoltado*, 129
sobre a independência da Argélia,
211-12, 231-35
sobre a neutralidade, 227
sobre a política econômica da Frente
Popular, 73
sobre a posição de Camus em relação
à Argélia, 169
sobre a sociedade industrial, 217-19
sobre a unidade europeia, 223-25
sobre a unificação alemã, 225-26
sobre armas nucleares, 222-23
sobre as greves lideradas pelos
comunistas de 1948, 211
sobre Clausewitz, 205-6, 247
sobre estabilidade política, ordem
civil e liberdades públicas, 213
sobre Montesquieu, 203, 205-6
sobre o conselho editorial de *Les
Temps modernes*, 203
sobre o marxismo, 201-2, 207, 209,
214-15, 239, 270n.56
sobre o movimento estudantil de
1968, 212, 236
sobre o raciocínio histórico holístico,
208
sobre o rearmamento da Alemanha
Ocidental, 225
sobre o regime de Vichy, 211, 227,
245
sobre o totalitarismo da União
Soviética, 214, 215-16

O PESO DA RESPONSABILIDADE   281

sobre o totalitarismo, 213-16

sobre os argumentos de Camus, 142

sobre os ensaios de Camus em
Combat, 126-27

sobre os métodos da União Soviética,
220-21

sobre relações internacionais, 219-26

sobre Revolução Russa *versus*
ditadura stalinista, 187

sobre soluções catastróficas para
males sociais, 211

sobre Tocqueville, 190, 203, 205,
206-7, 228

sobre uma Aliança Ocidental, 202-3,
220

sobre Weber, 198, 203-5, 226, 228

Sociologie allemande contemporaine,
204, 267n.10

status no momento da morte, 35,
193-94

vilificação da geração de 1968, 193

visão trágica de, 221-22

ver também Ópio dos intelectuais, O

Astier de la Vigerie, Emmanuel d', 136

Au service de l'Allemagne (Barrès), 58,
123-24

Auriol, Vincent, 93, 117

Austen, Jane, 57

Avesso e o direito, O (Camus), 138, 143,
145, 177

Bainville, Jacques, 114

Bakunin, Mikhail, 187

Barrès, Maurice, 58, 123-24

Barthes, Roland, 149, 177

Beauvoir, Simone de:

Aron sobre o conselho editorial de
Les Temps modernes com, 203

Camus como par e companheiro de,
35, 128

a educação de Camus comparada à
de, 141

falhas de Sartre transpostas para

Camus por, 148

Os mandarins, 148

sobre *A peste*, de Camus, 149

tédio antiburguês em, 145

Bedel, Maurice, 113

Benda, Julien, 22-23

Béraud, Henri, 153, 156

Berlin, Isaiah, 177

Bernanos, Georges, 29

Bevin, Ernest, 220

Birnbaum, Pierre, 64, 114, 118,
261n.67

Bloc National, 96

Bloch, Marc, 64, 198

Blum, Léon, 29-85

A l'echelle humaine, 91, 100, 103, 120

a queda da Frente Popular
distorcendo a contribuição de,
37-38, 47-48

angélisme atribuído a, 91

bravura de, 106-7

campo de visão internacional de,
97-98

cercando-se com intelectuais
inferiores, 86

como anticomunista, 38-41

como boêmio, 62

como contribuidor para a crise
política dos anos 1930, 36

como crítico literário, 49-50, 56

como dreyfusista, 34, 51

como figura controversa, 47, 117

como figura difícil, 44-45

como homem semiesquecido, 47

como insider e outsider cultural,
33-34

como jurista, 50-51

como líder socialista, 40-41, 52,
75-93

como moralista, não ideólogo, 61,
122

como outsider, 124

como porta-voz, 55, 93-96

282 ÍNDICE

como presença sedutora, 56-58
como primeiro-ministro, 34, 55, 68-75, 102
como refém de seu partido, 85
como republicano, 58-59, 120
como sionista, 66-67
como socialista, 51-52, 59-64, 78-79, 120
convocação a um governo nacional em 1940, 105
decência de, 88
decisão de desvalorização da moeda, 89
deixando o governo com um suspiro de alívio, 89
desinteressado pelo poder, 69
Do matrimônio, 62, 110, 122
e o antissemitismo, 34, 66-68, 107, 108-18
em Buchenwald e Dachau, 55
exercício e conquista do poder distinguidos por, 81
feminismo apoiado por, 121
intoxicado pela própria retórica, 85-87
judaicidade de, 33-34, 64-68, 108-10, 123
Les Congrès Ouvriers et Socialistes Français, 75
na Chambre des Députés, 51-52
na École Normale Supérieure, 49
no Cartel des Gauches, 83
no governo de transição do pós-guerra, 117
Nouvelles conversations de Goethe avec Eckermann, 61-62, 124
o partido socialista como sua família, 88-89
ódio dos comunistas por, 39-41, 47, 117-19
opiniões contrárias à guerra de, 54
opondo-se a movimento para a direita, 63, 77

oposição a Pétain de, 38, 54, 116
otimismo de, 87
política econômica de, 73-75
política na Guerra Civil Espanhola, 72-73, 91
prisão e julgamento de, 54-55, 116-17
querendo ser amado, 92-93
relação ambivalente com sua origem, 62
sexualidade de, 110-11
sobre a ditadura do proletariado, 82-83
sobre a reforma governamental, 101-6
sobre a Revolução Francesa, 58-60
sobre o Conseil d'État, 50
sobre o marxismo, 79-80
sobre os comunistas, 98-100
sobre os judeus franceses, 66
solidão de, 91-92
Souvenirs sur l'affaire, 66, 108
Stendhal et le beylisme, 52
surra em, 115
volta à França em 1945, 55
Bourdet, Claude, 127, 220, 227
Brasillach, Robert, 145, 153-55, 156
Breton, André, 146
Briand, Aristide, 66
Buber-Neumann, Margarete, 29

Caillaux, Joseph, 112
Caligula (Camus), 128
Camus, Albert, 125-91
   Actuelles III, 145
   Argel como lar para, 138-40
   ascensão à proeminência, 128
   Caligula, 128
   comedimento em, 174-75
   como anticomunista, 38-39, 41-43
   como apolítico, 132, 148-49
   como artista, 131-32
   como assessor ético público, 178-80

O PESO DA RESPONSABILIDADE 283

como cosmopolita, 148
como exilado, 138-39, 143-47, 182
como existencialista, 128-31, 146, 176
como figura difícil, 44-45
como insider e outsider cultural, 33-34
como intelectual deslocado, 182
como *moraliste*, 172-73
como não filósofo, 129
como não francês, 128
como o intelectual francês, 125, 126
como par e companheiro de Sartre, 35, 128
como produto da Terceira República, 141
como social-democrata, 188
credenciais educacionais de, 34, 140-41
declínio da reputação de, 125-28
e Mauriac, 154-59
ensaios em *Combat*, 126
"Entre oui et non", 177
equilíbrio como meta de, 41, 161-63
"Été à Alger, L'", 138, 177
Forster comparado a, 184-86
francesidade de, 190-91
inclinação teológica de, 134
Justice et haine, 161
Kafka como influência sobre, 183-84
Les Possédés, 143
Lettres à un ami allemand, 151
na Guerra Fria, 159-60
Ni victimes ni bourreaux, 161
no Rassemblement Démocratique Révolutionnaire, 132, 160
"Noces à Tipasa", 139
O avesso e o direito, 138, 143, 145, 177
O exílio e o reino, 138, 145
opinião francesa corrente sobre, 35
opiniões públicas *versus* privadas de, 187-88

origem argelina de, 34, 165
os críticos sobre, 142
país de, 147-48
parte espanhola de, 179
Pascal comparado a, 191
personalidades contrastantes de, 146-47
petição de Brasillach assinada por, 154
Prêmio Nobel, 35, 125-26, 145
rejeição ao terror revolucionário, 135-37
sobre a crise argelina, 36-37, 133, 149, 164-71, 180-81, 185
sobre *A náusea*, de Sartre, 131
sobre a polarização entre esquerda e direita, 175
sobre abstração, 185-86
sobre o absurdo, 129-31, 262-63n.7
sobre o "antianticomunismo", 41
sobre o poder, 180
sobre objetividade, 164
sobre os colaboradores de Vichy, 152-59
sobre responsabilidade, 176-77
ver também *Queda, A; Estrangeiro, O; Homem revoltado, O; Mito de Sísifo, O; Peste, A; Primeiro homem, O*
Cartel des Gauches, 83
Caso Dreyfus:
Benda influenciado pelo, 22
Blum como dreyfusista, 34, 50-51
Souvenirs sur l'affaire, de Blum, 66, 108
Céline, Louis-Ferdinand, 145
Chack, Paul, 153
Charivari, Le (periódico), 111, 112
Chartier, Émile (Alain), 65, 215
Chiaromonte, Nicola, 183
ciências sociais, 198
Cioran, E. M., 257n.3
Claudel, Paul, 154
Clausewitz, Carl von, 206, 229, 235, 239, 242, 247
Clemenceau, Georges, 109

284 ÍNDICE

Combat (jornal), 126, 127, 128, 134, 157, 160, 166, 186
Combelle, Lucien, 153
Comitê de Intelectuais Antifascistas, 227
Comitê França-Palestina, 66
Comte, Auguste, 204, 227
comunistas:
apoio à Frente Popular, 53, 71
Aron como anticomunista, 38, 43-44, 241-42
Aron sobre as greves de 1948, 211-12
Blum como anticomunista, 38-41
Blum como inimigo número 1 dos, 39-41, 47, 117-19
Blum sobre os, 98-100
Camus como anticomunista, 38-39, 41-43
Camus relutante a distanciar-se dos, 41, 159-60
disputa com os socialistas, 16
fundação do Partido Comunista, 52
herança revolucionária reivindicada pelos, 20
Moscou como controlador, 98
não trabalhando com outros partidos, 69
sobre Camus, 132
táticas políticas no pós-guerra dos, 26
Congrès Ouvriers et Socialistes Français, Les (Blum), 75
Congresso pela Liberdade Cultural, 242
Crémieux-Brilhac, Jean-Louis, 103, 249
Crozier, Michel, 32

Daix, Pierre, 160
Daladier, Édouard:
acordo de Munique, 25
conselho de Blum sobre o banimento do PCF, 99-100
demissões do governo em 1934, 70
julgamento de, 53-54
sobre Blum como patologicamente otimista, 88-89

Daniel, Jean, 127
Daudet, Léon, 110
De Gaulle, Charles:
apoio condicional de Aron a, 211, 222, 249-50
aviso de Blum sobre os comunistas, 100
Blum afastando-se de, 104
Blum como apoiador de, 103-4
reação de Aron a declaração sobre os judeus, 245-47
sobre Blum como incapaz de mudar, 85
sobre Blum elevar o tom do debate em 1940, 106
sobre *Le Grand Débat*, de Aron, 250
De Gaulle, Israel et les juifs (Aron), 247
Désillusions du progrès, Les (Aron), 213
dialética, 198
direita:
Bloc National, 96
Camus sobre a polarização entre esquerda e, 175
compromisso com a tradição republicana radical rejeitada pela, 20
disputa doutrinária como preocupação da, 17
e a desunião francesa, 16
inflexibilidade da, 101
intelectuais pensando em termos de esquerda e, 21-22
migrações entre esquerda e, 27-28
ver também Action française
ditadura do proletariado, 82-83
Do matrimônio (Blum), 62, 110, 122
"doença francesa", 16, 218
Domenach, Jean-Marie, 220
Dominique, Pierre, 111
Drieu la Rochelle, Pierre, 145
Drumont, Édouard, 108
Duclos, Jacques, 107, 119
Duhamel, Georges, 85, 154

O PESO DA RESPONSABILIDADE   285

Dunn, Susan, 264n.31
Durkheim, Émile, 204
Duverger, Maurice, 227

Eliade, Mircea, 257n.3
engajamento:
  Aron sobre a irrealidade do, 227
  Camus como escritor filosófico
    engajado, 128
  Camus preferindo a coerência ao, 42
  Camus sobre forjar uma política de
    engajamento moral, 186
  carregando um preço, 28
  e irresponsabilidade moral dos
    intelectuais, 27-28
  superengajamento de Sartre, 28
  no existencialismo sartriano, 131
  responsabilidade pública tomada
    como sinônimo de, 22-23, 37
  retirada de Camus do, 133, 148, 151
"Entre oui et non" (Camus), 177
esquerda:
  Aron sobre a linguagem sentimental
    da, 210
  Camus sobre a polarização entre
    direita e, 175
  Cartel des Gauches, 83
  disputa doutrinária como
    preocupação da, 17
  e a desunião francesa, 16
  falácia radical da, 31
  inflexibilidade da, 101
  intelectuais pensando em termos de
    direita e, 21
  migrações entre direita e, 27-28
  movimento anarcossindicalista, 186
  rompimento de Camus com a, 133
  tentativa de Blum de renovar a, 38
  ver também comunistas; socialistas
Essai sur les libertés (Aron), 239
Estrangeiro, O (Camus):
  cenário argelino de, 129-30
  como clássico, 128

  o existencialismo de Camus
    estabelecido por, 128, 129
  inacessibilidade da verdade em, 176
  na reputação literária de Camus, 35,
    126
  o papel do sol em, 139
  Paulhan sobre, 173
"Été à Alger, L'" (Camus), 138, 177
Exílio e o reino, O (Camus), 138, 145
existencialismo:
  Aron julgado responsável por crises
    causadas pelo, 212-13
  de Camus, 128-31, 146, 176
  filosofia da história de Aron como
    existencialista, 200

Fabre-Luce, Alfred, 230
falácia genética, 207
Fanon, Frantz, 137
fascismo, 27, 235
fatalismo, 228
Faure, Paul, 119
Febvre, Lucien, 198
feminismo, Blum como apoiador do,
  121
"Feu sur Léon Blum" (Aragon), 118
filosofia:
  Aron como o filósofo mais promissor
    de sua geração, 34, 194
  Aron sobre a filosofia analítica
    inglesa, 253
  Camus como não filósofo, 129
  filosofia acadêmica francesa nos anos
    1930, 198
  filosofia da história de Aron,
    198-200
  ver também existencialismo
Fin des paysans, La (Mendras), 32
FLN (Front de Libération Nationale), 169
Forster, E. M., 185-86
França:
  antisemitismo na, 34, 66-68, 107,
    108-18, 244

286   ÍNDICE

Blum sobre os judeus na, 66-67
Camus como espelho da, 188-90
Camus sobre a libertação da, 151
ciências sociais dos anos 1930, 198
como o Estado-nação mais antigo na
   Europa, 14
como país de segunda ordem para
   Aron, 251
continuidade social na, 17-18
cultura política desequilibrada da, 69
desunião da, memória histórica na,
   15-16
filosofia acadêmica dos anos 1930,
   198
instabilidade política da, 16-17
irresponsabilidade intelectual na,
   30-33
irresponsabilidade moral na, 26-30
irresponsabilidade política na,
   25-27
moralistes na, 172-73
mudanças nas relações internacionais
   no pós-guerra, 26-27
três formas de irresponsabilidade na,
   23-33
ver também Quarta República;
   Revolução Francesa; esquerda;
   Frente Popular; direita; Terceira
   República; Vichy, regime de
France, Anatole, 50, 60
Franco, Francisco, 160, 163, 214
Frente Popular:
   Acordos de Matignon, 71
   Blum como primeiro-ministro no
      governo da, 34, 55, 68-75, 102
   como passo claudicante na direção da
      mudança social, 18-19
   como trauma nacional, 84
   política econômica da, 73-74
   queda da Frente Popular distorcendo
      a contribuição de Blum, 37-38,
      47-48
   retórica da, 25, 83-84

Front de Libération Nationale (FLN),
   169
Furet, François, 135, 195, 242

Galindo, Christiane, 140
Gamelin, Maurice Gustave, 54
Gaxotte, Pierre, 113
Germain, Louis, 141
Gide, André:
   sobre a clareza de Blum, 94
   sobre a judaicidade de Blum, 108-9
   sobre Blum como analítico e não
      poético, 57
   sobre Blum como crítico, 50
   sobre Blum julgar por opinião, não
      por gosto, 85
   sobre Blum ter mais inteligência que
      caráter, 93
Gombrowicz, Witold, 183
Grã-Bretanha:
   Aron sobre a filosofia analítica
      inglesa, 253
   Aron sobre a política de armas
      nucleares da, 222-23
   Aron sobre a unidade europeia e a,
      223-25
   como único aliado forte da França, 72
   escola inglesa de pensamento político
      francês, 205
Gramsci, Antonio, 184
Grand Débat, Le (Aron), 250
Grass, Günter, 182
Gravier, J.-F., 32
Green, Julien, 190
Gregh, Fernand, 50
Grenier, Roger, 137
Guerra Civil Espanhola, 48, 71-72, 91
Guerra dos Seis Dias, 245
Guesde, Jules, 79

Halbwachs, Maurice, 198
Halévy, Elie, 62, 64, 65, 205, 230
Havel, Václav, 174

Hayek, Friedrich, 242
Hegel, Georg Wilhelm Friedrich, 135, 176, 198, 206
Heidegger, Martin, 198
Henriot, Philippe, 117
Herriot, Édouard, 66, 83, 112
Hervé, Pierre, 152
Histoire et dialectique de la violence (Aron), 238-39
historicismo, 134, 207, 228
Hitler, Adolf:
    Aron sobre a ascensão de, 209-10
    erro de avaliação de Hitler por Blum, 86-88
Homem revoltado, O (Camus):
    Aron sobre a filosofia de, 129
    Breton sobre, 146
    como obra autobiográfica, 138
    no rompimento de Camus com Sartre, 131, 134, 137
    o historicismo atacado em, 134
    O ópio dos intelectuais, de Aron, comparado a, 126
    "onde posso me sentir em casa", 138
    resenha de Jeanson em *Les Temps modernes*, 134, 136
    rompendo com o consenso progressista, 41, 133
    sobre a multiplicidade da verdade, 176
Hugo, Victor, 58
Humanisme et terreur (Merleau-Ponty), 136
Husserl, Edmund, 198, 203

integralismo, 27
intelectuais:
    Aron como intelectual, 196-97
    Aron sobre a irrealidade dos, 226-27
    Aron sobre os intelectuais progressistas, 180
    Camus como o intelectual francês, 125, 126

Camus sobre a companhia de, 142
Comitê de Intelectuais Antifascistas, 227
como homens de letras, 31
como não sérios para Aron, 43
como provincianos para Aron, 251
crítica de Benda aos, 22-23
denunciando o mundo para Aron, 254-55
deslocados, 182
entendimento convencional dos intelectuais sobre a França moderna, 21
o gosto de Aron por provocar intelectuais de tendência esquerdista, 242
impermeáveis ao argumento para Aron, 209
irresponsabilidade intelectual dos, 30-33
irresponsabilidade moral dos, 26-30
moralistes, 172-73
reescrevendo a história de seus compromissos, 257n.3
tendo algo a dizer sobre tudo, 171
Weber sobre a responsabilidade dos, 204
Introduction à la philosophie de l'histoire (Aron), 197-200, 202, 238
Isaacs, Jeffrey, 183
Israel, 236, 245-48
Itália:
    Mussolini, 97, 235-36
    questões de passado comum na, 14-15

Jaurès, Jean:
    Blum sobre Marx e, 79
    como alguém não oriundo do povo, 94
    como líder natural dos socialistas, 63
    como socialista porque era republicano, 59

288 ÍNDICE

no processo de Blum se tornar socialista, 51

ódio político levando à morte de, 109

unidade imposta aos socialistas por, 75

Jeanson, Francis, 134, 136

Jelenski, Konrad, 182

Jouhandeau, Marcel, 113

Justice et haine (Camus), 161

Kafka, Franz, 183-84

Kennan, George, 220

Khrushchev, Nikita, 221

Koestler, Arthur, 29, 182, 184, 191

Kojève, Alexandre, 176, 198

Kravchenko, Victor, 160

Kriegel, Annie, 122, 262n.78

Lacouture, Jean, 91

Laurent, Jacques, 125

Laval, Pierre:

Blum sobre a tomada do poder por, 115-16

retórica socialista explorada por, 84

Lazare, Bernard, 64

Lazitch, Branko, 241

leninismo:

crítica de Blum ao, 39, 77, 100

dividindo os partidos socialistas, 53

Lerner, Daniel, 226

Lettres à un ami allemand (Camus), 151

Lévi-Strauss, Claude, 197

Liga das Nações, 25, 72

Madelin, Louis, 154

Malraux, André, 190-91, 196, 267n.10

mandarins, Os (Beauvoir), 148

Mandel, Georges, 117

Mannheim, Karl, 207, 228

Marcel, Gabriel, 162-63

Martin du Gard, Roger, 132

marxismo:

Aron sobre o, 201-2, 207, 209, 214-15, 239, 270n.56

Blum sobre o, 79-80

Camus sobre o, 187

socialistas sobre abandonar o, 188

Matignon, Acordos, 71

Maulnier, Thierry, 154

Mauriac, François:

sobre a clareza fria de Aron, 230

sobre a inclinação religiosa de Camus, 134, 176

versus Camus sobre a clemência para colaboradores, 154-59

Maurois, André, 238

Maurras, Charles:

Blum atacado por, 110, 112

Blum surrado por seguidores de, 114-15

Brasillach e, 153

crítica de Benda a, 22

Mauss, Marcel, 198

Memórias (Aron), 194

Mendès-France, Pierre, 168

Mendras, Henri, 32

Merleau-Ponty, Maurice, 136, 141, 178, 214

Millerand, Alexandre, 76, 118

Milosz, Czeslaw, 29, 134, 182, 183, 184

mito de Sísifo, O (Camus):

existencialismo de Camus estabelecido por, 128, 129-30

não resistindo bem ao tempo, 126

sobre a multiplicidade da verdade, 176

Mitterrand, François, 31, 188

Moch, Jules, 91, 94, 114

Monnet, Jean, 223

Montesquieu, 190, 203, 205-6, 238

moralistes, 172-73

Morin, Edgar, 212

Mounier, Emmanuel, 141, 145

Munique, acordo de (1938):

Aron sobre o irrealismo do, 228

Blum sobre o, 90-91
reação francesa ao, 25
Mussolini, Benito, 72-73, 88, 97, 118, 235

Nações Unidas, 222
Nagy, Imre, 181
Nasser, Gamal Abdel, 237
Náusea, A (Sartre), 131
neutralidade, 227
Ni victimes ni bourreaux (Camus), 161
Nizan, Paul, 199
"Noces à Tipasa" (Camus), 139
Nouvelles conversations de Goethe avec Eckermann (Blum), 61-62, 124

Ópio dos intelectuais, O (Aron):
como par de *Introduction à la philosophie de l'histoire*, 202
comparado a *O homem revoltado*, de Camus, 126
influência de, 43
Organization Armée Secrète, 164
Orwell, George, 29, 184

Pacto Molotov-Ribbentrop:
aumento dos ataques a Blum após o, 118
Blum sobre a reação dos comunistas franceses ao, 99-100
otimismo de Blum em relação ao, 87
Painlevé, Paul, 66, 83
Paix et guerre entre les nations (Aron), 219
Paris et le désert français (Gravier), 32
Partido Comunista Francês *ver* comunistas
Partido Radical:
demissões do governo em 1934, 71
na Frente Popular, 53-54, 71
no Cartel des Gauches, 83
Partido Socialista Francês *ver* socialistas
Pascal, Blaise, 191

Paul-Boncour, Joseph, 93
Paulhan, Jean:
Camus escrevendo sobre sua "aposentadoria" a, 144
petição de Brasillach assinada por, 154
sobre a Frente Popular, 74, 75
sobre Camus em Paris, 140
sobre *O estrangeiro*, 173
Pensar a guerra: Clausewitz (Aron), 205-6, 239-40, 247
Peste, A (Camus):
Barthes sobre, 177
cenário argelino de, 129-30
como clássico, 128
como obra escrita no exílio, 144
moderação e comedimento moral em, 175
na reputação literária de Camus, 35, 126
reação da crítica a, 149
sobre o dever de combater o mal, 178
Pétain, Philippe:
autoridade presidencial irrestrita de, 20
Blum disposto a perdoar, 106-7
Blum opondo-se a plenos poderes para, 115-16
Blum opondo-se desde o início a, 38, 54
reforma constitucional representada por, 102
Peyrefitte, Alain, 149
Poincaré, Raymond, 66, 72, 95
Polônia, 182, 236
positivismo, 197, 198, 201, 228, 253
positivismo lógico, 253
Possédés, Les (Camus), 143
Preuves (periódico), 183, 242
*primeiro homem, O (*Camus):
Argélia em, 139, 147, 166
como obra autobiográfica, 138
e a educação de Camus, 141

290 ÍNDICE

e o absurdo, 129
sensação física em, 139

Quarta República:
escárnio de De Gaulle pela política
partidária da, 104
Guerra da Argélia na derrubada da,
164
mudança de governo na, 16
mudança social durante a, 18
o ressentimento tomando a, 189
Queda, A (Camus):
Camus comparado a Clamence, 162
como obra autobiográfica, 138
e *Os mandarins*, de Beauvoir, 148
sobre as classes falantes parisienses,
144
sobre *juges pénitents*, 145
sobre o julgamento dos homens, 143
sobre Paris como lago de piranhas, 143
sobre profetas vazios, 190
sobre Sartre e seus companheiros de
viagem, 135
sobre sentir-se em casa, 138
Queneau, Raymond, 143
Quinta República, 19, 102

Rassemblement Démocratique
Révolutionnaire, 132, 160
Rassemblement du Peuple Français, 104
Rebatet, Lucien, 145
Reinach, Joseph, 64
relativismo, 197, 201
Revolução Francesa:
Blum sobre a, 58-60
Camus questionando a, 135
controlando o entendimento da, 13-14
Revolução Nacional querendo
desfazer a, 16
socialistas e comunistas disputando a,
16, 40
Revolução Húngara de 1956, 181
Revolução Nacional, 16, 19

Révolution prolétarienne (periódico), 186
Reynaud, Paul, 106
Rosmer, Alfred, 187
Rougemont, Denis de, 183
Rousseau, Jean-Jacques, 135, 173, 190
Rousset, David, 244

Salengro, Roger, 114
Sartre, Jean-Paul:
A náusea, 131
Aron sobre o conselho editorial de
Les Temps modernes com, 203
Beauvoir transpondo falhas de Sartre
para Camus, 148
Camus como par e companheiro de,
35, 128
Camus sobre *A náusea*, 131
Camus sobre climas dele próprio e
de, 140
como ignorante da teoria social do
século XIX, 43
e a questão de Camus sobre a
ausência de valores, 191
educação de Camus comparada à de,
141
superengajamento de, 28
no Rassemblement Démocratique
Révolutionnaire, 160
O homem revoltado, de Camus, no
rompimento com, 131, 134, 137
O ser e o nada, 200
sempre um momento de virada atrás
para Aron, 251-52
senso de inadequação de Aron em
relação a, 240
sobre a filosofia da história existencial
de Aron, 200-1
sobre a personalidade de Camus
tornando-se uma miragem, 188-89
sobre *A peste*, de Camus, 149
sobre a rejeição por Camus do terror,
136
sobre atirar nos europeus, 137

O PESO DA RESPONSABILIDADE 291

sobre Camus como acusador público, 179-80

sobre Camus como moralista, 173

sobre *O homem revoltado*, de Camus, 142

sobre sua irresponsabilidade moral, 28

tédio antiburguês em, 146

tiers-mondisme de, 127

Schacht, Hjalmar, 80

Schmitt, Carl, 176, 204

Seção Francesa da Internacional Operária, 39, 48; *ver também* socialistas

Ser e o nada, O (Sartre), 200

SFIO *ver* Seção Francesa da Internacional Operária; socialistas

Silone, Ignazio, 29, 138, 147, 183, 184

sindicalismo, 186-87

sionismo, 43-44, 176

socialistas:

apresentando-se como verdadeiros revolucionários, 20

Blum opondo-se ao movimento para a direita dos, 63, 77

disputa com os comunistas, 16

divididos durante a Frente Popular, 54

fala de Blum ao Congresso de 1920, 39, 52, 99

liderança de Blum sobre os, 40-41, 52, 75-93

na Frente Popular, 68-75

não participação em governos burgueses, 69

nas eleições de 1936, 70-71

no Cartel des Gauches, 83

o socialismo de Blum, 51-52, 59-64, 78-79, 120

omissão de repensar sua posição depois da guerra, 26

recusa a ser partido minoritário no governo, 84

responsabilidade de Blum pelo desenlace dos, 37

retórica durante a Frente Popular, 25, 83-84

sobre abandonar o marxismo, 188

sociedade industrial, 217-19

Société bloquée, La (Crozier), 32

Sociologie allemande contemporaine (Aron), 204, 267n.10

Souvarine, Boris, 184, 187

Souvenirs sur l'affaire (Blum), 66, 108

Sperber, Manès, 120, 182, 184, 191, 243

Stalin, Joseph, 159-60, 162, 187, 214-15

Stendhal et le beylisme (Blum), 52

Stendhal, 57-58, 88

Talmon, Jacob, 135

Tchecoslováquia:

Blum sobre o golpe comunista de 1948, 89-90

ver também Munique, acordo de

Temps modernes, Les (periódico):

Aron sobre o conselho editorial de, 203

Camus sobre os "Savonarolas" de, 135

resenha de Jeanson de *O homem revoltado*, de Camus, em, 134, 136

Terceira República:

Blum sobre a reforma da, 101-5

Camus como produto de escolas da, 141

falhas da, 101

liderança da, 24

revisão constitucional evitada pela, 20

"terceira via", 160, 203

terror, 99, 135-36

Thorez, Maurice, 98, 118-19

Tocqueville, Alex de, 190, 203, 205, 206, 213, 228

Todd, Olivier, 179, 181, 262-63n.7

totalitarismo, 213-15

292 ÍNDICE

Tragédie algérienne, La (Aron), 169

Trahison des clercs, La (Benda), 22

União Soviética:
Aron sobre a atitude francesa em
relação à, 250
Aron sobre a estratégia de duas vias
da, 219-20
Aron sobre as colônias da União
Soviética na Ásia Central, 236
Aron sobre o totalitarismo da, 213,
215-16
Aron vitimado pelas avaliações da,
238
Camus sobre criticar a, 163
como sociedade industrial, 217
desconforto de Blum com a
Revolução Russa, 39
Khrushchev, 221
leninismo, 39, 53, 77, 100
os comunistas franceses controlados
pela, 98
realismo de Aron sobre os métodos
da, 220-21
Stalin, 159-60, 162, 187, 214-15
ver também Pacto
Molotov-Ribbentrop
unidade europeia, 223-25

Vaillant-Couturier, Paul, 118
Valéry, Paul, 154

Vallat, Xavier, 112
Vergniaud, Pierre Victurnien, 59, 83
Versalhes, Tratado de, 96-97, 105-6
Vichy, regime de:
arcaísmo e aversão pela modernização
na ascensão do, 18
Aron sobre o, 211, 227, 245
aspectos antissemitas do, 67, 107
autoridade presidencial irrestrita no,
20
Blum como o mais importante
inimigo político do, 34
Blum sobre a tomada do poder pelo,
115-16
Camus sobre a punição para
colaboradores, 152-59
e a desunião francesa, 16
irresponsabilidade política do, 26
mudança administrativa sob o, 19
a Revolução Nacional, 17, 18-19

Waldeck-Rousseau, René, 76
Weber, Eugen, 78
Weber, Max, 198, 203-5, 207, 226, 228
Weil, Simone, 187
Weizmann, Chaim, 68

Zay, Jean, 117
Zola, Émile, 50, 109, 259-60n.35

Conheça mais sobre nossos livros e autores no site
www.objetiva.com.br

Disque-Objetiva: (21) 2233-1388

Este livro foi impresso na
LIS GRÁFICA E EDITORA LTDA.
Rua Felício Antônio Alves, 370 – Bonsucesso
CEP 07175-450 – Guarulhos – SP
Fone: (11) 3382-0777 – Fax: (11) 3382-0778
lisgrafica@lisgrafica.com.br – www.lisgrafica.com.br